JOHANN FIGL

DIE MITTE DER RELIGIONEN

W0178524

JOHANN FIGL

DIE MITTE DER RELIGIONEN

Idee und Praxis
universalreligiöser Bewegungen

WISSENSCHAFTLICHE BUCHGESELLSCHAFT
DARMSTADT

Einbandgestaltung: Neil McBeath, Stuttgart.

Einbandbild: Fotoagentur Hartung.

Die Deutsche Bibliothek – CIP-Einheitsaufnahme

Figl, Johann:
Die Mitte der Religionen: Idee und Praxis
universalreligiöser Bewegungen / Johann Figl. –
Darmstadt: Wiss. Buchges., 1993
ISBN 3-534-12294-1

Bestellnummer 12294-1

© 1993 by Wissenschaftliche Buchgesellschaft, Darmstadt
Gedruckt auf säurefreiem und alterungsbeständigem Werkdruckpapier
Satz: Setzerei Gutowski, Weiterstadt
Druck und Einband: Wissenschaftliche Buchgesellschaft, Darmstadt
Printed in Germany
Schrift: Linotype Times, 9.5/11

ISBN 3-534-12294-1

INHALT

Erster Teil: Universalistische Religionsgründungen
und Bewegungen der Neuzeit
(Religionsgeschichtlicher Überblick)

1. Abschnitt: Der Bahā'ismus –
Vollendung der bisherigen Universalreligionen

2. Abschnitt: Universale Einheit der Religionen –
die Spiritualität der 'Sufi-Bewegung'
(Exemplarischer Schwerpunkt)

Zweiter Teil: Neureligiöser Universalismus – jenseits der Alternative von säkularer Moderne und traditioneller Religiosität (Religionstheoretische Gesamtdeutung)

VORWORT

Im Jahr 1993 wird in einer Reihe interreligiöser Veranstaltungen eines Ereignisses gedacht werden, das den Beginn einer neuen Etappe in der Begegnung zwischen westlicher Kultur und östlichen Religionen markiert, nämlich des 'Weltparlamentes der Religionen', das anläßlich der Weltausstellung vom 11. bis 18. September 1893 in Chicago stattgefunden hat. Ein Grundgedanke des Treffens damals sowie der Begegnungen heute, nach 100 Jahren, ist in der Überzeugung von der universalen Einheit aller Religionen, von einer ihnen gemeinsamen Mitte, zu erblicken. Dieses Motiv ist ein zentrales Anliegen einer Reihe von Neureligionen und neureligiösen Bewegungen, die seit dem 19. Jahrhundert weltweit entstanden sind. Die vorliegende Arbeit versucht diese in repräsentativer Weise an exemplarischen Bewegungen darzustellen, ihre Charakteristika zu erfassen sowie nach deren Bedeutung für die traditionellen Religionen als auch für die moderne Lebenswelt zu fragen.

Einer Reihe der hier behandelten Gemeinschaften konnte ich direkt begegnen; Meditationsseminare, öffentliche Veranstaltungen, Vorträge und Diskussionen bei Tagungen und Gespräche mit offiziellen Repräsentanten gaben dazu mannigfache Möglichkeiten; im besonderen trifft dies für die 'Sufi-Bewegung' und den 'Sufi-Orden im Westen' zu, dessen Oberhaupt Pir Vilayat Inayat Khan ich persönlich kennenlernen konnte, sowie für die Initiatoren weiterer neosufistischer Richtungen, ebenso für die Bahā'i-Religion, ferner für hinduistisch und buddhistisch inspirierte Bewegungen, die zum Teil hier behandelt sind, vor allem für japanische Neureligionen, wie z. B. 'Seichō no Ie' und 'Tenrikyō', deren Hauptzentren ich in Japan besucht habe. Ich hoffe, daß diese Begegnungen insgesamt für ein zutreffendes Verstehen dieser Glaubensüberzeugungen und des damit verbundenen universalreligiösen Anspruchs förderlich waren.

Für die Wiedergabe von Ausdrücken aus den östlichen Sprachen wurde eine vereinfachte Umschrift gewählt. Bei Zitaten wurde die vom Autor verwendete Transkription wiedergegeben.

In den Anmerkungen wurden Werke bzw. Artikel, die im Literaturverzeichnis aufgenommen sind, in einer Kurzform zitiert; in allen an-

deren Fällen wird die volle Literaturangabe bei der Erstzitation angeführt.

Für wertvolle Hilfe bei den Korrekturen danke ich den Mitarbeitern
des Instituts für Religionswissenschaft, vor allem Frau Univ.-Assisten-
tin Mag. Dr. Birgit Heller. Besonderer Dank gebührt ebenfalls Frau
Dagmar Hofko für ihren unermüdlichen Eifer bei der Besorgung der
Reinschrift.

Wien, den 25. November 1992   Johann Figl

EINLEITUNG

1. Einheit und Mitte der Religionen –
Intention des neuen universalreligiösen Selbstverständnisses

In einer Weltsituation, in der immer stärker die Erfahrung der globalen Einheit, der wechselseitigen Abhängigkeit und Vernetzung bewußt wird, ist auch das religiöse Selbstverständnis vor die Frage gestellt, wie es diesem Prozeß der Vereinheitlichung gerecht werden könne; und in einer Vielzahl von theologischen Ansätzen in den traditionellen Religionen ist das Bedürfnis zu spüren, eine Einheit trotz der faktisch bestehenden Unterschiede zwischen den Religionen denkbar zu machen, eine gemeinsame Mitte angesichts der im historisch-kulturellen Bereich so verschiedenen Ursprünge, dogmatischen Vorstellungen, Kultformen, moralischen Auffassungen usw. zu suchen. Die Suche nach einer inneren Einheit der Religionen ist darüber hinaus ein Anliegen vieler Menschen, auch dann, wenn sie ihrer Herkunftsreligion entfremdet sind; es ist gewissermaßen eine allgemeine Tendenz, eine Erwartungshaltung, die gerade in der säkular geprägten Kultur des westlichen Kulturraums weit verbreitet ist. Es ist ein Bedürfnis, das tief im Toleranzgedanken der Aufklärung und in humanistisch-philanthropischen Strömungen verwurzelt ist und somit weit in die neuzeitliche Geistesgeschichte zurückreicht.

Diesem Bedürfnis nach religiöser Einheit versuchen seit dem 19. Jahrhundert entstehende neue religiöse und esoterische Gemeinschaften konkret zu entsprechen, indem sie einerseits eine spezifische *Idee* von der Einheit der Religionen propagieren und zugleich andererseits dem suchenden Menschen ein Selbstverständnis vermitteln, das es ihm ermöglichen soll, die *Mitte* der verschiedenen Religionen konkret zu erfahren, sie in der religiösen *Praxis* zu erleben. Neureligiösen Gemeinschaften mit einem solchen Anspruch wendet sich die vorliegende Arbeit zu. Es gibt eine Vielfalt von religiösen Bewegungen und Gruppen, die – meist mit hinduistischem und buddhistischem oder auch islamisch-sufistischem Hintergrund – für Menschen des christlich geprägten Kulturraums eine Alternative zu ihrer Herkunftsreligion darstellen. Eine große Anzahl unter diesen Gemeinschaften will ihre Mitglieder zu einer Spiritualität hinführen, die sich keiner der traditionellen religiösen Überlieferungen der Menschheit ausschließlich verpflichtet fühlt, sondern diese durch ihr *neues religiöses Bewußtsein*, oft verbunden mit einem ihm entsprechenden Weg der Meditation, überschreitet. Die großen Religionen werden zwar nicht generell abgelehnt, aber – neben partieller Kritik – in einem „tieferen" Sinn zu verstehen versucht, der sich nicht mehr mit deren Selbstverständnis deckt. Diese neue Sicht ermöglicht es, die Grundaussagen verschiedener Religionen auf einen jedem Menschen als solchem und so allgemein zugänglichen Erfahrungshorizont zu beziehen, der die gemeinsame und eigentliche Mitte der unterschiedlichen religiösen Wahrheiten bilde.

Das zentrale Anliegen der folgenden Ausführungen besteht in der Erfassung einiger sich „universalistisch" verstehender religiöser Gemeinschaften, die im 19. und 20. Jahrhundert entstanden sind. „Universal" bzw. „universalistisch" will dabei in erster Linie das *Selbstverständnis* dieser Gruppen, ihren *Anspruch* zum Ausdruck bringen, im Prinzip die Mitte *aller* Religionen zu verstehen und zu leben; in zweiter Linie ist es eine Religiosität, die tendenziell den Menschen als Menschen – unabhängig von rassischen, sozialen, geschlechtsbedingten und sonstigen Unterschieden – als ihren Adressaten versteht.

Der Ausdruck 'universal' ist hier in jenem Sinn verwendet, wie er auch sonst gelegentlich zur Beschreibung von Tendenzen und Bewegungen gebraucht wird, die eine Vereinigung der Religionen unter einem höheren Prinzip anstreben, wenn z. B. Vivekānandas Intentionen oder das Anliegen der 'Sufi-Bewegung' mit ›Universale Religion‹ betitelt werden,[1] bzw. wenn gesagt wird, daß die vielen Gurus und Swamis im Westen „eine *universelle Religion* verkünden, die schon vor der Entstehung aller besonderen Religionen existiert haben [...] soll"[2], oder wenn von der „*universale(n) Religionssynthese*" in den „modernen synkretistischen Neureligionen und religiösen Bewegungen" gesprochen wird[3]; viele von ihnen – z. B. auch die Theosophie – erheben den Anspruch, die „neue Universalreligion" zu sein.[4]

Dieses synkretistische Universalitätsverständnis bezieht sich also auf einen *neuen Typ von Religionen*.

---

[1] K. O. Schmidt, Universale Religion nach Vivekananda, Ergolding ²1990; zur 'Sufi-Bewegung' siehe z. B. das Heft 2/1992 von ›Sifat. Sufi-Zeitschrift‹ mit dem Thema: *Universale Religion*.

[2] J. Aagaard, Art. Synkretismus (1983) 1152.

[3] R. Hummel, Art. Synkretismus, in: Handwörterbuch religiöser Gegenwartsfragen, hrsg. von U. Ruh u. a., Freiburg/Basel/Wien 1986, 460.

[4] Vgl. E. Benz, Neue Religionen, 1971, 160.

2. Neugründung von religiösen Gemeinschaften – ein polykulturelles Phänomen seit dem 19. Jahrhundert

Ein universelles Religionsverständnis ist in Geschichte und Gegenwart sehr verschieden artikuliert worden,[5] z. B. in religionsphilosophischen Entwürfen (wie bei Nikolaus von Cusa; z. T. auch in der Aufklärungsphilosophie), in religionspolitischen Bestrebungen (z. B. der Versuch Akbars, des Moghulherrschers im 16. Jahrhundert, Hinduismus und Islam zu versöhnen), oder es kann Grundlage einer institutionell ungebundenen, „freischwebenden" Frömmigkeit sein, wie sie heute manche New-Age-Tendenzen kennzeichnet, die selektiv aus allen Religionen Inhalte und Motive entlehnen. Die vorliegende Untersuchung jedoch wendet sich nicht individuellen Konzepten, nicht abstrakt-theoretischen Entwürfen zu, sondern konkreten Gemeinschaften, die ein solches Religionsverständnis haben und in ihrer Frömmigkeit zu praktizieren versuchen. Darum ist es notwendig, die Begriffe *Neureligiöse Bewegungen* bzw. *Neureligionen* wenigstens kurz zu erläutern.

Im Sprachgebrauch der letzten beiden Jahrzehnte wurden die Ausdrücke 'neue religiöse Bewegungen' und 'Neureligionen' vielfach im Zusammenhang mit den sogenannten 'Jugendreligionen' verwendet, wie z. B. Ānanda Mārga, Hare Krishna, Divine Light Mission, Bhagwan-Neo-Sannyas-Bewegung u. v. a. mehr;[6] sie wurden auch als 'östliche Sekten' oder 'Jugendsekten' bezeichnet. Solche Gruppen sind vorwiegend seit den siebziger Jahren unseres Jahrhunderts in Europa und Amerika – oft verbunden mit einer alternativen, bisweilen auch provokativen religiösen Subkultur – in Erscheinung getreten. Spezifische Lebensformen und Meditationspraktiken, meist unter der Inspiration und Leitung östlicher Gurus, waren für sie charakteristisch.[7] Der Begriff 'Jugendreligionen', der von F.-W. Haack nach seinem eigenen Urteil zum ersten Mal 1974 von ihm geprägt und

---

[5] Einen kurzen Überblick gibt F. Heiler, Die Religionen der Menschheit, [4]1982, 549–555.

[6] Vgl. bes. Handbuch Religiöse Gemeinschaften, [3]1985, das Kapitel: ›Missionierende Religionen des Ostens und Neureligionen ('Jugendreligionen')‹ 515 ff. Hier heißt es einleitend: „Als Neureligionen (›Jugendreligionen‹) im eigentlichen Sinn können die Vereinigungskirche und Family of Love gelten" (515).

[7] Vgl. R. Hummel, Indische Mission und neue Frömmigkeit im Westen, 1980; ders., Gurus in Ost und West, 1984; vgl. ferner J. R. Gascard, Neue Jugendreligionen, 1984, bes. 12 f.

verwendet wurde,[8] war jedoch schon für die sechziger Jahre vom Alter der Anhängerschaft her nicht ganz zutreffend und noch weniger für die darauffolgenden Jahrzehnte, in denen sich die Altersstruktur nach oben verschoben hat, trotz des bis heute beachtlichen Anteils jüngerer Menschen.

Als religionswissenschaftlicher Terminus erwies sich zudem der Begriff 'Sekte' als ungeeignet, um die neureligiösen Bewegungen zu kennzeichnen, da es sich nicht im eigentlichen Sinn um Häresien oder Abspaltungen von einer Großreligion und gewiß nicht vom Christentum handelt. Im angelsächsischen Bereich setzt sich, neben dem religionssoziologischen Terminus 'cult'[9], zusehends der neutralere Begriff 'alternative religions'[10] bzw. die Bezeichnung 'New Religious Movements in the West' – um sie von den 'New Religious Movements in Primal Societies'[11] zu unterscheiden – durch.[12]

Aus diesen Gründen ist unbedingt eine Ausweitung des Begriffs 'neureligiöse Bewegungen' sowohl in zeitlicher Hinsicht als auch im Hinblick auf die verschiedenen Kulturräume erfordert, um den damit bezeichneten Phänomenen gerecht zu werden. Der Gebrauch des Ausdrucks 'Neureligionen' für Bewegungen im europäischen und amerikanischen Kulturraum ist also durch die Anwendung auf außereuropäische Phänomene zu ergänzen. Der Begriff 'Neureligionen' ist auf religiöse Neugründungen im nahöstlichen (islamischen), dann indischen, fernöstlichen (v. a. Vietnam, Korea, Japan) Bereich auszuweiten; schließlich wären in diesem Zusammenhang auch vorwiegend synkretistische Bewegungen im südamerikanischen, afrikanischen, asiatischen und ozeanischen Bereich zu nennen.[13] Religiöse Entwicklungen, die zu neuen Gemeinschaften führen, sind also nicht auf einen einzelnen Kulturbereich beschränkt, sondern ein globales Phänomen.

[8] Vgl. F.-W. Haack, Europas neue Religion, 1991, 78 mit Anm. 7.

[9] Dadurch will zum Ausdruck gebracht werden, daß es sich – im Unterschied zu 'sect' – um eine neureligiöse Bewegung außerchristlichen Ursprungs handelt: vgl. R. Hummel, Dialog mit neuen religiösen Bewegungen aus Asien (1992) 228.

[10] Vgl. J. G. Melton, Modern Alternative Religions in the West, in: A Handbook of Living Religions, 1988, 455 ff.

[11] Dictionary of Religions, 232; H. W. Turner, New Religious Movements in Primal Societies, in: A Handbook of Living Religions, 1988, 439 ff.

[12] Vgl. zur allgemeinen Kategorie der 'religiösen Bewegung': H.-J. Klimkeit, Anti-religiöse Bewegungen in Südindien, Bonn 1971, 28 ff.

[13] Vgl. Dictionary of Religions, 1984, Art. New Religious Movements in Primal Societies, 232; vgl. E. Benz, Neue Religionen, 1971.

Eine in diesem Sinn umfassende Verwendung des Begriffs 'Neureligionen' ist in den neueren einschlägigen religionswissenschaftlichen Publikationen anzutreffen.[14] Zugleich mit der geographischen Ausweitung des Begriffs 'Neureligionen' im Hinblick auf nichteuropäische Kulturräume kommt zeitlich die umfassendere, weit ins 19. Jahrhundert zurückreichende Dimension des mit diesem Begriff beschriebenen Phänomens in den Blick: seit etwa 150 Jahren sind – unabhängig voneinander – neue Religionen in Japan, Indien und Persien entstanden, von denen einige zu universalistischen Bewegungen hinführten, ebenso sind in Europa und Amerika zahlreiche neue außerkirchliche Bewegungen im Verlauf der Neuzeit hervorgetreten.[15] Die Entstehungsphase von 'Neureligionen' reicht – im Unterschied zu der noch immer weit verbreiteten Meinung, die unter dem Eindruck der sogenannten Jugendreligionen entstanden ist[16] – weit über den Zeitraum der letzten dreißig Jahre zurück.

[14] Wie in Lanczkowskis Werk ›Die neuen Religionen‹, in dem weltweit die verschiedenen Neugründungen seit Anfang des 19. Jahrhunderts dargestellt werden, sowohl solche, die – trotz Aktivitäten im Westen – hauptsächlich in ihrem Ursprungsland verbreitet bleiben (wie z. B. ein Großteil der Neureligionen Japans), als auch solche, die als neureligiöse „Bewegungen" im Westen missionieren (wie z. B. Moons 'Gesellschaft zur Vereinigung des Weltchristentums', später 'Vereinigungskirche'; die 'Transzendentale Meditation', 'Divine Light Mission', die Hare-Krishna-Bewegung). In Entsprechung dazu werden in neueren Lexika unter dem Titel 'Neureligiöse Bewegungen' auch Gemeinschaften behandelt, die im vollen Sinn des Wortes neugegründete Religionen, also 'Neureligionen' sind (z. B. japanische Religionen wie Tenrikyō) (vgl. R. Hummel, Art. Neureligiöse Bewegungen, in: Lexikon der Religionen, 1987, 450 ff.). Eine besondere Stellung nimmt wohl die Bahā'i-Religion ein, die sich selbst als Weltreligion versteht und z. T. von anderen neuen religiösen Bewegungen abweichende Prinzipien entfaltet hat (vgl. D. McEoin, Baha'ism, in: A Handbook of Living Religions, 1988, 475 f.).

[15] Vgl. dazu H. Obst, Apostel und Propheten der Neuzeit. Gründer christlicher Religionsgemeinschaften des 19./20. Jahrhunderts, Berlin [3]1990; ders., Außerkirchliche religiöse Protestbewegungen der Neuzeit, 1990; diese Bewegungen werden in der vorliegenden Arbeit nicht behandelt, da sie überwiegend keine ausgeprägten universalistischen Strukturen aufweisen; davon ausgenommen ist die esoterische Richtung der Theosophie, die entschieden eine universalreligiöse Einheitskonzeption vertritt.

[16] Vgl. z. B. F.-W. Haack, Europas neue Religion, 1991, 15: „In den letzten dreißig Jahren hat im ehemaligen christlichen Abendland nun eine religiöse Revolution stattgefunden, die in vielen Bereichen die dort historische christ-

Die Eingrenzung auf die Bewegungen seit den sechziger Jahren
wäre aber selbst innerhalb des westlichen Kulturraums problematisch, weil die religiösen Alternativströmungen östlicher Prägung bis
ins 19. Jahrhundert zurückreichen; gemeint sind einerseits die durch
östliche Vorstellungen beeinflußten theosophischen Auffassungen
einer esoterischen Einheitsreligion, die im 19. und 20. Jahrhundert im
Westen in Erscheinung traten, und andererseits die um die Jahrhundertwende aus Asien nach Amerika und Europa kommenden buddhistischen, hinduistischen, aber auch sufistisch-islamischen Weisheitslehrer, die im Westen eine Reihe von Anhängern gefunden hatten und
zu ersten organisierten nichtchristlichen religiösen Gruppen und Gemeinschaften im christlichen Kulturraum geführt haben. Ein wichtiger Anfangspunkt dieser Tendenzen ist in dem 1893 in Chicago anläßlich der Weltausstellung abgehaltenen 'Parlament der Religionen' zu
erblicken, auf dem u. a. Hindus und Buddhisten gesprochen haben,
die dann auch im Westen weiter tätig waren, wie vor allem Vivekānanda
und D. T. Suzuki, um die bekanntesten zu nennen.

Zusammenfassend ist festzuhalten, daß es sich bei der Entstehung
von neureligiösen Bewegungen mit universalistisch-synkretistischen
Intentionen um einen weltweiten, polykulturellen Prozeß handelt,
der die Religionsgeschichte des 19. und 20. Jahrhunderts entscheidend mitgeprägt hat.

3. Perspektiven zur Erfassung und Deutung des Phänomens
(Gliederung und Intention der Darstellung)

Das Ziel der vorliegenden Arbeit besteht in der Absicht, die universalistischen Bewegungen innerhalb der großen religiösen Kulturräume, insbesondere die von fern- und nahöstlichen Religionen
(Hinduismus, Buddhismus, Islam) herkommenden bzw. davon beeinflußten, an wichtigen Gruppen exemplarisch darzustellen; ein dieses
grundsätzliche Anliegen begleitendes spezielles Interesse besteht in
der Frage nach der Bedeutung solcher Gruppierungen nichtchristlicher Herkunft für den westlichen, christlich geprägten Kulturraum.
Diese Aufgabe wird in der vorliegenden Arbeit dadurch zu lösen versucht, daß zunächst ein religionsgeschichtlicher Überblick
über universalreligiöse Bewegungen (1. Teil) und daran anschließend

liche Religion und das von ihr überlieferte Menschenbild stark zurückgedrängt hat."

eine religionstheoretische Gesamtdeutung derselben (2. Teil) gegeben wird.

Im religionsgeschichtlichen Teil werden zuerst die religiösen Einheitskonzeptionen der *Theosophie* erfaßt, in denen bewußt der Weg der Verbindung von *westlicher* esoterisch-okkulter Tradition mit östlichen Überlieferungen beschritten wird (I. Kapitel). Damit hat ein Prozeß der Hinwendung von westlichen Menschen zu östlichen Religionen begonnen, der den umgekehrten Weg östlicher Religionskünder in Richtung Westen, der als signifikant seit Ende des vorigen Jahrhunderts beobachtbar ist, ideell mitvorbereitet; die Theosophie, deren Anliegen weit über den engen Kreis der eigentlichen Mitglieder hinaus verbreitet ist, hat gleichsam katalysatorische Wirkung für die Übermittlung universalistischer Motive des Ostens gehabt. Nach diesem einleitenden Kapitel wenden sich die folgenden direkt den drei wichtigsten Herkunftsreligionen universalistischer Bewegungen zu, nämlich den *hinduistisch* (II. Kapitel), *buddhistisch* (III. Kapitel) und schließlich den *islamisch* geprägten universalistischen Gruppen (IV. Kapitel), wobei jeweils vom geschichtlichen und glaubensmäßigen Hintergrund der betreffenden Ursprungsreligion ausgegangen wird.

Der auf die skizzierte Weise im 1. Teil gegebene allgemeine Überblick wird in dessen letztem Kapitel dadurch vertieft, daß eine einzelne Gruppe – die 'Sufi-Bewegung' Inayat Khans bzw. der 'Sufi-Orden im Westen' – detailliert dargestellt wird, um an einem konkreten Modell exemplarisch einen relativ umfassenden Einblick in Ideen und (Kult-) Praxis einer sich dezidiert universalistisch verstehenden religiösen Gemeinschaft zu gewinnen sowie um die spezifisch für westliche Anhänger konzipierte Gestalt der Bewegung aufzuzeigen. Eine ausdrückliche Befassung mit der 'Sufi-Bewegung' und mit dem Neosufismus legt auch die Tatsache nahe, daß diese in bisherigen Darstellungen im Kontext der neuen religiösen Bewegungen zu Unrecht vernachlässigt, wenn nicht überhaupt übergangen werden.[17] Hinsichtlich des Neosufismus Inayat Khans kann ähnlich wie im Hinblick auf

---

[17] Als Ausnahmen sind zu nennen: die Kurzdarstellung der 'Sufi-Bewegung' in: O. Eggenberger (Hrsg.), Die Kirchen, Sondergruppen und religiösen Vereinigungen, Zürich ⁵1990, 4. Aufl. 209f., 5. Aufl. 224f.; vor allem über den ›Sufi-Orden‹ und Vilayat Inayat Khan berichtet M. Mildenberger, ›Dem Einen entgegen‹. Sufis im Westen, in: Materialdienst 40 (1977) 172ff.; vgl. ders., Die religiöse Revolte, Frankfurt a.M. 1981, 124ff.; als eine sehr allgemeine Annäherung an den Sufismus im Westen siehe H. Baer, Neue Wege zur Transzendenz?, Hamm [o.J.], 29ff.

den im deutschen Sprachbereich verbreiteten Sufismus insgesamt festgestellt werden, daß darüber „so gut wie gar nichts veröffentlicht
worden (ist)"[18].

Im zweiten Teil der Arbeit geht es um die systematische Gesamtdeutung und Analyse der im ersten Teil dargestellten Bewegungen, wobei versucht wird, diese mehr theoretischen Ausführungen
auf das Wesentliche zu beschränken. Zuerst ist eine *Charakteristik* des
Phänomens universalistisch-synkretistischer Religionsformen auf der
Grundlage der wichtigsten, für die verschiedenen Bewegungen *gemeinsamen Merkmale* zu geben (V. Kapitel). Darauf aufbauend wird
der Bezug zwischen *universellen Neureligionen und säkularer Neuzeit*
(VI. Kapitel) herausgestellt und hernach auf die Herausforderung
*alternativer (neuer) Religionen hinsichtlich der traditionellen Univer-
salreligionen* eingegangen (VII. Kapitel). Die neureligiösen Bewegungen stellen nämlich – wie noch aufzuzeigen sein wird, und wie aus
manchen spektakulären Konfliktfällen in der Öffentlichkeit deutlich
geworden ist – sowohl eine Alternative zum neuzeitlichen Selbstverständnis dar, insofern es rational und autonom ist, als auch im Verhältnis zu den klassischen Religionen, die in ihrer gegenwärtigen
Form als überholt betrachtet werden; zugleich aber beanspruchen sie,
die für den modernen Menschen angemessene Religiosität zu bieten
und zudem die ursprüngliche Intention der großen Religionsgründungen zu erfüllen. Es bedarf also einer Klärung des durch drei welt-
anschaulich-religiöse Grundrichtungen geprägten „Gefüges", das die
gegenwärtige Situation wesentlich kennzeichnet, nämlich des wechselseitigen Verhältnisses von *(universellen) Neureligionen – (säkularer) Moderne – (traditionellen) Universalreligionen.*
    Die vorliegenden Ausführungen möchten somit im ganzen zu einer
Orientierung in der Gegenwart beitragen, einer keinesfalls eindeutigen
Situation, da sich in ihr säkularistische, agnostische und religionskritische Tendenzen zugleich mit neuen, oft mystischen religiösen Bestrebungen finden; in deren Spannungsfeld hat das Christentum mit
seinen verschiedenen Konfessionen seinen Standort unter veränderten Bedingungen zur Sprache zu bringen. Dies ist gerade angesichts der Tatsache notwendig, daß die neue Religiosität und die universale Spiritualität sich als Alternative zum christlichen Glauben
verstehen. Ohne Lösung der dadurch aufgetretenen Probleme besteht

---

[18] Vgl. L. Schleßmann, Sufismus in Deutschland, in: Beiträge zur Religion/
Umwelt-Forschung II, hrsg. von G. Rinschede u. K. Rudolph, Berlin 1989,
143; vgl. Materialdienst 48 (1985) 209; 50 (1987) 303.

die Gefahr, daß die Kluft, die sich im Verlaufe der Säkularisierung im Verhältnis zwischen Moderne und Religion, insbesondere dem Christentum aufgetan hat, noch vertieft wird, nunmehr nicht wegen der religionskritischen bzw. atheistischen Intentionen, sondern wegen der Hinwendung zu einer neuen Art der Religiosität, einer neureligiösspiritualistischen Innerlichkeit, die sich gesamtgesellschaftlich und -kulturell als neutral versteht. Die Folge wäre eine Verfestigung des problematischen Zustandes einer weithin religionslosen Lebenspraxis einerseits und einer wenig lebensnahen Religionspraxis andererseits. Dadurch wird die Auseinanderentwicklung zwischen allgemein-kultureller und individuell-biographisch geprägter religiöser Herkunft und tatsächlichem Selbstverständnis verstärkt; es kommt zu einer Situation, in der eine Kultur gleichsam religiös verwaist ist, weil nur noch ein geringer Prozentsatz der Bevölkerung in den gesellschaftlich vorherrschenden religiösen Institutionen und Traditionen, eben den christlichen, die überzeugende Sinnantwort ihres Lebens anzutreffen vermeint. Zur Klärung dieser problematischen Entwicklungen möchte die vorliegende Darstellung eine wenigstens indirekte Hilfestellung bieten: und zwar einerseits hinsichtlich der Neubestimmung einer sich als wesenhaft säkular verstehenden Kultur in ihrem Bezug zur religiösen Thematik insgesamt; und in Konsequenz daraus andererseits zur Verhältnisbestimmung zwischen der diese Kultur bestimmenden christlichen Religion und der während des 20. Jahrhunderts sich immer stärker herausbildenden neureligiösen Situation.

ERSTER TEIL:

UNIVERSALISTISCHE RELIGIONSGRÜNDUNGEN UND BEWEGUNGEN DER NEUZEIT (RELIGIONSGESCHICHTLICHER ÜBERBLICK)

I. KAPITEL:
DIE ORIENTIERUNG WESTLICHER ESOTERIK
AN ÖSTLICHER RELIGIOSITÄT

Jede Esoterik stellt den Anspruch – wie es das griechische Wort *esóteros* (innerer) besagt –, das Innere, das Wesentliche, die Mitte einer Botschaft zu verstehen, im Unterschied zum bloß Äußeren, das sogar als unwesentlich und peripher erscheinen kann; es ist die tiefere Wahrheit, die nur einem Kreis von Auserwählten zugänglich ist bzw. sich nur den ernster Suchenden erschließt. Der Esoteriker versteht auch die faktische Religion in einem wesentlichen symbolischen Sinn, der oft vom gewöhnlichen Verständnis abweicht. Der Gegensatz, der sich daraus ergibt, hat gerade die Geschichte der Esoterik des Abendlandes geprägt: nur am Rande des offiziellen Christentums und vielfach nur in geheimen Bünden konnten die „westlichen Einweihungslehren" überleben.[1]

Vor diesem Hintergrund verwundert es nicht, wenn die im 19. Jahrhundert entstandene esoterische Lehre der Theosophie sich in scharfer Polemik gegenüber dem Christentum entwickelt und sich bewußt nichtchristlichen Traditionen für die Begründung des eigenen Systems zugewendet hat. Obwohl es einen mächtigen und in sich differenzierten Strom einer genuin christlichen Theosophie – von den alexandrinischen Theologen an bis zu Dionysios Areopagita, über die mittelalterlichen und frühneuzeitlichen Mystiker (besonders Jakob Böhme) bis ins 19. Jahrhundert – ununterbrochen gegeben hatte,[2] orientiert sich doch die Gründerin jener Richtung, die den Namen 'Theosophie' im heutigen Verständnis prägt, Helena Petrowna Blavatsky, weithin zunächst an spiritistisch-okkulten westlichen und östlichen, später fast nur an letzteren, insbesondere hinduistischen und buddhistischen Überlieferungen. Auch das Verständnis der Religionen in ihrer Verschiedenheit – vor allem aber von deren angenom-

---

[1] Vgl. B. Vaillant, Westliche Einweihungslehren, München ²1989; J. Wichmann, Die Renaissance der Esoterik, Stuttgart 1990, 124 ff.; G. Wehr, Wege zum Mysterium. Aspekte und Impulse abendländischer Spiritualität, Olten 1992.

[2] Vgl. A. Köberle, Art. Theosophie, in: RGG³, Bd. 6, 845 ff.

menen Gemeinsamkeiten – ist wesentlich vom östlichen Einheitsdenken mitbestimmt.

1. Theosophie – „das innerste Wesen aller Religion"

a) Die Intentionen H. P. Blavatskys

Die vorliegenden Überlegungen konzentrieren sich schwerpunktmäßig auf das theosophische Gedankengut, wie es in der von Blavatsky
initiierten 'Theosophischen Gesellschaft' und von der Gründerin
selbst vertreten wird; im Anschluß daran sind kurz auch die diesbezüg-
lichen Intentionen in der weiteren Geschichte der theosophischen Bewegung zu umreißen. Das Interesse richtet sich dabei auf die Frage,
inwiefern die Einheit der Religionen, die Vereinigung in einem spezifischen Synkretismus angestrebt wird. Denn die Theosophie erweist
sich – zumindest in ihrem idecllen Ziel – als eine „synkretistische Reli-
gionsbildung"[3]. Grundlage der Darstellung werden dabei – neben
dem Programm der Theosophischen Gesellschaft und ihren Grundsätzen selbst – insbesondere die Werke von H. P. Blavatsky sein.
Das Interesse, verschiedene Religionen zu verbinden bzw. den
Kern und das Wesentliche einer Religion zu erkennen, ja zu realisieren, spiegelt sich schon in der Biographie H. P. Blavatskys. Die 1831
geborene Tochter eines russischen Obersts, die schon mit 17 Jahren
einen viel älteren Mann geheiratet hatte, den sie kurz danach verließ,
ging zunächst nach Amerika, kehrte aber wieder nach Rußland zurück und soll auch – wie sie behauptet – in Indien und Tibet gewesen
sein; über Kairo führte sie der Weg nach New York, wo sie am 17. November 1875 mit Henry Steel Olcott die Theosophische Gesellschaft
gründete, und zwar durch Umbenennung eines spiritistischen Vereins,
in dem sie als Medium wirkte. 1878/79 geht sie gemeinsam mit ihm
nach Indien und versucht eine Vereinigung der Theosophischen Gesellschaft mit der hinduistischen Reformbewegung Ārya Samāj, die
aber nicht gelungen ist.[4] Außer Hinduismus und Buddhismus aber
prägt ihre Anschauungen die christliche Herkunft, gegen die sie sich

---

[3] R. Hummel, Indische Mission, 1980, 192; vgl. auch die sehr kritische Beurteilung von R. Guénon, Le Théosophisme. Histoire d'une pseudo-religion,
(Réédition) Paris 1965; ferner St. Holthaus, Theosophie – Speerspitze des Ok-
kultismus, Asslar 1989, bes. 160 ff.: ›Die neue Weltreligion bei den Theosophen‹.

[4] Vgl. R. Hummel, a. a. O., 187.

allerdings später in entschiedener Weise wandte; freilich nicht gegen die reine Lehre Jesu und seine einfachen Anhänger, wie sie schreibt, sondern „gegen die theologische Christenheit, diesem Hauptgegner freien Denkens"[5]. Die Mitte der Religionen war somit nicht von einer einzelnen Religion her zu gewinnen, sondern von einer sie überschreitenden Gemeinschaft. Dieses Interesse kommt schon im Programm der Theosophischen Gesellschaft von 1875 zum Ausdruck, deren erster Zweck so formuliert wird:

> Den Kern einer brüderlichen Geistesgemeinschaft zu bilden, die sich über die ganze Menschheit ohne Unterschiede der Rasse, der Religion, der Gesellschaftsklasse, der Nationalität und des Geschlechts erstreckt.

Die weiteren Zwecke sind: „das vergleichende Studium der Religionen, Philosophien und Wissenschaften zu fördern", und drittens: „Die noch unerklärten Naturgesetze und die im Menschen schlummernden Kräfte zu erforschen." Dabei ist es ein Ziel der Gesellschaft, „die Schranken der verschiedenen Glaubensrichtungen und Nationalitäten [zu] überwinden"[6]. Die Theosophische Gesellschaft ist darum keiner einzelnen Kirche oder Gemeinschaft verpflichtet, und „sie versucht niemanden von seiner Religion zu entfremden, treibt ihn vielmehr an, in den Tiefen seiner eigenen Religion nach der geistigen Nahrung zu suchen, deren er bedarf"[7].

Die Theosophische Gesellschaft versteht sich in Konsequenz ihrer Anschauungen als eine *überreligiöse* Vereinigung, d. h., daß es nicht notwendig ist, die eigene Herkunftsreligion zu verlassen. Mitglieder können Angehörige aller Religionen werden, aber auch der verschiedenen Philosophien; ob jemand Spiritist oder Materialist ist, sei ohne Bedeutung; das Entscheidende ist, innerlich ein Theosoph zu werden. Die Zugehörigkeit zur Gesellschaft ist eine exoterische Angelegenheit; das Wesentliche aber ist das esoterische Verständnis; die Gesellschaft als solche „vermag niemanden zu einem Theosophen zu machen", wie sie in ihrem Werk ›Der Schlüssel zur Theosophie‹ (= Th) sagt (Th 31). Doch auch dem Bedürfnis nach einer Vertiefung der esoterischen Auffassung kommt die Gesellschaft entgegen, indem sie den inneren Kreis konzipiert, der seinerseits eine eigene Philosophie bzw. „ein eigenes religiöses System hat" (Th 53). Kultisch äußert sich diese

---

[5] Isis entschleiert, Bd. 2, IV (zitiert: Isis, mit Angabe des Bandes und der Seite).
[6] Zit. nach A. Besant, Die uralte Weisheit, Leipzig o. J. [1898], 332.
[7] Vgl. a. a. O., 334.

Überzeugung z. B. darin, daß im Kulturzentrum in Adyar synkretistisch die Hauptfeste verschiedener Religionen gefeiert und deren Gebete gesprochen werden, aber alle in Unterordnung unter den theosophischen Wahlspruch 'Keine Religion ist höher als die Wahrheit'.[8] Aus diesem Programm ergibt sich die Notwendigkeit, ein Religionsverständnis zu konzipieren, das sowohl der Vielfalt der Religionen gerecht wird als auch dem Anspruch, der angestammten Religion treu bleiben zu können – was jedoch als kaum realisierbar erscheint, da dieses 'Tiefenverständnis' in elementaren Aspekten vom Selbstverständnis der Herkunftsreligion abweicht, wie sich an der faktischen Hermeneutik und Explikation des esoterischen Anspruchs zeigt.

b) Die entschlüsselte Geheimlehre – „Basis aller Religionen"

Ziel der folgenden Überlegungen ist es, wie erwähnt, die im Werk von H. P. Blavatsky enthaltenen Auffassungen über die Einheit der Religionen herauszustellen. Primäre Grundlage dafür bilden ihre beiden Spätwerke ›Die Geheimlehre‹[9] und ›Der Schlüssel zur Theosophie‹[10], da gerade in ihnen einschlägige Antworten hinsichtlich des Wesens und der Mitte der verschiedenen Religionen anzutreffen sind. Die zentrale Bedeutung der ›Geheimlehre‹ ergibt sich zuerst aus der Tatsache, daß sie „nicht nur das grundlegende Werk der modernen Theosophie, sondern auch die ursprüngliche Quelle für zahlreiche andere okkult-philosophische Richtungen der Gegenwart darstellt"[11].

---

[8] Vgl. den Bericht von E. Benz, Neue Religionen, 1971, 160.
[9] Die Geheimlehre, übers. von J. Froebe, 3 Bde., Leipzig o. J. [um 1899] (Sigel: G); Übersetzung der 1888 erschienenen englischen Originalausgabe.
[10] The Key to Theosophy, London/New York 1889; zit. wird die dt. Übersetzung von N. Lauppert, Graz 1969 (Sigel: Th).
[11] Vorbemerkungen zur deutschen Übersetzung von N. Lauppert, in: Die Geheimlehre. Gekürzte Ausgabe in einem Band, hrsg. von E. Preston und Chr. Humphreys, Graz 1975; IX. Zu Lebzeiten wurden von H. P. Blavatsky nur die beiden ersten Bände herausgegeben, doch schreibt sie in der Vorrede zur ersten Auflage dieser Bände, daß „der dritte Band vollständig fertig (ist), der vierte nahezu" [Band I, XXIII]. An dieser Stelle und ebenso am Schluß dieser Ausgabe sagt sie, daß der dritte Band, der vor allem die auf das Handeln ausgerichtete Lehre enthalten werde, davon abhängen würde, wie die beiden vorliegenden aufgenommen werden [Band II, 842]. Es kann darum nicht ohne weiteres auf diesen dritten Band verzichtet werden, wie der Übersetzer N. Lauppert in seiner gekürzten Ausgabe meint, wenn er sagt: „Es hat sich

Ebenfalls von großer Bedeutung – gerade im Zusammenhang der vorliegenden Problemstellung – ist das im folgenden Jahr (1889) erschienene Werk ›Der Schlüssel zur Theosophie‹; an einen kleineren Kreis richten sich die auch 1889 erschienenen Auszüge einer mystischen Schrift Tibets, die den Titel ›Die Stimme der Stille‹ hat und für die „wenigen wirklichen Mystiker in der Theosophischen Gesellschaft" bestimmt war.[12] Das früher, 1877 erschienene zweibändige Werk ›Die entschleierte Isis‹ befaßt sich überwiegend mit der okkulten Überlieferung in den verschiedenen Kulturkreisen, einschließlich insbesondere der abendländisch-gnostischen Traditionen; der anspruchsvolle Untertitel dieses Werks lautet ›Ein Meisterschlüssel zu den Geheimnissen alter und neuer Wissenschaft und Theologie‹. Dieser „hermeneutische" Anspruch wird radikalisiert in der ›Geheimlehre‹. Denn die ›Geheimlehre‹ möchte, wie es der Untertitel schon ausdrückt, „Die Vereinigung von Wissenschaft, Religion und Philosophie" bringen. Jedoch scheint dies nur um den Preis erreichbar zu sein, daß die Verfasserin keinem dieser genannten drei Bereiche voll gerecht wird. Hinsichtlich der religiösen und philosophischen Aussagen ergeben sich gravierende Abweichungen vom Selbstverständnis der betreffenden Religionen bzw. von der traditionellen philosophiegeschichtlichen Interpretation; doch ebenso gravierend ist der Gegensatz zur Wissenschaft, sowohl zu philologischen als auch zu naturwissenschaftlichen Aussagen. Blavatsky scheint diesen Bruch innerhalb des kulturellen Selbstverständnisses am Ende des vorigen Jahrhunderts selbst gespürt zu haben, wenn sie z. B. schreibt, daß es schon „mehr als wahrscheinlich (ist), daß das Buch von einem großen Teile des Publikums für einen Roman der wildesten Art gehalten wird; denn wer hat jemals von einem Buche des Dzyan gehört?" (G I,

---

inzwischen gezeigt, daß es ein Irrtum war, die Sammlung hinterlassener unveröffentlichter Manuskripte H. P. Blavatskys als Teil der 'Geheimlehre' herauszugeben. Es war dies von H. P. Blavatsky nie geplant und die Veröffentlichung wurde von weiten Teilen der Theosophischen Bewegung nicht als solche anerkannt, da die darin enthaltenen Texte mit jenen des ersten und zweiten Bandes in keinem Zusammenhang stehen und daher offensichtlich nicht den 'Band 3 und 4' darstellen, den H. P. Blavatsky mehrfach ankündigte." (A. a. O., X.) Die zitierte Bemerkung des Übersetzers hinsichtlich der verschiedenen Wertungen innerhalb der Theosophischen Bewegung zeigt einen interessanten Aspekt einer 'Kanonbildung' innerhalb neureligiöser Gruppierungen, besonders angesichts nachgelassener Schriften!

[12] Hier zitiert nach der Ausgabe ›The Voice of the Silence‹ (Los Angeles 1928), IV.

XXV). Und hinsichtlich der Behauptung, „daß der physische Mensch ursprünglich ein ungeheurer vortertiärer Riese war und daß er schon vor 18 000 000 Jahren existierte", konzediert sie, daß diese Behauptung „natürlich den Bewunderern der modernen Gelehrsamkeit unsinnig erscheinen (muß)" (G II, 8).

In dem umfangreichen Material von über 2000 Seiten der ›Geheimlehre‹ findet sich tatsächlich eine Fülle von sehr eigenartigen Überlegungen. Es ist nicht auf diese zum Teil sonderbar erscheinenden Spekulationen einzugehen, aber wohl ist der Gedankengang, der dahintersteht, herauszustellen. Eine Grundidee bringt schon die gesamte Konzeption des Werkes zum Ausdruck: Band I behandelt die ›Kosmogenesis‹, der Band II die ›Anthropogenesis‹; die menschliche Entwicklung wird hineingestellt in die kosmische, in die umfassendere Entwicklung. Der erste Band versucht die Geschichte der kosmischen Evolution in Orientierung an sieben Schöpfungstagen zu geben, an sieben Stanzen, sieben Strophen, die von ihr interpretiert werden, und die bis zur Erscheinung des Menschen hinführen; im zweiten Band wird die ›Anthropogenesis‹ zunächst ebenfalls anhand von zwölf Strophen des Dzyan vor Augen gestellt (II 15–24). Zur Begründung ihrer Aussagen beruft sich die Autorin, wie erwähnt, auf das ›Buch des Dzyan‹, dem die Stanzen entnommen sind. Doch sagt sie, daß das Hauptwerk nicht im Besitze europäischer Bibliotheken sei, und das ›Buch des Dzyan‹ „unseren Philologen gänzlich unbekannt (ist)" (G I, 6).[13] Dieses Buch sei selbst nur ein Teil aus der in vielen Bänden überlieferten Weisheitslehre der Menschheit, die in Höhlenbibliotheken Tibets verborgen seien und eine ungeheure Zahl von Büchern umfassen würden (G II, 7) und „nunmehr zum erstenmale in einer europäischen Sprache" zu lesen seien (G I, 50).

Die von ihr gebrachte Geheimlehre sei „das gemeinsame Eigentum der zahllosen Millionen von Menschen, welche unter verschiedenen Klimaten geboren wurden, in Zeiten, mit denen sich zu befassen die Geschichte ablehnt, und denen die esoterischen Lehren Daten zuschreiben, die mit den Theorien der Geologie und Anthropologie un-

---

[13] Blavatsky gibt eine Interpretation dieses Wortes: Es kommt von Janna bzw. von Dan, das in chinesischer Phonetik zu ch'an geworden sei, und sie definiert es mit den alten Büchern als „sein Selbst durch Meditation und Erkenntnis zu reformieren", daher das ›Buch des Dzyan‹; vgl. dazu G I, 4, Anm. 2; eine andere Ableitung hat G. Scholem, Die jüdische Mystik in ihren Hauptströmungen, Frankfurt a. M. 1980, 430 Anm. 2 gegeben: er leitet es von dem kabbalistischen Werk Sifra *Di-Zeniūtha* her.

vereinbar sind" (G II, 838). Blavatsky vertraut jedoch darauf, daß ihre
Auffassungen im 20. Jahrhundert recht bekommen werden (vgl. G II,
21).

Die Verfasserin beruft sich also auf dem westlichen Leser unbekannte Bücher, und wie zu Beginn ihres Werkes ›Entschleierte Isis‹,
wo sie ebenfalls auf „ein altes Buch" Bezug nimmt, geht es hier um die
Vermittlung eines der Allgemeinheit bzw. der Öffentlichkeit bisher
weithin verborgenen Wissens. Diese Mysteriensprache der vorhistori-
schen Zeitalter nennt die Autorin Symbolik; eine Symbolik, die sie zu
entschlüsseln beabsichtigt (vgl. G I, 329 ff.). Die universelle Symbo-
lologie ist nach H. P. Blavatsky der Garant für die Korrektheit der Auslegung (Th 138).

Es geht also um Hermeneutik schon vorliegender Schriften; darum
will sie nicht den Anspruch stellen, eine Offenbarung zu bringen, noch
ist sie die „Enthüllerin einer jetzt zum erstenmale in der Weltge-
schichte veröffentlichten mystischen Lehre", sondern sie meint etwas
aufzudecken, das in allen großen Religionen und Kulturen ausgesagt
sei, freilich in einer verschlüsselten Form, die es aufzuschließen gilt:
„Denn der Inhalt dieses Werkes findet sich in Tausenden von Bänden
zerstreut, in den Schriften der großen asiatischen und alten europäischen Religionen, verborgen unter Hieroglyphe und Symbol und
wegen dieser Verhüllung bisher unbeachtet gelassen" (G I, XIV). Sie
will aufzeigen, daß die „jetzt geheime Weisheit einstens der eine
Brunnen, die immerfließende ununterbrochene Quelle war, aus der
all die kleinen Ströme – die späteren Religionen aller Nationen – vom
ersten bis zum letzten gespeist wurden" (G I, 28). Die Übereinstimmung der Ideen in den verschiedenen Religionen geht letztlich zurück
auf eine „ursprüngliche universale Offenbarung" (G III, 381). Diese
Geheimlehre will sie in Fundamentallehrsätzen zum Ausdruck
bringen. Sie gehören letztlich allen Religionen an, der indischen, der
zoroastrischen oder auch der ägyptischen Religion, dem Buddhismus
und Islam, dem Judentum und Christentum. Doch keiner gehören sie
ausschließlich an: „Die Geheimlehre ist die Essenz von allen diesen";
sie ist „die Basis aller Religionen" (G I, XXV).

Die Aufgabe, die sich Blavatsky gestellt hat, ist es, die ältesten Lehr-
sätze zu sammeln und „aus ihnen ein harmonisches und unzerstük-
keltes Ganzes zu machen"; sie möchte die „fundamentale Einheit",
aus der alle Religionen entsprungen sind, aufdecken (G I, XXIV s.).

c) Theosophie – die eigentliche Wahrheit
in und jenseits aller Religionen

In dem Werk ›Der Schlüssel zur Theosophie‹ (= Th) beantwortet H. P. Blavatsky die erste Frage, ob die Theosophie eine Religion ist, mit einem kategorischen Nein (Th 21). In dieser negativ abgrenzenden Aussage ist aber in ihren Augen ein positives Anliegen ausgesprochen. Denn die theosophische Weltsicht könne die Mitte der Religion erfassen, während alle einzelnen Religionen nur partiell und aspekthaft dieses Wesen zum Ausdruck bringen: „Jede Religion ist so nur ein kleines Stückchen der göttlichen Wahrheit." (Th 52) Es ist also nicht ein Mangel an Religion, der die Theosophie kennzeichne, sondern in gewissem Sinn deren Fülle – sie ist deren Wesen, deren Zentrum.

Im Sinne eines solchen universalen Wahrheitsbesitzes interpretiert Blavatsky auch den Namen 'Theosophie'. Dieser bedeute „göttliche Weisheit, göttliches Wissen", näherhin die „Weisheit der Götter". Dies ist „eine Weisheit gleich jener, welche die Götter besitzen" (Th 21). Diese Weisheit auch ist es, die von großen Eingeweihten, von wahren „Söhnen Gottes" übermittelt werde. Doch sei diese ursprüngliche Lehre, „die Universalität dieser Lehre in den engen Gleisen" der „sektiererischen Dogmen" ihrer Schüler eingeengt worden (Th 52). Die „Weisheitsreligion" oder „Urlehre", wie sie sie auch nennt (Th 53, vgl. 22), ist als Ursprung aller Religionen zu verstehen, alle einzelnen religiösen Richtungen sind letztlich als einzelne Äste und Zweige eines gleichen großen Stammes zu deuten: „Die Theosophie ist [...] so alt wie die Welt, und sie ist auch das umfassendste und katholischste System, das es gibt." (Th 27) Von der Überzeugung, daß diese theosophische Religiosität gewissermaßen zum Menschsein als solchem gehört, ist auch die Aussage abzuleiten, daß sie alle heute bestehenden Religionen und Philosophien überleben wird (vgl. Th 24).

Die Theosophie wird also einerseits gewiß von den Religionen unterschieden; andererseits aber kann sie keinesfalls von ihnen getrennt gedacht werden: vielmehr ist am Grund der Religionen das theosophische „Substrat" anzutreffen. Alle Religionen partizipieren in einem gewissen Sinn an dieser Wahrheit. H. P. Blavatsky ist davon überzeugt, daß es „eine einheitliche Wahrheit geben muß, die in all den verschiedenen Religionen ihren Ausdruck findet"[14]. Dieses Anliegen

---

[14] An dieser Stelle sagt sie „ausgenommen in der jüdischen, denn dort finden Sie sie nicht einmal in der Kabbala" (Th 44). Solche antijudaistisch

hatte sie der Grundtendenz nach schon in der ›Entschleierten Isis‹ verfolgt: als „einen der Hauptgegenstände dieses Werkes" trachtet sie „zu beweisen, daß jeder alten volkstümlichen Religion dieselbe uralte Weisheitslehre zugrunde liegt, die eine und identische [...]"; und diese „Identität grundlegender Lehren in den alten Religionen" vermeint sie in den geheimen Initiationen in den Mysterien zu finden (Isis II, 99). Sie ist überzeugt – wie sie in den Schlußsätzen dieses Werkes ausführt –, daß die Vielheit der menschlichen Glaubensbekenntnisse anzeige, daß sie „alle aus einer Urquelle stammen", daß die Religionen nur Spektren der einen universellen Wahrheit sind (Isis II, 649).

Da die Theosophie den Kern der verschiedenen Religionen bzw. auch der großen Philosophien zu erfassen vermag, ist es demnach möglich, eine Vereinheitlichung der Religionen zumindest in der Idee und im Ethos zu erlangen. In diesem Sinn versteht Blavatsky auch den Wahlspruch der Theosophischen Gesellschaft „Keine Religion ist höher als die Wahrheit" (G I). Das heißt in ihren Augen, „alle Religionen, Sekten und Nationen in einem gemeinsamen ethischen System, das sich auf ewige Wahrheiten gründet, zu versöhnen" (Th 22).[15]

Von diesem Selbstverständnis her ist der *Eklektizismus* zu verstehen, der zugleich mit einer Distanzierung bzw. Relativierung aller faktischen Religionen einhergeht. Deutlich spricht dies Blavatsky in der Beantwortung der Frage aus, welches System sie außer den ethischen Lehren des Buddhismus bevorzuge: „Keines und alle. Wir halten uns an keine Religion und Philosophie im besonderen, wir suchen das Gute heraus, das wir in jeder finden" (Th 30). Diesem eklektizistischen Verständnis korrespondiert die Überzeugung, daß alle Religionen und Sekten „mehr oder weniger im Irrtum" sind, da ja alle nur eine Teilwahrheit haben (Th 197; vgl. 52). Diesen Partikularismus vermag die „esoterische Philosophie" aufzuheben, denn sie versöhnt „alle Religionen, entkleidet jede ihrer äußeren, menschlichen Ge-

---

klingende Aussagen finden sich auch an anderen Stellen ihres Werkes; vgl. a. a. O., 43: 'die Abgrenzung der rein christlichen Lehre von der jüdischen Lehre', und 58, wo das Gebet eine 'von den Juden erfundene Übung' genannt wird.

[15] In dieser Richtung interpretiert sie auch jenen neuplatonischen Philosophen, in dem Blavatsky den ersten Theosophen erblickt, nämlich Ammonnius Sakkas. Dieser „unternahm es, alle Religionssysteme miteinander zu vereinen und durch den Nachweis ihres gemeinsamen Ursprungs einen auf die Ethik gegründeten Glauben zu errichten" (Th 217, Anm. 2).

wänder, und zeigt die Wurzel einer jeden als identisch mit der jeder anderen großen Religion" (G I, 4). Zu diesem Zweck ist es nötig, die einzelnen Religionen esoterisch zu deuten. Auch im Hinblick auf das Christentum führt Blavatsky dies in Umgehung des wörtlichen Sinnes des Evangeliums durch: es geht ihr um „die geheime Bedeutung des Evangeliums" (G III, 46). Die Apostel hatten eine „Geheimlehre" von Jesus erhalten (G III, 149); die allegorische Auslegung wird geschätzt (G III, 47), das Ziel ist die Weisheit, „die Gnosis" (G III, 54 f.).

d) Monistisches Gott-Welt-Verständnis

Die angestrebte Versöhnung von Motiven aus ganz unterschiedlichen Religionen und Kulturräumen und aus weit auseinanderliegenden Zeiten, also von heterogensten Elementen, ist schon rein deskriptiv eine Schwierigkeit; um so weniger ist es eine leichte Aufgabe, die behauptete Verbindung spirituell und denkerisch zu realisieren. Es bedarf zu diesem Zweck einer Vorentscheidung hinsichtlich des Verhältnisses von Gott und Welt: Die Grundlage der beschriebenen Einheitsauffassung kann letztlich im Verständnis der göttlichen Wirklichkeit gesucht werden. H. P. Blavatsky spricht vielfach von Gottheit, oder sie nennt sie „universelles göttliches Prinzip" (vgl. Th 56); dieses nämlich ist „die Wurzel von allem, aus dem alles hervorgeht und in dem am Ende des großen Seinszyklus alles wieder absorbiert sein wird" (Th 55). Die Gottheit ist „die geheimnisvolle Kraft der Evolution und Involution, die allgegenwärtige, allmächtige und sogar allwissende schöpferische Potentialität" (Th 56). Von ihr her ist darum auch die Einheit der Menschheit zu verstehen, denn die Gottheit ist zugleich deren gleiche Wesenheit; diese Wesenheit ist eine einzige: „Unendlich, unerschaffen und ewig, ob wir sie nun Gott oder Natur nennen" (Th 43).

Trotz dieses kosmischen, evolutionären Gottesbegriffs lehnt es aber H. P. Blavatsky ausdrücklich ab, ihr System als einen Pantheismus zu bezeichnen. Denn Pantheismus würde bedeuten, daß jedes in der Natur, z. B. jeder Baum oder jeder Stein, ein Gott sein könne, wonach Pantheisten als Götzenanbeter zu betrachten wären; sie könne höchstens eine esoterische Bedeutung des Wortes Pantheismus zulassen, in dem Sinn, daß es nicht um das Äußere der Natur geht, sondern um „die ewige, unerschaffene Natur und nicht [um] die Summe flüchtiger Schatten und begrenzter Unwirklichkeiten" (Th 56).

Der Gottesbegriff, von dem Blavatsky geleitet ist, ist ein pantheistischer in dem Sinn, daß eine „ungeoffenbarte Gottheit" von Anbeginn der Zeit von den Menschen erkannt werden konnte. Diese ist das „EINE LEBEN", das „ES SELBST" bzw. der „große Atem", wie sie in esoterischer Sprache genannt wird (G I, 32). Es kommt näher im ersten der drei fundamentalen Sätze der Geheimlehre zum Ausdruck, der lautet: „Ein allgegenwärtiges, ewiges, grenzenloses und unveränderliches PRINZIP, über das gar keine Spekulation möglich ist, da es die Kraft menschlicher Vorstellung übersteigt und durch irgendwelche menschliche Ausdrucksweise oder Vergleich nur erniedrigt werden könnte. Es ist jenseits von Raum und Reichen des Gedankens – mit den Worten der Māndūkya ‚undenkbar und unaussprechlich'"; es ist mit anderen Worten die „EINE ABSOLUTE SEINHEIT" (G I, 42). Im Raum des Individuums ist deshalb die „persönliche Gottheit" als „unsterbliche Wesenheit" zu verstehen – es ist „das eigene unsterbliche Prinzip" (G III, 62 f.).

Angesichts dieses Gottesverständnisses erscheinen ihr die Götter der „sogenannten monotheistischen Religionen, [...] als eine lästerliche und traurige Karikatur des Ewig-Unerkennbaren" (G I, 4). Die Kritik am christlichen Gottesbegriff ist Basis und Konsequenz dieser Auffassung vom Göttlichen. Vor ihrem Hintergrund erscheint der Gott der Theologen als „ein Bündel von Widersprüchen und logischen Unmöglichkeiten"; einen „persönlichen, außerkosmischen und anthropomorphen Gott" negieren die Theosophen ausdrücklich (Th 54). Von hierher ist auch der Ausdruck „Vater" als Anrede an Gott abzulehnen, wenn er sich an einen solchen außerkosmischen Gott richtet. Er könne höchstens in einem esoterischen Sinn verstanden werden, „wonach der innere Mensch der einzige Gott ist"; eine göttliche Essenz im Menschen wird „Vater im Himmel" genannt, und er wird im spirituellen Bewußtsein als solcher erkannt (vgl. Th 59). Von hierher ist auch die Kritik am Gebet zu verstehen und die Alternative dazu, die lautet: Handeln statt Reden (vgl. Th 57).

Zusammenfassend kann festgestellt werden, daß die die Religionen versöhnende und vereinigende, sie in selektiver und eklektizistischer Manier synthetisierende Haltung zurückgeht auf die Überzeugung, daß die Gottheit alles umfaßt, daß „Gott ein universales, alles erfüllendes, unendliches Prinzip (ist)" (Th 58). Auf diese Weise meint die Verfasserin sowohl den Wahrheitskern aller Religionen anzuerkennen als auch deren in ihren Augen unberechtigtes dogmatisches Selbstverständnis ablehnen zu müssen. Diese Gottheit, die hier erkannt wird, ist kein Gegenstand besonderer Offenbarung; im Gegensatz dazu

„(war) es das Dogma allein, welches immer die ursprüngliche Wahrheit getötet hat"; letzter Maßstab für alle historischen Religionen sei jedoch die „Religion der Natur" (G II, 842).

Der zuletzt angeführte Gedanke einer Gottheit, die mit der Natur identifiziert wird und in ihr zu verehren ist, den Blavatsky in den beiden letzten Jahrzehnten des vorigen Jahrhunderts formulierte, konnte ein Jahrhundert später – nunmehr unter den ganz anderen Bedingungen eines neuen ökologischen Bewußtseins – zur Maxime neureligiösen Bewußtseins werden.[16] Dieses spezielle Motiv, das aber mit dem innersten Anliegen der Theosophie verbunden ist, zeigt, daß H. P. Blavatsky – trotz bisweilen äußerst seltsam anmutender Thesen und ausgefallener Ansichten, die in frontalem Gegensatz zur Wissenschaftsgläubigkeit ihrer Zeit stehen – in manchen Aspekten zentrale Momente des religiösen Bedürfnisses von Menschen in einem sich wissenschaftlich verstehenden Zeitalter erfaßt hat. In dem Zweifrontenkampf gegen Christentum einerseits und moderne Natur- (aber auch Geistes-)Wissenschaft andererseits hat sie auf Anliegen hingewiesen, die weder die vorherrschenden Konfessionen noch das nüchterne wissenschaftliche Weltbild zu befriedigen vermochten, da in beiden die okkulte Thematik im Verlauf der Neuzeit eliminiert wurde.[17] Trotz ihrer extremen Außenseiterposition hat sie nicht unbeträchtliche Beachtung erreicht, und einige ihrer Ansichten sind, obwohl sie manche Rückschläge (z. B. aufgrund des Nachweises spiritistischer Manipulationen durch die 'Gesellschaft für Psychologische Forschungen' in London) erleiden mußte, auch außerhalb der Theosophischen Gesellschaft diskutiert und zum Teil rezipiert worden. Zu diesen gehört zweifelsohne die Überzeugung von einer *inneren Einheit der Religionen.* Dieses zentrale Leitmotiv begleitete naturgemäß auch die weitere Entwicklung theosophischen Denkens nach dem Tode H. P. Blavatskys.

---

[16] Vgl. z. B. H. Mynarek, Ökologische Religion. Ein neues Verständnis der Natur, München 1986.
[17] Vgl. K. Hutten, Parapsychische Phänomene und Okkultbewegungen im Urteil der Theologie, in: Neue Wissenschaft 16 (1968) 36ff.; dazu C. R. H. Frick, Die Erleuchteten, Bd. 1, Graz 1973, 205 f.

2. Die 'Einheit der Religionen' als Programm

a) Die wichtigsten theosophischen Richtungen

Wie erwähnt, ist die 'Theosophische Gesellschaft' in New York gegründet worden. Erster Präsident war der Mitarbeiter Blavatskys, der amerikanische Oberst *H. St. Olcott*; seit 1882 ist Adyar bei Madras das Zentrum. Nach dem Tod von Oberst Olcott wurde *Annie Besant* Leiterin der Gesellschaft; von 1907 bis 1938 war sie Weltpräsidentin der Theosophischen Gesellschaft Adyar.

Schon ein Jahrzehnt nach der Gründung kam es zu verschiedenen Spaltungen, die zu Neugründungen führten; die komplexe Geschichte kann hier nicht wiedergegeben werden, sondern es seien nur die Hauptrichtungen, wie sie auch besonders für den deutschen Sprachraum relevant wurden, erwähnt: *Franz Hartmann* (1842–1912) gründete 1897 die 'Internationale Theosophische Verbrüderung', deren Anhänger sich nach dem Zweiten Weltkrieg in der 'Theosophischen Gesellschaft in Deutschland' neu konstituierten. Das Kennzeichen dieser Richtung ist eine christliche Ausrichtung der Theosophie.

Im Kontext der christlich orientierten theosophischen Gruppen ist die mit der Theosophischen Gesellschaft (Adyar) eng verbundene, auf *Ch. W. Leadbeater* zurückgehende 'Liberalkatholische Kirche' zu nennen. Sie leitet die Weihen ihrer Bischöfe von der Altkatholischen Kirche ab und versteht sich demnach im Besitz der Apostolischen Nachfolge (Sukzession);[18] es herrscht eine gnostische Sicht des Christentums vor; auch der Einfluß hinduistischer Anthropologie ist gegeben.

Eine weitere wichtige Abspaltung war die auf *William Quan Judge* (1851–1896) und seine Mitarbeiterin *Katherine Tingley* (1847–1929) zurückgehende amerikanische Gruppe 'Universale Brüderschaft und Theosophische Gesellschaft', die ihren Sitz in Point Loma (Kalifornien) hat und die später von *Gottfried von Purucker* (1875–1942) geleitet wurde. Das Gedankengut dieser Richtung ist über die Schriften von Puruckers, insbesondere über seine ›Grundlagen‹ bzw. ›Studien zur Esoterischen Philosophie‹, im deutschen Sprachraum verbreitet.

---

[18] Vgl. H.-J. Ruppert, Art. Liberalkatholische Kirche, in: Lexikon der Sekten, 593ff.; und den Kurzbericht ›Die Liberalkatholische Kirche‹, in: Materialdienst 40 (1977) 42ff.; ferner R. S. Ellwood/H. B. Partin, Religious and Spiritual Groups, ²1988, 107ff.; hier wird auch die erst in der zweiten Hälfte des 20. Jahrhunderts entstandene gnostische 'Church Universal and Triumphant' behandelt (102ff.).

Die wichtigste Gruppierung, die zum Teil ihre Wurzeln ebenfalls in der Theosophie hat, sich aber später eigenständig weiterentfaltete, ist die von *Rudolf Steiner* gegründete Anthroposophie. Er war selbst von 1902 bis 1913 Generalsekretär der Theosophischen Gesellschaft. Der äußere Anlaß für die Trennung war die Proklamierung von Krishnamurti als Reinkarnation Christi, die von *Annie Besant* (1847–1933) und *Charles Webster Leadbeater* (1847–1934) vorangetrieben wurde, der diesen Hindu-Knaben als neuen Weltheiland entdeckt hat.[19]

Die vielfache Verzweigung des theosophischen Gedankenguts und seine Übernahme, Weiterverarbeitung und Hineinnahme in neue Konstellationen ist noch nicht ausreichend erforscht; zweifelsohne steht dieses Denken im Hintergrund zahlreicher okkulter Bewegungen seit dem Anfang des 20. Jahrhunderts. Namentlich sind hier die neu-rosenkreuzerischen Orden und Gesellschaften zu nennen, wobei das freimaurerische Gedankengut eine große Rolle spielte; Hartmann, der Mitglied von freimaurerischen Geheimbünden war, hat sich selbst um die Verbreitung des Rosenkreuzerordens verdient gemacht. Doch in diesem Bereich wären noch weitere Forschungen erforderlich, die nicht zuletzt dadurch erschwert sind, daß die Traditionslinien einer bisweilen starken Geheimhaltung unterliegen.[20]

Auch die vielfachen okkulten und spiritualistischen Tendenzen, die in der Gegenwart wieder besonders von sich reden machen, wären in diesem Zusammenhang zu erwähnen. So z. B. die von *Alice Bailey* (1880–1949) 1922 gegründete 'Lucis Trust'; schließlich die okkulte Überlieferung im 'Hermetic Order of the Golden Dawn', der Ende des vorigen Jahrhunderts gegründet wurde und zu dem ursprünglich auch *Aleister Crowley* (1875–1947) gehörte, der später den 'Ordo Templi Orientalis' (OTO) leitete.[21] Andere okkult orientierte Gruppierungen, die aber stark vom Sufismus beeinflußt sind, gehen auf *George Ivanovich Gurdjieff* (1877–1949) zurück, dessen Einfluß über *Peter Damian Ouspensky* (1878–1947) bis zu *John G. Bennett* reichte und dessen Gedankengut von der 1955 initiierten Gurdjieff-Society weitergetragen wird.[22]

---

[19] Detaillierte Angaben zur Geschichte der neueren Esoterik siehe C. R. H. Frick, Die Erleuchteten, Graz 1973; es ist eine informative, wenn auch parteilich orientierte Deutung der Esoterik.

[20] Vgl. dazu H. Obst, Außerkirchliche Protestbewegungen, 1990, 94.

[21] Vgl. J. Aagaard, Moderne religiöse Bewegungen, in: Ökumene-Lexikon, 840f.

[22] Vgl. a. a. O., 842.

In allen diesen Bewegungen spielt das Motiv einer esoterisch verstandenen Einheit der Religionen eine wichtige Rolle. Es soll hier nur auf die im engeren Sinn theosophischen Richtungen eingegangen und exemplarisch auf zentrale Grundaussagen hingewiesen werden, während die Okkult-Bewegungen nicht im Zentrum der vorliegenden Darstellung stehen.[23]

b) „Die allen Religionen zu Grunde liegende Einheit" (Annie Besant)

Im Jahre 1897 veröffentlichte A. Besant ›Die uralte Weisheit. Eine kurzgefaßte Darstellung der Lehren der Theosophie‹.[24] Die Einleitung stellt sie unter das Motto: *„Die allen Religionen zu Grunde liegende Einheit"*. Im wesentlichen schließt sie an die schon referierten Gedanken ihrer Lehrerin Blavatsky, der dieses Buch auch gewidmet ist, an und präzisiert sie durch einige anschauliche Bilder: die Theosophie als „der Ursprung und die Basis aller Religionen" ist zugleich „der Felsblock, aus dem sie alle gehauen, die Grube, aus der sie alle gegraben worden sind".[25] Diese allgemeine Aussage wird konkretisiert durch die theosophische Konzeption der verborgenen Lehrer der Menschheit: Denn die Ähnlichkeiten der verschiedenen Religionen, auch in ethischer Hinsicht, deuten für sie hin auf eine „einzige Quelle, und dies ist die Brüderschaft der weissen Loge, die Hierarchie der Adepten, welche die Entwicklung der Menschheit überwachen und leiten [...]".[26]

Wegen der großen Bedeutung, die das religiöse Einheitsmotiv generell in der Theosophie hat, ist es nicht verwunderlich, daß es auch bei der von der Adyar-Richtung abgespaltenen Gruppe Point-Loma-Bruderschaft grundlegend ist: für *Katherine Tingley* ist die Theosophie „Essenz aller Philosophien, wie sie die Essenz aller Religionen ist"[27]; und für deren Nachfolger *Gottfried von Purucker* und seine ›Esoterische Philosophie‹ ist es ebenfalls eine Basisüberzeugung, daß „hinter allen großen Weltreligionen der Urquell der Wahrheit verborgen

---

[23] Vgl. dazu J. Wichmann, Die Renaissance der Esoterik, 104 ff.
[24] Autorisierte deutsche Ausgabe von L. Deinhard, Leipzig o. J. [1899], die hier zitiert wird.
[25] A. a. O., 4 f.
[26] A. a. O., 35, vgl. 28 und 30.
[27] K. Tingley, Der Pfad des Mystikers, ²1986.

(liegt)" und deshalb in allen Religionen „dieselben grundlegenden Lehren" zu finden sind.[28]
    In der stark auf das Christentum hin orientierten Richtung, wie sie *Franz Hartmann* vertritt, ist der Gedanke von der Theosophie als „Ziel aller Religionen" ebenso leitend;[29] der hermeneutische Ansatz, der bei Blavatsky, Besant, Tingley u. a. die Einheit der Religionen zu denken erlaubt, nämlich die Differenzierung von innerem Gehalt und äußerer Erscheinung, dient bei ihm zudem dazu, von einer „innerlichen geistlichen Kirche" im Unterschied zur „äußerliche(n) Form" zu sprechen und den in den Symbolen der Bibel und Sakramenten des Christentums verborgenen Sinngehalt zu entschlüsseln.[30]
    Abschließend ist noch auf die von der theosophischen Bewegung abgespaltene Anthroposophie hinzuweisen. *Rudolf Steiner* will die einmalige Bedeutung Jesu Christi im Prinzip nicht aufgeben. Durch diese Auffassung Christi als kosmisches Wesen könne nun die Anthroposophie „die große, verständnisvolle Vereinigung, die Synthese der religiösen Bekenntnisse auf der Erde bringen"; diese Vermittlerfunktion vermag sie auch deshalb zu leisten, weil durch sie „etwas gegeben sein soll, was einen höheren Standpunkt einnimmt als die religiösen Standpunkte waren und heute noch sind".[31]
    Das Motiv des inneren Verständnisses der christlichen Religion und die Intention, zur Einheit der Religionen beizutragen, ist in allen von der Theosophie herkommenden Richtungen zu konstatieren. Diese Bewegung hat damit am Ende des 19. Jahrhunderts ein Anliegen in einer – zwar in vieler Hinsicht problematischen – Weise formuliert, das jedoch in der europäischen Geistesgeschichte seit dem Spätmittelalter nicht fremd war: Nikolaus von Cusa postulierte „die eine Religion in der Verschiedenheit der Riten", in der Renaissance wurde zum Teil schon synkretistisch die Einheit mit den antiken Religionen gesucht,

---

[28] Vgl. dazu allgemein: ›Esoterische Philosophie. Weisheit der Zeitalter. Einführung‹, Esoterische Philosophie – Studiengesellschaft, Hannover ²1989, 13, 19, 78 ff., und passim.
[29] Zur näheren Darstellung seiner Position vgl. Handbuch Religiöse Gemeinschaften, ³1985, bes. 373 ff.
[30] Vgl. F. Hartmann, Die Symbole der Bibel und der Kirche, [um 1980], 76 f., bes. 44 ff.
[31] R. Steiner, Erfahrungen des Übersinnlichen (1912) [= Gesamtausgabe, Bd. 143, 1970], 152 und 132 (zit. nach B. Grom, Anthroposophie und Christentum, München 1989, 99, vgl. 173: Anthroposophie als „überreligiöser" Weg).

und in der Aufklärungsphilosophie war das Bemühen vorherrschend, das Gemeinsame der Religionen hervorzukehren und die
geschichtlich gewachsenen Unterschiede als letztlich nicht entscheidend bzw. in ihrem Wahrheitscharakter nicht entscheidbar zurück-
zustellen, wie dies plastisch Lessings Parabel von den (äußerlich)
gleichen Ringen im Hinblick auf Judentum, Christentum und Islam
veranschaulicht.
Neu an dieser Situation in der zweiten Hälfte des 19. Jahrhunderts
war aber, daß in einem erhöhten Ausmaß die *östlichen Religionen* in
den Blickpunkt des Interesses treten. Nach einer längeren Vorge-
schichte, die auf die missionarischen Begegnungen mit Konfuzianismus, Buddhismus und Hinduismus schon im 16. Jahrhundert zurückreicht, war in Europa seit dem Beginn des 19. Jahrhunderts vor
allem das Schrifttum Indiens in den Mittelpunkt der Aufmerksamkeit
getreten; angefangen vom Interesse der Romantik, besonders in den
Arbeiten Friedrich Schlegels, des Begründers der Indologie, über
Schopenhauer bis hin zu dem Religionswissenschaftler Max Müller.
Doch das alles war eine *Kenntnisnahme* östlicher Religionen, die lite-
rarisch, wissenschaftlich oder philosophisch erfolgte, aber *kein Bekenntnis* zu ihnen. Mit den Initiatoren und Anhängern der Theosophie
ändert sich diese Situation wesentlich: sie versuchten nun eine direkte, auch im Leben realisierte Verbindung mit den nichtchristlichen
Religionen: im Bekenntnis bzw. theoretischen System wurden, zum
Teil recht eigenwillig, die Elemente östlicher und westlicher Traditionen vermischt; im Leben der *Übertritt* zu fremden Religionen praktiziert.
Die erste 'Theosophische Gesellschaft' mit dem Zentrum in *Adyar*
wurde nacheinander zunächst von zwei Persönlichkeiten geleitet, die
sich direkt den Religionen des Ostens angeschlossen haben. Oberst
Olcott konvertierte gemeinsam mit Madame Blavatsky – nachdem sie
von Buddhisten nach Ceylon eingeladen worden waren – schließlich
zum Buddhismus und trugen durch ihre Aktivitäten zum neuerwachten Bewußtsein dieser Religion auch in politischer Hinsicht bei;
Annie Besant wurde 1893 Hindu und zu einer Vorkämpferin für die
indischen Reformbewegungen zu Beginn des 20. Jahrhunderts. Der
biographische Weg, der sie schließlich eine hinduistischen Anschauungen völlig ergebene Anhängerin werden ließ, hat einen dramati-
schen Verlauf genommen und ist in seiner Grundstruktur typisch für
viele spirituelle Sucher geworden, die ihre religiöse Verwurzelung
im Christentum verloren hatten. Zunächst hatte sich diese femini-
stisch engagierte Frau, nach einer nur kurze Zeit während Ehe mit

einem anglikanischen Pastor, der englischen Freidenker-Gesellschaft, einer atheistisch-materialistischen Weltanschauung zugewandt. Die Begegnung mit H. P. Blavatsky und ihren Schriften jedoch führte nach einem über eineinhalb Jahrzehnte währenden kämpferischen Einsatz für freidenkerische und sozialkritische Ideen zu einer Hinwendung zur Theosophie und in der Folge zum Hinduismus. Von überzeugter christlicher Frömmigkeit herkommend, gelangt sie über ein religionskritisches Zwischenstadium wieder zu einer tiefen Religiosität; jedoch keineswegs durch eine Rückkehr zum Christentum, sondern vermittels einer Überzeugung, die den Anspruch vertritt, den christlichen Glauben weit zu überbieten, ihn jedoch nicht im ganzen – wie in ihrer atheistischen Phase – abzulehnen: er wird eingebettet in ein neues religiöses Einheitsdenken.

Doch nicht allein von der existenziellen Entscheidung dieser Gründergestalten ging eine katalysatorische Wirkung für die Aufnahmebereitschaft gegenüber östlichen Ideen im westlichen Kulturraum aus, sondern die theosophische Bewegung selbst trug dazu wesentlich bei: rein propagatorisch durch die weite Verbreitung ihrer Literatur, die – was die Verständnisvoraussetzungen östlicher Religionen betrifft – großteils von populärer Art war; viel mehr noch – organisatorisch – dadurch, daß sie oft den seit dem Beginn des 20. Jahrhunderts aus dem Osten nach dem Westen kommenden Weisheitslehren den äußeren, öffentlich-gesellschaftlichen Rahmen für ihre Aktivitäten bot; und es waren zudem in ihren eigenen Reihen überwiegend Menschen, die für die Botschaft religiöser Meister des Ostens sehr aufgeschlossen waren, besonders jenen gegenüber, die die Einheit der Religionen predigten. So hatte z. B. Abdu'l Bahā, der Sohn des Gründers der Bahā'i-Religion, enge Kontakte mit den Theosophen, und ebenso kommen viele der ersten Anhänger der 'Sufi-Bewegung' von der Theosophie her. Doch nicht allein diesen islamisch geprägten Kündern einer neuen Einheit der Religionen gegenüber waren die Theosophen sowie auch andere religiös interessierte, aber vielfach dem Christentum entfremdete Menschen offen, sondern in wohl noch höherem Ausmaß den Gurus, die von jenen Religionen herkamen, die von größter Bedeutung im Leben und in den Schriften der Begründerin der Theosophie und ihrer engsten Mitarbeiter waren, nämlich vom Hinduismus oder Buddhismus. Denn die *Theosophie* ist jene Konzeption des religiösen Einheitsdenkens, in der westliche okkulte und esoterische Traditionen bewußt mit östlichen, hinduistischen und buddhistischen Motiven in einer charakteristischen Synthese verbunden werden. Die östlichen Religionen vertreten im Prinzip eine religiöse

Einheitssicht bzw. eine große Toleranz, und sie waren ein besonders geeigneter Boden für die Entstehung neuer universalistischer Bewegungen, die mit ihrem missionarischen Anspruch bald nach dem Westen tendierten.

II. KAPITEL:
UNIVERSALRELIGIÖSE TENDENZEN
DES NEOHINDUISMUS

1. Geschichtliche und religiöse Hintergründe
der Erneuerungsbewegungen im 19. Jahrhundert

Unter den bestehenden Religionen ist es der Hinduismus, der „zur Überwindung einer tief eingewöhnten Exklusivität zwischen Kulturen und Religionen wahrscheinlich am meisten beigetragen und damit eine lange Reihe von Konvergenzen, Dialogen, Beeinflussungen und Auseinandersetzungen entweder zu einem großen Teil selbst herbeigeführt oder solche Vorgänge prinzipiell ermöglicht (hat)"[1]. Auf diese Weise kam es zu kulturüberschreitenden, synkretistischen Prozessen der Rezeption, wofür die im I. Kapitel dargestellte Begegnung westlicher Theosophen mit dem Hinduismus ein exemplarisches Modell ist. Vom letzten Drittel des vorigen Jahrhunderts an bis zu den hinduistisch geprägten neureligiösen Gruppen, die seit den sechziger Jahren dieses Jahrhunderts in der Öffentlichkeit auftraten, spannt sich der Bogen einer komplexen Begegnung von Ost und West.[2] Der Hinduismus hat seine innere, seine immanente Erneuerungskraft im 19. Jahrhundert unter Beweis gestellt und in dynamischer Expansion die westliche Kultur erreicht, verbunden mit dem Anspruch, sich nun selbst als eine Weltreligion zu verstehen. Eine Reihe von geschichtlichen und religiösen Gründen haben zu dem Tatbestand geführt, daß diese Religion ihre Aktivität nach innen und nach außen hin stark entfaltet hat. Eines dieser Motive ist der religiöse Grundgedanke der vedantischen Advaita-Lehre; er ist prägend für den theologischen Hintergrund der genannten Prozesse gewesen, und er ist gerade auch im Hinblick auf den universellen Charakter des neohinduistischen Religionsverständnisses von tragender Bedeutung geblieben.

Um den Hintergrund neohinduistischer Erneuerungsbewegungen

---

[1] Vgl. C. Colpe, Synkretismus, Renaissance, Säkularisation und Neubildung von Religionen in der Gegenwart, in: Handbuch der Religionsgeschichte, Bd. 3, 442.

[2] Vgl. R. Hummel, Indische Mission, 1980, 23 ff.

zu verstehen, ist es darum notwendig, wenigstens auf diesen Grundgedanken sowie auf verwandte Motive in den religiösen Traditionen
Indiens hinzuweisen, die ein universalistisches Verständnis in der Neuzeit wesentlich mitermöglicht haben.

In diesen einleitenden Bemer-
kungen ist aber auch auf die kolonialgeschichtlichen Umstände kurz
Bezug zu nehmen, in deren Kontext die religiöse sowie politische Erneuerung des modernen Hinduismus zu sehen ist. Denn für die Erneuerung einer Religion sind nicht allein innerreligiöse Kräfte maßgebend, sondern ebenso ist die Begegnung mit nichtreligiösen Mächten
bzw. mit fremdreligiösen Traditionen, die sich im Spielraum zwischen
Anpassung und Negierung vollziehen kann, von entscheidender Bedeutung. Für den Hinduismus der Neuzeit war dies zu einem wesentlichen Teil die durch die europäische Kultur und das Christentum
gegebene Herausforderung.

Mehrere Kennzeichen bzw. Grundauffassungen der hinduistischen
Tradition können angeführt werden, um die erwähnte These verständlich zu machen, daß der Hinduismus unter den großen Religionen der
Gegenwart wohl die meisten Voraussetzungen für universalreligiöse
Tendenzen bietet. Erstens ist er im Unterschied zu den drei Stifter-
religionen Buddhismus, Christentum und Islam nicht an einer exklusiven Gründergestalt orientiert, sondern das sinnverbindende Moment der grundlegenden heiligen Schriften, im besonderen des Veda,
steht vor jeder einzelnen Gründergestalt. Ein weiteres Faktum, das
ihn nicht unwesentlich von den drei erwähnten Weltreligionen unterscheidet, ist die Tatsache, daß er in sich selbst eigentlich eine Mehr-
zahl so stark voneinander unterschiedener Richtungen birgt, daß
es angemessener ist, von *Hindu-Religionen* im Plural zu sprechen.[3]
Schon allein dadurch ist die Begegnung und teils Vermischung verschiedener religiöser Traditionen sozusagen „religionsimmanent" angelegt. Auch die Verehrung verschiedener Götter bzw. die Anru-
fung einer konkreten Gottheit unter verschiedenen Namen ist für
die synkretistische Religiosität förderlich. In exemplarischer Weise
kommt sie in der *Bhagavadgītā*, einem bedeutenden und vielgele-
senen Grunddokument der Bhakti-(Liebes-)Frömmigkeit, zum Ausdruck, in dem sogar die Verehrung anderer Götter als ein Weg zu
Krishna, der höchsten Gottheit, gedeutet wird. Dies spricht für die
Toleranz hinduistischer Religiosität, durch die sogar die Schranken
der Religion durchbrochen werden, aber zugleich für deren Inklusivi-

[3] Vgl. H. von Stietencron, in: H. Küng, Christentum und Weltreligionen,
1984, 216ff.

tät,[4] da das Opfer des Andersgläubigen letztlich auf den eigenen höchsten Gott bezogen wird:

> Der, welcher andern Göttern dient,
> der dient in höherm Sinn mir auch,
> Wenn er es ganz von Herzen tut,
> Weicht er auch ab vom richt'gen Brauch.
>
> (Bhagavadgītā IX 23)[5]

Eine vereinheitlichende Spiritualität ist nach dem Urteil einer Reihe von bedeutenden Autoren, die sich in besonderer Weise mit den „mystisch"-vereinheitlichenden Dimensionen der Veden befaßt haben,[6] in Ansätzen schon in diesen klassischen heiligen Schriften anzutreffen. Zunächst in der Gestalt, daß auf eine zentrale Gottheit, auf 'Agni' (wörtlich: Feuer, Licht) die anderen Götter bezogen werden:

> „(Er ist) das Licht, das zum Schauen dauernd
> eingepflanzt ist: der Gedanke, der unter den
> fliegenden (Wesen) das schnellste ist. Alle
> Götter einmütig, einstimmig begegnen sich
> richtig in dem einen Gedanken."
>
> (Rig-Veda VI 9, 5)[7]

In dieser Erfahrung eines geistigen Mittelpunktes tritt der Gedanke hervor, daß die vielen Lichter und Feuer Entfaltungen eines ihnen gemeinsam Zugrundeliegenden sind, was schließlich zu der Auffassung führen kann, daß die Welt im ganzen Entfaltung eines einzigen Prinzips ist; dieses Numinose wird vermittelt durch Naturvorgänge, namentlich auch im Feuer. Auf die Frage „Wie viele Agnis, wie viele Sonnen, wie viele Morgenröten und wie viele Wasser sind es wohl?", antwortet der Atharva-Veda:

---

[4] Vgl. dazu G. Oberhammer (Hrsg.), Inklusivismus – eine indische Denkform, Wien 1983; in mehreren Beiträgen wird auf die zitierte Bhagavadgītā-Strophe Bezug genommen; ebenso verweist Puthiadam, Hinduistische Religionsphilosophie (1986) 2, darauf.

[5] Zit. nach der Übersetzung von R. Boxberger, neu bearb. u. hrsg. von H. von Glasenapp, Stuttgart 1984, 62.

[6] Vgl. G. Mensching, Die Weltreligionen, 1981, 115 ff.; R. Zaehner, Mystik, Harmonie und Dissonanz, Olten 1990, passim; H. Zimmer, Philosophie und Religion Indiens, Frankfurt a. M. ³1979, 300 ff.; F. Heiler, Die Religionen der Menschheit, bes. 144 ff.

[7] Der Rig-Veda, übers. von K. F. Geldner, 2. Teil, London/Leipzig 1951, 102.

Nur einer ist der Agni, der an vielen Orten
entzündet wird, nur eine die Sonne, die das
All durchdringt (...)
Nur eines gibt es, und dies hat sich zur
ganzen Welt entfaltet.
(Atharva-Veda VIII 58, 2)[8]

Entscheidend ist jedoch in unserem Fragezusammenhang, daß in
den Veden eine noch radikalere Einheitstendenz festzustellen ist,
nämlich jene, die vor und über den Göttern ein neutrales Eines anstrebt:

Weder Nichtsein noch Sein war damals; nicht
war der Luftraum noch der Himmel darüber. Was
strich hin und her? Wo? In wessen Obhut? Was
war das unergründliche tiefe Wasser?

Weder Tod noch Unsterblichkeit war damals;
nicht gab es ein Anzeichen von Tag und Nacht.
Es atmete nach seinem Eigengesetz ohne
Windzug dieses *Eine*. Irgend ein Anderes als
dieses war weiter nicht vorhanden.
(Rig-Veda X 129, 1 f.)[9]

Es ist das ganz Andere, das apersonal erfahren wird und die Negation zu jeder positiven Wirklichkeit ist, jedenfalls aber nur in vernei-
nender Redeweise hinsichtlich des Gegebenen artikuliert werden
kann. Es ist die negative Sprache der Mystik, die hier anfangshaft sich
zeigt, und es ist die ihr entsprechende Erfahrung des über Nichts und
Sein gegebenen Einen, die dann den zentralen Aspekt der Mystik in
den *Upanishaden* bildet. In ihnen tut sich eine im Vergleich zu den
Veden neue religiöse und geistige Weltsicht auf,[10] deren Schlüsselbe-
griffe Brahman und Ātman sind. *Brahman* meinte ursprünglich einfach die übernatürliche Macht, die durch das rituelle Wort aktiviert
wird. „Die Rede ist das Brahman" (Aitareya-Brāhmana IV 21, 1);[11]

---

[8] Vgl. dazu G. Mensching, Die Weltreligionen, [4]1982, 125, der in diesem
Zusammenhang die zitierte Stelle anführt.
[9] Rig-Veda, übers. von K. F. Geldner, 3. Teil, 359f.; vgl. dazu G. Mensching, Die Weltreligionen, 121.
[10] Vgl. G. Mensching, Die Weltreligionen, 127 und 128; vgl. die Differenzie-
rungen in dem Nachtrag von B. Bäumer, in: F. Heiler, Die Religionen der
Menschheit, 152.
[11] Zit. nach G. Mensching, Die Weltreligionen, [4]1982, 131.

das heilige Wort des Veda wirkt im Himmel und auf Erden nach den Vorstellungen der Opfermystik. Aber es wird unter diesem Begriff die schöpferische Urkraft der Welt, ein kosmisches Absolutes, schließlich das Wesen des Alls und das Wesen, das die Götter geschaffen hat, verstanden.[12] In der Mundaka-Upanishad wird Brahman als Gott Brahmā, „der Schöpfer des Alls, der Hüter der Welt" bezeichnet, der „erste der Götter" (1, 1): aus dem Brahman (Neutrum) ist so schließlich der Gott Brahmā (Masculinum) geworden.[13] Entscheidend aber ist, daß unter Brahman ein Prinzip, das vor den Göttern war und das die ganze Welt als deren eigentliches Wesen durchdringt, zu verstehen ist. Als solches Absolutes ist es sowohl jenseits aller Beziehung als auch schöpferische Quelle von allem, so daß es eine Unzahl von Entsprechungen und Relationen gibt.

Der andere Grundbegriff, der um des Verständnisses dieser Einheitskonzeption willen kurz erläutert gehört, ist *Ātman* (etymologisch verwandt mit „Atem"). Mit ihm ist das Selbst des Menschen, seine eigentliche Mitte, das Wesen seiner Existenz gemeint. Dieses Zentrum ist zu unterscheiden von den vielen Organen und Kräften, ebenso von den seelischen Strebungen, die ihn ansonsten somatisch-psychisch konstituieren; es ist das Tiefste des menschlichen Wesens, das eigentlich Geistige.[14]

Die zentrale Aussage upanishadischer Mystik ist es nun, die *Einheit* von Ātman und Brahman auszusagen: das Wesen des Menschen ist mit dem Wesen alles Seins identisch; oder – anders formuliert – lautete diese Grundlehre, „daß das individuelle Selbst, Ātman genannt, identisch sei mit dem universalen Bewußtsein, dem Brahman, dem uranfänglichen absoluten Einen"[15]; dies zu erkennen, ist das Ziel solcher Mystik, und dies zu erfahren, das Anliegen aller ihrer Bestrebungen. Es gilt zu erkennen, daß das eigene Selbst letztlich nichts Verschiedenes im Verhältnis zur Welt, zum Grund des Seins im ganzen ist, sondern dasselbe, weil alles nur ein einziges Ganzes ist, nur ein Eines, das jedes Zweite, Andere, als bloßen Schein entlarvt. Nicht-Zweiheit (Advaita) ist ein Grundwort solcher mystischer Seinserfahrung; daß der Mensch, daß du alles bist, was dir begegnet,

---

[12] Vgl. G. Mensching, ebd.
[13] Vgl. Le Saux, Der Weg zum anderen Ufer. Die Spiritualität der Upanishaden, Düsseldorf/Köln 1980, 123f.
[14] Vgl. H. von Stietencron, in: H. Küng, 314f.
[15] H. von Stietencron, in: H. Küng, 280.

dies ist ein Basissatz aus den Upanishaden: „Das bist du" (tat twam asi).[16] Die Identifikation von Ātman und Brahman wurde also in philosophisch-theologischen Überlegungen der Upanishaden (besonders in den älteren, etwa im 7. bis 5. Jahrhundert v. Chr. entstandenen) durchgeführt und in meditativen Praktiken realisiert; im 7./8. Jahrhundert n. Chr. wurde von dem bedeutenden religiösen Denker *Shankara* die Überzeugung von der All-Einheit im Advaita-('Nicht-Zweiheit'-)Vedānta prägnant und wirkungsvoll zum Ausdruck gebracht.[17] Der 'Vedānta' (wörtlich: „Ende, Abschluß der Veden"), eine der sechs orthodoxen Schulen des Hinduismus, wurde dadurch zu einem ausgearbeiteten religionsphilosophischen System.[18] Eine neue Blüte vedantischer Philosophie brachte das 19. Jahrhundert, in dem unter ganz anderen geschichtlichen Bedingungen der Advaita-Vedānta im Reformhinduismus aufgenommen und modifiziert wurde, und zwar auch im Interesse eines universalreligiösen Verständnisses des Hinduismus.

Das aufgezeigte religionsphilosophische Grundprinzip, das von sich her zu einer Relativierung der konkreten äußeren Formen und Gestalten, der Religiosität und des Gottesdienstes führen kann, nämlich die Grundüberzeugung der Identität von *Ātman und Brahman*, ist – wie erwähnt – das bedeutendste Motiv, das in Richtung eines universalreligiösen Selbstverständnisses im 19. und 20. Jahrhundert weitergewirkt hat. Denn von ihm her kann jede Begrenztheit transzendiert werden, wie eben auch diejenige der religiösen Ausdrucksformen. Wenn Brahman das alles durchdringende und tragende Prinzip ist, und jeder Mensch in seinem letzten Personkern, seinem 'Selbst', dem Ātman, mit dieser elementaren Mitte des Alls identisch ist, dann ist nicht nur die Grundlage für die Relativierung der äußeren Gestalt in einer Religion gelegt, sondern auch der Ansatz für eine inklusivistische Einbeziehung anderer Religionen.

Die genannten religionsgeschichtlichen Vorgaben führten des weiteren schon im klassischen Hinduismus zur Herausbildung von religiösen Grundauffassungen, die eine Pluralität von religiösen Wegen

---

[16] Vgl. z. B. die bekannte Belehrung Shvetaketus durch seinen Vater: Chāndogya-Upanishad XIII 1–3, abgedruckt in: E. Hanefeld, Philosophische Haupttexte der älteren Upanishaden, Wiesbaden 1976, 131.
[17] Vgl. H. von Glasenapp, Die Philosophie der Inder, Stuttgart ⁴1985, 110ff.; H. Zimmer, Philosophie und Religion Indiens, 365ff.
[18] Vgl. Art. Vedanta, in: Dictionary of Religions, 345.

nicht nur zuließen, sondern voraussetzten, nämlich einerseits das Prinzip der *spirituellen Eignung* (adhikāritvam) und andererseits jenes der *religiösen Vorliebe* (ishtatvam);[19] diesen beiden Orientierungen sollte der spirituelle Sucher folgen; eine Auswahl war nötig aufgrund des in vielen Richtungen und Ritualen aufgesplitterten Hinduismus[20]. Zur „Bewältigung" dieser religiösen Vielfalt trug auch wesentlich die Überzeugung vom *Avatāra* (wörtlich: 'Herabkunft'), von der Inkarnation eines Gottes bei, die zwar im engeren Sinn nur auf Inkarnierungen Vishnus bezogen wurde,[21] jedoch im weiteren Sinn auch auf andere Götter und sogar auf andere Religionen übertragen wird; insbesondere wird von vielen modernen Hindus Jesus als Avatār betrachtet.[22] Verbunden mit dem Avatāra-Gedanken ist die Auffassung, daß verschiedene herausragende spirituelle Meister zu verschiedenen Zeiten die eine, gleichbleibende göttliche Wahrheit verkünden. Die erwähnten, in der Tradition vorgegebenen Grundlehren gewinnen eine neue Relevanz in der Begegnung mit dem christlichen Glauben und der westlichen Kultur: sie konnten einen Interpretationsrahmen für das Verständnis der anderen Religionen und überhaupt der Religionenvielfalt abgeben.

Die hinduistischen Reformbewegungen seit Beginn des 19. Jahrhunderts sind im ganzen nicht ohne westlichen Einfluß zu verstehen, sowohl in affirmativer als auch in negierender Hinsicht. Positiv sind in erster Linie die sozialen Reformen (Abschaffung der Witwenverbrennung; neue Erziehungs- und Schulsysteme; Kritik am Kastensystem, insbesondere am Ausschluß der Unberührbaren, u. a.) zu nennen, die sich wesentlich aufgrund der Begegnung mit der englischen Kolonialmacht sowie den christlichen Missionen herausgebildet haben. Doch auch der negativ-abgrenzende Aspekt gegenüber dem Westen muß gesehen werden: nämlich das erstarkende Selbstbewußtsein der Hindus in Konfrontation mit der Religion und Kultur Europas. Es gilt als eine allgemein akzeptierte Annahme, daß der Hinduismus des 18. Jahrhunderts, als die britische Macht nach Indien kam, eine statische, ja stagnierende Religion war, während er Selbstbewußtsein und -sicherheit erlangt hatte, als die Briten Mitte des 20. Jahrhunderts den Sub-

---

[19] Vgl. Art. Ishta-Deva, in: Lexikon der Religionen, 164; vgl. dazu R. Hummel, Indische Mission, 1980, 152.

[20] Vgl. I. Puthiadam, Hinduistische Religionsphilosophie (1986) 1.

[21] Vgl. A. Thannippara, Art. Avatāra, in: Lexikon der Religionen, 29.

[22] Vgl. St. J. Samartha, Hindus vor dem universalen Christus, Stuttgart 1970, bes. 74 f., 111 ff.

kontinent verlassen haben.[23] Zu diesem neuen Selbstbewußtsein
haben gerade universalistische Ideen, wie sie z. B. Vivekānanda vertreten hat, beigetragen, insofern nun der Hinduismus nach außen hin
den Status einer Weltreligion erlangt hatte,[24] die zudem missionarische Tendenzen entfaltet. Die Reformbewegungen waren also auch
Ausdruck der Selbstbehauptung und in einem damit der Selbstbesin-
nung auf die Wurzeln der eigenen Überlieferung, auf zentrale hinduistische Anschauungen, zu deren Zentrum die Advaita-Vedānta-
Lehren gehören. Der Reform- bzw. Neohinduismus umspannt die gesamte Epoche
vom Beginn des 19. Jahrhunderts bis zu Gandhis Befreiungsbewegung
in diesem Jahrhundert. Im vorliegenden Kontext richtet sich das Interesse auf die universalreligiösen Aspekte dieser Erneuerungsbewe-
gung und nicht primär auf die sozialen und gesellschaftlichen
Aspekte; eine Trennung zwischen diesen beiden Dimensionen ist vom
Selbstverständnis der großen Reformer her sowie vom hinduistischen
Hintergrund freilich gar nicht möglich. Vielmehr können das erneuerte *religiöse* Selbstverständnis und das *sozial-reformerische* Programm als zwei zusammengehörende Seiten der einzelnen Bewegungen betrachtet werden, wobei in der konkreten Praxis der eine
oder andere Aspekt überwiegt. Die Zusammengehörigkeit erweist
sich auch von der *universalreligiösen* Dimension her als notwendig, da
ein Programm, das die eigene Religion erneuern und die verschiedenen Religionen umfassen möchte, zugleich – wie im einzelnen zu
zeigen sein wird – einen Beitrag zur Gleichberechtigung von Frau und
Mann, zur Gleichheit der verschiedenen Gesellschaftsschichten, zur
sozialen Gerechtigkeit etc. bringt. Im indischen Raum hat diese
Erneuerung tatsächlich zu großen Erfolgen geführt.

2. Von der neohinduistischen Reformbewegung
zu universalistischen Religionsgemeinschaften

Als erste Reformbewegung des modernen Hinduismus gilt die zu
Anfang des 19. Jahrhunderts von dem bengalischen Brahmanen *Rām
Mohan Roy* (1772–1833) gegründete 'Gemeinde der Gottes-(Brāhma-)
gläubigen': der 'Brāhmo-Samāj'. Diese 1828 ins Leben gerufene Ge-

---

[23] S. Weightman, Hinduism, in: A Handbook of Living Religions, 1988,
227.
[24] Vgl. Handbook of Living Religions, 231.

meinschaft wird zwar unter christlichem Einfluß konzipiert, doch
Anliegen Roys war es, einen rationalistisch gereinigten Hinduismus
zu errichten; er verwarf Bilderverehrung und sogar den Reinkarna-
tionsglauben; insbesondere aber versuchte er, christliche Prinzipien in
sozialer Hinsicht zu realisieren. Die Angehörigen der Gemeinde
trafen sich einmal wöchentlich zu Lesungen aus den Upanishaden, zu
Predigten und Hymnengesang; die monotheistische Ausrichtung war
wichtig, ebenso die entschiedene Kritik an Kultidolen und jeder Dog-
matik.[25] Während aber die religiösen Aktivitäten und das neue „auf-
geklärte" Selbstverständnis auf wenige Intellektuelle beschränkt
blieben,[26] waren die Auswirkungen der sozialen Ideen Roys bedeutsam. Soziale Reformen und ausbildungsmäßige Maßnahmen im
westlichen Sinn (Gründung von Schulen) sowie rechtliche Reformen,
wie insbesondere das 1829 erlassene Verbot der Witwenverbrennung,
gehen wesentlich auf seine Bemühungen zurück.

Nach Roys Tod übernimmt *Devendranāth Thākur* (Tagore) (1817–
1905) die Leitung der Gemeinde. Er konzipiert einen Monotheismus
auf Upanishaden-Grundlage, der ebenfalls vom Christentum beeinflußt ist.[27] Seine Überlegungen sind in einem spezifischen Sinn
schon als universalistische zu verstehen. Er meint, daß die Wahrheit
als *universale* weder im Koran noch in der Bibel, noch in den Veden
vollständig enthalten ist. Er nennt seine eigene Religion in dem Sinn
universal, daß sie die „Religion der Wahrheit" ist; Brahmā, der einzige
formlose Schöpfer und Erhalter des Universums, ist der Gott des
ganzen Menschengeschlechtes, und die Religion, die ihn verehrt, ist
darum eine „universale Religion".[28] Devendranāth bleibt aber,
ebenso wie sein berühmter Sohn, der Dichter Rabindranāth Thākur
(Tagore), trotz der großen Beeinflussung durch das Christentum und
der universalen Ausrichtung im Hinduismus beheimatet, was sich
insbesondere auch in der Fortführung und Aktualisierung der Ātman-
Brahman-Mystik zeigt.

Während diese genannten Tendenzen als innerhinduistische Reformbewegungen zu verstehen sind, führt eine Spaltung des ‘Brāhmo-
Samāj' schließlich zur ‘Gottesgemeinde des Neuen Bundes' *(Nava-
Vidhāna-Brāhmo-Samāj)*, die als eine *neue synkretistische Religion* zu
betrachten ist. Ihr Gründer *Keshab Chandra Sen* (1838–1884) trennte

---

[25] Vgl. A. Kolencherry, Universality of Modern Hinduism, 1984, 19.
[26] Vgl. Handbook of Living Religions, 228.
[27] Vgl. F. Heiler, 257.
[28] Vgl. dazu A. Kolencherry, a. a. O., 120 mit Anm. 51 und 52.

sich 1865 von Thākur wegen einer weitergehenden Forderung hinsichtlich der Kastenfrage. Auf Keshabs Betreiben hin hatte der Brāhmo Samāj die Hindu-Sakramente, die *Samskāras*, verworfen und eigene Riten geschaffen. Doch er wollte auch, daß die Kasten überhaupt in Frage gestellt werden[29] und die männlichen Angehörigen der oberen Kasten, die „Zweimal-Geborenen", die heilige Schnur ablegen; „Zweimalgeborene" heißen sie, weil sie durch die Initiationszeremonie, in der ihnen die heilige Schnur überreicht wird, zu einer zweiten, einer geistigen Geburt, nach der ersten, der leiblichen, gelangen; dieser Ritus ist nur für die männlichen Angehörigen der oberen drei Kasten möglich und zeigt deren Überlegenheit gegenüber den anderen Kasten, den Frauen und Kastenlosen an.[30] Keshab und eine Gruppe von jüngeren Mitgliedern der Gemeinschaft trennten sich und bildeten 1868 eine eigene Gruppe, die sich 'Brāhmo Samāj von Indien' nannte, was zum Ausdruck bringen sollte, daß dieser Samāj für alle Inder gedacht war bzw. für alle zugänglich sein sollte. Daraufhin nannte Devendranāth die alte Gemeinschaft 'Ādi Brāhmo Samāj', d. h. der ursprüngliche (eigentliche) Brāhmo Samāj.[31] Nach der Trennung war er sozialreformerisch überaus aktiv: er stärkte die Stellung von Frauen und Mädchen (Ablehnung der Kinderheirat), forcierte kastenüberschreitende Ehen und die Wiederverheiratung von Witwen.[32]

Es ist ein eigenartiges Geschick, daß gerade ein Aspekt dieser Reformen indirekt zu einer Spaltung auch innerhalb des neuen Brāhmo Samāj um Keshab beigetragen hat. Er hatte nämlich seine Tochter einem Prinzen zur Heirat gegeben, obwohl beide noch nicht das nach den Vorschriften der Gemeinschaft dafür erforderte Alter hatten, und außerdem nicht garantiert war, daß dieser Prinz ein Theist und ein Gegner der Idolatrie und Polygamie sei; obwohl sich Keshab auf eine besondere Offenbarung Gottes, der diese Hochzeit erlaube, berief, meinten seine Kritiker, diese sei unstatthaft für den Führer einer streng monotheistischen Bewegung und eben mit den Beschlüssen der Gemeinschaft nicht vereinbar. Im Jahr 1878 beschloß eine Versammlung die Umbenennung in 'Sādhāran (d. h. allgemeiner) Brāhmo Samāj', die sich im Januar 1879 konstituierte, woraufhin sich die Anhänger von Keshab zu der von ihm propagierten 'Nava Vidhāna' oder

---

[29] Handbook of Living Religions, 229.
[30] Vgl. G. Mensching, Die Weltreligionen, 1981, 136.
[31] Vgl. A. Kolencherry, a. a. O., 40.
[32] Vgl. Handbook of Living Religions, 229.

'Kirche des Neuen Bundes' zusammenschlossen.[33] Diese neue religiöse Gemeinschaft wollte eine „Symphonie der Religionen anstreben, in welcher jede ihre eigene Klangfarbe bewahrte"; so wurden
in den Gottesdiensten hinduistische, buddhistische, zoroastrische,
konfuzianische, muslimische und christliche Texte verlesen.[34] Texte
der religiösen Schriften aller Nationen sollten schon nach den Beschlüssen des 'Brāhmo Samāj of India' extrahiert und publiziert
werden, die mit den Prinzipien eines monotheistischen Brahmanismus
übereinstimmten.[35] Die Konzeption dieser „Kirche der Versöhnung"
verstand sich als eine reformierte Religionsgemeinschaft, in der jeder
Glaube seine Eigenheiten bewahren kann, die aber die Einheit und
Identität der verschiedenen Religionen realisieren will. Keshabs Bewegung kann eine allumfassende, „all-inklusive Superkirche, die
Erfüllung aller Religionen" genannt werden.[36]

Keshab war der Überzeugung, daß alle Religionen eine wechselsei-
tige Beziehung haben und eine harmonische Einheit bilden: alle Propheten und Heiligen bilden eine Harmonie, in allen Schriften erkannte er eine Einheit und in allen Offenbarungen eine Kontinuität.
Diese Sicht war in den Augen Keshabs eine neue: darin sei das Einzig-
artige und Originelle dieser Bewegung zu erblicken; niemand habe
bisher diese Verbindung zwischen den Religionen entdeckt; er rief
aus: „Ich habe die Wissenschaft der Offenbarung schließlich gefunden: Einheit in Vielheit. Hier ist Hinduismus, dort ist Buddhismus.
Für mich erscheinen sie miteinander verbunden. Hier ist Judentum,
dort ist Christentum. Ich sehe Einheit in dieser Dualität."[37] Seine
eigene Gemeinschaft verstand Keshab als Gottes letzte Offenbarung,
der seine neue Botschaft sandte, um alle existierenden Religionen zu
vollenden und zu harmonisieren.[38] Eindrucksvoll kommt dieses Anliegen auch in dem Symbol Keshabs für die Harmonie der Religionen
zum Ausdruck, das die sechs Weltreligionen, die sechs großen religiösen Traditionen (Hinduismus, Christentum, Buddhismus, Islam,
Zoroastrismus, Judentum) symbolisiert.[39]

In der Intention, eine Einheit der Religionen zu verwirklichen,

---

[33] Vgl. A. Kolencherry, a.a.O., 45f. und 52f.
[34] Vgl. F. Heiler, Die Religionen der Menschheit, 257.
[35] Vgl. A. Kolencherry, a.a.O., 41.
[36] A.a.O., 122.
[37] Übers. nach der englischen Wiedergabe bei A. Kolencherry, 46f.
[38] Vgl. ebd. mit Anm. 68.
[39] Vgl. A. Kolencherry, Umschlagseite und letzte Seite.

schuf Keshab eine Reihe neuer Riten, z. B. eine Taufzeremonie, ein Letztes Abendmahl, bei dem Reis und Wasser geopfert werden, und auch eine Sendungszeremonie für die Apostel der neuen religiösen Gemeinschaft.[40] In der Gemeinde Keshabs wurde eine universelle Religiosität praktiziert. Die Texte der verschiedenen religiösen Traditionen wurden als göttliches Wort gelesen. Dieser Eklektizismus war jedoch offensichtlich schwer ohne eine integrierende, leitende Person zu realisieren; die Gemeinde überlebte praktisch nicht den Tod ihres Gründers (1884). Im Gegensatz dazu ist der 'Sādhāran Brāhmo Samāj', von dem sie sich abgespalten hat, heute noch eine sehr einflußreiche Gruppe, wenngleich zahlenmäßig schwach[41]; ebenso ist der 'Brāhmo Samāj' noch in der Gegenwart, besonders im Norden Indiens, aktiv und zählt über 1 Million Mitglieder.[42]

Wie erwähnt, verebbte die Bewegung Keshabs bald nach dessen Tod. Gleichwohl blieb das Motiv, die verschiedenen Religionen konkret zu praktizieren, d. h. ihre eigentliche Botschaft zu realisieren, im Indien des 19. Jahrhunderts bestehen. Individuell hat diese Praxis eine bedeutende heiligmäßige Person gelebt, die von vielen Anhängern des Brāhmo Samāj, unter ihnen auch Keshab Chandra Sen und Devendranāth Thākur[43], aufgesucht wurde, nämlich der Mystiker *Shri Rāmakrishna*.

3. *Rāmakrishna – gelebte Praxis universeller Religiosität*

Eine der faszinierendsten Gestalten des Hinduismus im 19. Jahrhundert ist der unter dem Namen Rāmakrishna (1836–1886) bekannt gewordene Mönch; er wurde als Sohn verarmter Brahmanen geboren; sein bürgerlicher Name lautete Gadhadhar Chattopādhyāya. Er wird von vielen Hindus heute als Avatāra verehrt, als jener Avatāra, „der aus eigener Erfahrung bezeugte, daß alle Religionen den Menschen zur Gottverwirklichung führen können"[44]. 1856 war er Priester in

---

[40] Näheres s. a. a. O., 47 ff.

[41] A. Kolenchery, 54, nennt als Mitgliederzahl 1500.

[42] Vgl. H. Waldenfels, Art. Neureligionen, asiatische, in: Lexikon der Sekten, 733.

[43] Vgl. bes. Rāmakrishna, Das Vermächtnis, Bern 1981 (zitiert: Vermächtnis), 129 ff.

[44] Art. Rāmakrishna, in: Lexikon der östlichen Weisheitslehren, 303.

einem Kālī-Tempel in der Nähe von Kalkutta geworden. Diesen Tempel hat eine reiche, verwitwete Frau, Rani Rasmani, Angehörige der Shudra-Kaste, anlegen lassen. Kālī, die Göttliche Mutter, war die von ihr vornehmlich verehrte Gottheit. Es ist jene Göttin, deren Bildnis besonders für Europäer furchteinflößend ist: reich geschmückt mit Gold und Perlen trägt sie einen Kranz von Menschenköpfen und Menschenarmen und hält in einer Hand einen abgeschlagenen Kopf, mit einer anderen teilt sie Wohltaten aus – als Schrecken der Zerstörung und gleichzeitige mütterliche Zuneigung ist sie Symbol für den Kosmos in seinen Gegensätzen, für Tod und Leben; sie ist Symbol für die Harmonie von Gegensätzen (vgl. Vermächtnis, 15). Diese Symbolik ist zu beachten, wenn man Rāmakrishnas leidenschaftliches Verlangen angemessen verstehen will, in einer Vision die göttliche Mutter zu erblicken – es geht darin um ein Eintreten in den göttlichen Urgrund des Universums und nicht um eine Phantasie eines Götzenbildes. In vielen Visionen erlebte Rāmakrishna die Urmacht Kālīs; weinend, schreiend, tanzend, lachend, sogar nackt (Vermächtnis, 121) erfährt er in seinen Trancezuständen die Mutter von allem. Aufgrund seiner ekstatischen Gebärden, die oft die Kultgrenzen mißachteten, meinte man, daß er verrückt geworden sei, und konsultierte auch Ärzte. Die klärende Antwort konnte erst eine Brahmanin geben, die als Hindu-Nonne umherzog und Gast Rāmakrishnas war. Für sie war sein Verhalten Ausdruck einer Verrücktheit nach Gott; sie stelle eine seltene spirituelle Erfahrung rauschhafter göttlicher Liebe dar. Diese Frau akzeptierte Rāmakrishna als Guru, und sie führte ihn in Tantra ein, ein Meditationssystem, in dem Kālī eine große Rolle spielt (Vermächtnis, 27 und 30 f.): eine zentrale Grundlage des Tantra ist die Vorstellung, daß Shakti, die Schöpfungskraft, die göttliche Energie, sich als Göttin – u. a. in der Gestalt Kālīs – personifiziert.[45]

Dieser kosmische Bezug wird darum nicht primär durch Verstand und Askese erreicht, wie im Weg des Vedānta, sondern durch Sinnesobjekte, die in spiritualisierter Form den Weg zu Gott, die Liebe zu Gott zu realisieren ermöglichen. Dem Gestalthaften, Kultischen, Bildhaften und Symbolischen kommt eine tragende Bedeutung zu, um das Absolute zu erfahren. Nur von diesem Hintergrund her ist es angemessen zu verstehen, daß Rāmakrishna vor dem Bild der Kālī in ekstatische Zustände fällt, die ihm die Begegnung mit dem univer-

---

[45] Vgl. Art. Tantra, in: Lexikon der östlichen Weisheitslehren, 377; s. auch A. Nayak, Tantra ou L'éveil de l'énergie, Paris 1988, 56 ff.

sellen Göttlichen bedeuten. Die starke Prägung durch die tantrische
Mystik und seine Kālī-Verehrung war auf der anderen Seite nicht nur
kein Hindernis für eine gestaltlose Erfahrung des Göttlichen im Sinne
von Ātman-Brahman-Identität, sondern ermöglichte sie vielmehr;
durch die Gnade Kālīs, der Göttlichen Mutter, vermag sich das begrenzte Ich im unendlichen Ich des Ātman-Brahman zu verlieren (vgl.
Vermächtnis, 16). Von dieser wesentlichen Tiefe seiner tantrisch geprägten Erfahrung her ist es also verstehbar, daß ihm die Erfahrung
von Ātman-Brahman, der Weg des Vedānta, in gleicher Weise das
Göttliche enthüllt. Denn Gott ist für ihn sowohl gestalthaft als auch
gestaltlos, als „persönlicher Gott" oder als „unpersönliche Wahrheit"
zu denken, wie er in seinen Gesprächen oft sagt (Vermächtnis, 283,
225f.). Das Entscheidende ist, Gott zu begegnen – und in intensiver
Form vermochte dies Rāmakrishna so evident, daß er sogar sagen
konnte, er habe Gott unmittelbar gesehen: „So wie ich diesen Fächer
unmittelbar vor mir sehe, genauso unmittelbar habe ich Gott gesehen
[...]"; und er fügt hinzu: „Ich habe gesehen, daß Er und derjenige, der
in meinem Herzen weilt, ein und derselbe ist" (Vermächtnis 324, vgl.
333).

1886 hatte er einige Mönche eingeweiht und so den Grundstein zum
Rāmakrishna-Orden gelegt, der durch einen seiner bedeutendsten
Schüler, nämlich Vivekānanda, weitergeführt wurde.

Rāmakrishna selbst denkt ebenso wie der von ihm initiierte Orden
in der Tradition der Spiritualität Shankaras, nämlich einer Nicht-Zwei-
heitslehre (Advaita), in der die Einheit von allem, die Identität von
Ātman und Brahman, vorausgesetzt wird. Von daher ist die wahre
Natur des Menschen als göttlich zu betrachten, und in Konsequenz
daraus sind alle Wege der Religionen zu dem Zweck da, daß sie zur
Erfahrung dieser inneren Göttlichkeit hinführen.

Diese Weite und Offenheit seiner Erfahrung des Absoluten ermöglicht ihm zudem, die Wege anderer Religionen als gleichberechtigte
mit den hinduistischen zu betrachten und darüber hinaus sie sogar
selbst zu beschreiten. Er unterzog sich durch Jahre hindurch unter der
Leitung von Gurus verschiedenen spirituellen Systemen. Das Auffallende daran ist, daß er – zumindest kurze Zeit – die großen Weltreligionen selbst praktizierte, nämlich außer Hinduismus auch Christentum und Islam. Er bezeugt von sich, daß er auf jedem dieser Wege
die Erleuchtung erlangte, und darum erklärte er, daß die Anhänger
aller Religionen die Wirklichkeit Gottes erfahren können:

Ich habe alle Religionen ausgeübt: Hinduismus, Islam und Christentum. Und
ich bin auch den Wegen verschiedener Sekten des Hinduismus gefolgt. Und ich

habe herausgefunden, daß es derselbe Gott ist, an den sich alle auf verschiedene Weisen wenden. Ihr müßt einmal all die verschiedenen Glaubensrichtungen praktizieren und die verschiedenen Wege gehen. Ich sehe, daß die Menschen sich im Namen der Religion streiten. Und sie denken nicht darüber nach, daß der, der Krishna genannt wird, auch Shiva heißt, daß er den Namen Urkraft, Jesu oder Allah hat! Ein einziger Rama, der tausend Namen hat! Ein Teich mit verschiedenen Zugängen. An dem einen schöpfen die Hindus ihr Wasser in Krügen und nennen es jal, an dem anderen schöpfen Moslems ihr Wasser und nennen es pani. An einem dritten schöpfen die Christen und nennen es Wasser. [...] Die Substanz ist dieselbe, aber sie hat verschiedene Namen. Und jeder sucht nach derselben Substanz. Nur Klima, Temperament und Name sind anders.[46]

In einer Vision erkannte er Christus als göttliche Inkarnation. Von ihm sagt er: „Siehe, da ist Christus, der Sein Herzblut für die Erlösung der Welt vergossen hat, der aus Liebe zu den Menschen unendliches Leid auf Sich genommen hat. Er ist der Meisteryogi, der in ewiger Vereinigung mit Gott lebt. Er ist Jesus, die inkarnierte Liebe" (Vermächtnis, 48).

Das interessante Phänomen an der Biographie Rāmakrishnas ist das Faktum, daß er konkret und real die Wege der großen Religionen beschritten hat und gleichsam als Sufi, dann als Christ das Ziel der Meditation erlangt hat. In diesem Sinn hat er in seinem Leben eine Vereinheitlichung der verschiedenen Religionen praktiziert.

Es ist jedoch zu beachten, daß dieses Befolgen verschiedener religiöser Wege nicht im Sinne einer synkretistischen Vermischung erreichbar ist, also nicht synchron, sondern sukzessiv, wie er in dem Bild vom Erreichen des Daches ausführt:

Gott ist auf dem Dach, es geht darum, hinaufzuklettern. Die einen nehmen eine Leiter, die anderen ein Seil oder eine Steintreppe oder einen Bambusstab, andere klettern auf ihre Weise hinauf. Was wichtig ist, ist, daß man auf dem Dach ankommt. Wenig zählt dabei, ob ihr diesen oder jenen Weg gewählt habt. Nur darf man nicht mehrere Wege wählen, jedenfalls nicht gleichzeitig. Wählt sie nacheinander.[47]

Diese Einsicht aus Erfahrung ist sehr bemerkenswert: zeigt sie doch, daß jeder religiöse Weg für sich die Fähigkeit hat, das Absolute zu erreichen, jedoch die Vermischung verschiedener Religionen die letzte Erfahrung gefährdet. Rāmakrishna jedenfalls ist, wenn er an-

---

[46] Zitiert nach P. Ravignant, Derwische, München 1985, 100f.; vgl. Vermächtnis, 306.
[47] Zit. nach P. Ravignant, a. a. O., 101.

dere Wege befolgte, in den meisten Lebensvollzügen aus dem hinduistischen Kontext herausgetreten – er betrat auch nicht mehr den Kālī-
Tempel. Er praktizierte nicht nur den meditativen Weg des Sufismus,
sondern beachtete islamische Feste, Gebetszeiten und Speisevor-
schriften,[48] er betete zu Allah und zitierte aus dem Koran – die Erfahrung der anderen Religion war also eine relativ umfassende. Doch dies
geschah ohne eingehende Beschäftigung mit Dogmen und Grundlehren
des Islams bzw. des Christentums; Rāmakrishnas Interesse lag an der
Erfahrung Gottes vermittels anderer Religionen, jedoch nicht in der
Anerkennung ihrer lehrmäßigen Wahrheit.[49]

Trotz dieser im ganzen beeindruckenden Identifikation mit einer anderen Religion kehrte Rāmakrishna nicht nur nach kurzer Zeit zu
seinem angestammten hinduistischen Weg zurück, sondern dieser
prägte auch seine Grundhaltung, von der her er die nichthinduistischen Wege gewiß in toleranter und offener Weise als Wege zu Gott betrachtet; doch er selbst bleibt Hindu im Leben und in seiner das Ganze
bestimmenden Weltsicht. Aus dieser Perspektive deutet er schließlich
das Gottesverständnis anderer Religionen. So meint er – ausgehend
von der Aussage „Rāma ist Einer, oder Er hat tausend Namen" – hinsichtlich des Christentums: „Er, den die Christen Gott nennen, wird
von den Hindus mit Rāma, Krishna, Īshvara und noch anderen
Namen angesprochen" (Vermächtnis, 306). Trotz seiner universalistischen Sicht blieb Rāmakrishna also den zentralen religiösen Grund-
überzeugungen der hinduistischen Tradition zuinnerst verbunden. Für
ihn ist es auch nicht nötig, den Hinduglauben zu verlassen, ebensowenig wie er meint, daß Anhänger anderer Religionen konvertieren
sollten: entscheidend sei, daß der Mensch sich von der Liebe zu Gott
lenken läßt, der letztlich der wahre, innere Führer ist; hier muß jeder
seinem eigenen Weg folgen.[50] Die Vielheit der Wege dient dazu, daß
die Menschen verschiedener Zeiten das Ziel erlangen. In einem
Tempel der Brāhmo-Samāj-Gemeinde, von der er – wie oft – eingeladen war, sagt er im Gespräch:

Wollt ihr die Wahrheit wissen? Gott hat die verschiedenen Religionen geschaffen, damit verschiedenen Suchern in verschiedenen Ländern zu verschiedenen Zeiten geholfen wird. Alle Lehren sind nur so viele verschiedene Wege,
aber ein Weg ist niemals Gott selbst. Man kann Gott erreichen, wenn man
einen der Wege mit Hingabe aus vollem Herzen befolgt. Selbst wenn es Irr-

---

[48] Vgl. P. Ravignant, Derwische, 99; vgl. Vermächtnis, Einleitung, 48.
[49] Vgl. I. Puthiadam, Hinduistische Religionsphilosophie (1986) 3 f.
[50] Vgl. P. Ravignant, Derwische, 102.

tümer gäbe in der Religion, die man erwählt hat, dann wird Gott selbst sie korrigieren, wenn man ernsthaft und aufrichtig ist. (Vermächtnis, 225)

Einer seiner Biographen und zugleich Anhänger sagt über Rāmakrishna, daß er „der erste religiöse Prophet der Geschichte (war), der die Harmonie aller Religionen verkündet hat" (Vermächtnis, 54). Diese Hochschätzung ist weniger ein historisches Urteil, denn es gab im Laufe der Religionsgeschichte auch schon vor dem 19. Jahrhundert harmonisierende Bestrebungen ähnlicher Art, in Indien z. B. durch den Moghulherrscher Akbar im 16. Jahrhundert[51]; das Urteil spiegelt aber das Selbstverständnis des ›Ordens‹ wider, der sich dem Erbe Rāmakrishnas verpflichtet weiß und sich als eine die Religionen versöhnende Gemeinschaft versteht.

4. Vivekānanda und der Rāmakrishna-Orden – zum Beginn östlicher Bewegungen im Westen

Das Vermächtnis Rāmakrishnas sollte in seinem universalreligiösen Aspekt für den Westen unvorhersehbare Bedeutung gewinnen; es war nicht zu erwarten, daß von einem spirituellen Meister Indiens, der Bücherstudium geringschätzte und Gelehrte als „Aasgeier" bezeichnete (Vermächtnis, 101, 236, 239 u. ö.), eine Initialwirkung für die Verbreitung neohinduistischer Ideen im amerikanischen und europäischen Kulturraum ausgehen sollte, gerade unter Intellektuellen. Die Vermittlung leistete hier in erster Linie einer der vertrautesten Schüler Rāmakrishnas, nämlich Narendranāth Datta, der unter dem Namen *Vivekānanda* bekannt wurde, sowie der von ihm initiierte Orden. Schon zu Lebzeiten hatte Rāmakrishna Schüler um sich geschart und einige von ihnen kurz vor seinem Tode eingeweiht (Vermächtnis, 247 ff., 333 ff.). Die jungen unverheirateten Anhänger bildeten nach seinem Tod eine Mönchsgemeinschaft (vgl. Vermächtnis, 347 ff.). Es war Swāmi („Herr") Vivekānanda (1863–1902), der die Gemeinschaft formell zu einem Orden gemacht und ihn am 25. Dezember 1887 gegründet hat; erst im nachhinein wurde von den Versammelten festgestellt, daß dies das Weihnachtsfest der Christen war.

Das, was Rāmakrishna selbst erfahren hat, wird vermittels des nach ihm benannten Ordens, besonders durch seinen Nachfolger Vivekānanda in aller Welt als Lehre der Einheit und Wahrheit aller Reli-

[51] F. Heiler, Die Religionen der Menschheit, 504, 549.

gionen verbreitet.[52] Er hat nämlich die Idee von der Einheit aller Religionen auch in den Westen gebracht. 1893 war er nach Chicago, wo anläßlich der Weltausstellung ein Weltkongreß der Religionen stattfand, gefahren und hatte dort größten Eindruck auf die Zuhörer gemacht, obwohl er uneingeladen als letzter an das Rednerpult trat. Danach machte er Reisen durch die USA, nach England, Frankreich, in die Schweiz und gründete eine Reihe von Vedānta-Zentren. Die Idee ist, daß alle Religionen als Heilswege betrachtet werden können.[53] Faktisch verkündet Vivekānanda eine „zeitlose neo-vedantische Religiosität".[54] Er bringt die „Essenz der Hindu-Religion" in den Westen: nämlich die Ewigkeit der Seele und der Schöpfung und Gott als höchste und vollkommenste Natur von uns selbst.[55]

Dieses Konzept entwickelt sich in zwei Richtungen: einerseits wird durch das Vedānta-Konzept eine neue Einheit und Verschmelzung aller Religionen in einer umfassenden Philosophie angestrebt;[56] andererseits aber kommt es nicht zu einer Zerstörung, sondern es kommt zu einer Vervielfältigung der Sekten, ja jedes Individuum ist selbst als eine solche „Sekte" zu betrachten.

Vivekānanda ist von einem Gedanken beseelt,[57] der auch bei Hazrat Inayat Khan anzutreffen ist, nämlich von der Komplementarität von Ost und West, von der gegenseitigen Ergänzungsbedürftigkeit des Spiritualismus einerseits und des Materialismus andererseits.

Das Grundanliegen einer Vereinheitlichung der Religionen unter dem Leitbegriff einer verborgenen, ewigen Religion kommt auch in der Beitrittserklärung zur Vedānta-Society zum Ausdruck, in der gesagt wird, daß alle Religionen und Wege zu Gott führen und Friede und Gemeinschaft mit allen Religionen vor dem Hintergrund der verborgenen, ewigen Religion angestrebt wird. In der Erklärung, die jedes Mitglied abzugeben hat, heißt es:

Ich betrachte Sri Ramakrishna als eine Illustration und Verkörperung der Ewigen Religion, dessen Leben und Lehren einem helfen, den Plan und Zweck aller Religionen der Welt und die ihnen zugrunde liegende Wahrheit und Harmonie zu verstehen. Ich betrachte alle Religionen als Wege zu Gott

---

[52] Vgl. Art. Vivekānanda, in: Lexikon der östlichen Religionen, 437.
[53] R. Hummel, Art. Neureligiöse Bewegungen, in: Lexikon der Religionen, 452.
[54] R. Hummel, Indische Mission, 1980, 129.
[55] Vgl. a. a. O., 128.
[56] Vgl. a. a. O., 127.
[57] Vgl. a. a. O., 124.

und werde versuchen, in Frieden und Gemeinschaft mit den Anhängern aller Religionen zu leben.[58] Durch Vivekānanda ist die Idee einer universalen Religion in den Mittelpunkt der Überlegungen getreten. Es geht hier nicht nur um eine Toleranz, um eine Duldung, sondern um eine Vereinigung der Religionen in einer Synthese, da sie alle ihrem Wesen nach wahr und eins seien.[59] Trotz dieser harmonisierenden Gleichstellung aller Religionen kann nicht übersehen werden, daß die leitende Grundperspektive eine hinduistische ist, von der aus die anderen religiösen Wege eigentlich als vorläufige erscheinen. Es werden de facto auf der Basis des Advaita-Vedānta alle Religionen als mögliche, jedoch niedrigere Wege zum höchsten Ziel gewertet.[60]

Zusammenfassend kann festgehalten werden, daß Vivekānanda wesentlich dazu beigetragen hat, das Paradigma einer neuen östlichen Religiosität im westlichen Kulturraum zu initiieren, sowohl in methodischer, gedanklich-inhaltlicher als auch organisatorischer Hinsicht.

Methodisch versuchte er die zentralen Gedanken des Vedānta im *Dialog und in kritischer Auseinandersetzung mit der europäischen Philosophie und christlichen Religion* darzulegen. Vivekānanda hat, wie eine Reihe weiterer Anhänger Rāmakrishnas, die westliche Bildung kennengelernt, vermittelt durch die Präsenz der englischen Kolonialmacht in Indien. Schon in vielen Disputen zwischen Rāmakrishna- und Brāhmo-Anhängern – auch Vivekānanda kommt vom Brāhmo-Samāj her – werden Gestalten der europäischen Philosophie- und Religionsgeschichte zur Sprache gebracht. Diese Kenntnisse waren nützliche Vorgaben, um dem europäischen Intellektuellen das Anliegen des neovedantisch verstandenen Hinduismus zu verdeutlichen; dieser Prozeß der Übersetzung seinerseits erforderte eine erneute Vertiefung der Begegnung mit und teils sogar die Adaptionen der westlichen Vorstellungen.

Inhaltlich trat das Motiv der *inklusivisch* die anderen Religionen, einschließlich des Christentums, *umfassenden Religiosität* in den Vordergrund. Eine universalistische Spiritualität auf vedantischer Grundlage war der Schlüssel zur Interpretation der äußeren Formen bzw. geschichtlichen Gestalten der Religionen.

Sozial und organisatorisch fand diese Frömmigkeit ihren Aus-

---

[58] Zit. nach R. Hummel, a. a. O., 151.
[59] Vgl. K. O. Schmidt, Universale Religion, ²1990, 20.
[60] Vgl. H. von Stietencron, Art. Hinduismus/Hindu-Religionen, in: Lexikon der Religionen, 294; vgl. R. Hummel, Indische Mission, 151 ff.

druck in der Gründung von neuen religiösen *Gruppen des Rāma-krishna-Ordens* und in *Vedānta-Zentren*, deren Aufgabe es war und ist, hinduistische Geistigkeit in westlicher Umwelt zu leben, und zwar eine universelle Religiosität, die das Christentum inklusivistisch ein-schließt.[61] Die drei genannten Aspekte trugen dazu bei, daß um die Wende vom 19. zum 20. Jahrhundert eine neue Gestalt religiöser Spiritualität in den Westen gelangte, nämlich eine universalistische Religiosität hinduistischer Prägung, die jedoch die historisch bedingten Begren-zungen des Hinduismus als Volksreligion relativistisch überschritten hatte; in einem wurden die nichthinduistischen Religionen inklusivi-stisch in diese Vedānta-Frömmigkeit mit einbezogen.

Die Form der Darlegung dieser Religiosität in Vorträgen und Publi-kationen in europäischen Sprachen sowie unter Bezugnahme auf die Kultur und die Religion des Westens, also in direkter Begegnung mit dem Christentum, bedeuteten ebenfalls ein Novum in der Begegnung zwischen Ost und West. Die gravierendste Neuerung aber kann in der Institutionalisierung von Zentren und Gruppen (Vedānta-Centers und -Society; Niederlassungen des Rāmakrishna-Ordens) erblickt werden, die die Aufgabe erhielten, hinduistische Religiosität im We-sten zu praktizieren. In der mit Vivekānanda einsetzenden Tätigkeit im Interesse der Propagierung der neuen Vedānta-Frömmigkeit sowie in den im Gefolge davon gegründeten Gruppen kann die Anfangs-phase einer neuen Form der Übermittlung östlicher Spiritualität nach Amerika und Europa betrachtet werden. Diese erreichte erneut einen Höhepunkt Ende der sechziger Jahre in diesem Jahrhundert; einige universalistische Tendenzen neohinduistischer Prägung in diesem Zeitraum sind im Rahmen dieses Kapitels noch eigens darzustellen. Diese bilden jedoch keinen vollständigen Neubeginn, sondern eine neue Etappe unter veränderten geschichtlichen Bedingungen; die wesentliche Veränderung ist um die Jahrhundertwende vor sich ge-gangen: eine Religiosität außerchristlicher Herkunft fand im christ-lichen Kulturraum Anhänger, die sie nicht nur theoretisch kennen-lernten, sondern im Leben praktizierten und die sich in neureligiösen Gruppen zusammenschlossen. Es ist daher nicht unrichtig, in diesen Bemühungen eine Umkehrung der Missionsrichtung zu erblicken, in der nun aus dem Osten die Lehrer in den christlichen Westen kom-

---

[61] Und zwar bis in den Festkalender hinein: Weihnachten und Ostern, je-doch nicht der Karfreitag, werden gefeiert; vgl. R. Hummel, Indische Mission, 155; H.-P. Müller, Die Rāmakrishna-Bewegung, Gütersloh 1986, 221.

men; dahinter steht gewiß auch das neu erwachte Selbstbewußtsein dieser sich vom Kolonialismus allmählich befreienden Nation, das einhergeht und in einer Wechselwirkung steht mit dem wachsenden Krisenbewußtsein im Westen.[62] Dem um die Jahrhundertwende einsetzenden Prozeß ist darum paradigmatische Bedeutung für alle folgenden Etappen des Auftretens östlicher Weisheitslehrer im Westen zuzuschreiben.[63]

In die genannte Anfangsphase gehört auch das Wirken des ebenfalls aus Indien kommenden Sufi-Meisters Hazrat Inayat Khan, der in dieser Absicht noch näher dargestellt werden wird. Alle drei erwähnten Aspekte – der inhaltliche ist freilich in Relation zum Islam anders ausgestaltet – treffen strukturell auch auf sein Wirken und seine Bewegung zu, und sie werden bei der umfangreichen Darstellung seiner Ideen und Aktivitäten auch klarer hervortreten.

Die von Vivekānanda und dem Rāmakrishna-Orden propagierte universale Religiosität hatte jedoch nicht nur im Westen Anklang gefunden, sondern in Indien selbst verschiedene Bewegungen und Persönlichkeiten beeinflußt. Diese Weiterführung und Ausgestaltung neohinduistischer Spiritualität in religionsphilosophischen Spekulationen sowie in praktischen, sozialen und politischen Konzeptionen ist weithin bekannt geworden, und sie sei hier wenigstens kurz angeführt.

5. Weiterwirken neohinduistischen Selbstverständnisses

Bekanntlich gab Mahātmā Gandhi dem Reformhinduismus des 20. Jahrhunderts seine prägende und schließlich zum Ziel der Unabhängigkeit führende Gestalt. Sein politisches Wirken und der auf dem Prinzip der Gewaltlosigkeit aufbauende Befreiungskampf war eingebettet in zentrale hinduistische Prämissen, wie insbesondere dem Motiv des Nichttötens (Ahimsā). *Mohandas Karamchand Gandhi* (1869–1948) mit dem Ehrentitel Mahātmā ('große Seele') vertrat eine universalistische Spiritualität auf der Basis eines sozial zu reformierenden Hinduismus. Sein Grundsatz „Wahrheit ist Gott"[64] schloß die

---

[62] Vgl. R. Hummel, Indische Mission, 453; hier wird 1893 als Beginn der Umkehrung dieser Missionsrichtung verstanden.

[63] S. R. Hummel, Gurus, 1984, 11; vgl. auch Handbook of Living Religions, 456f.

[64] Vgl. St. J. Samartha, Hindus vor dem universalen Christus, Stuttgart 1970, 83ff., Zitat: 93.

anderen Religionen, wie Christentum und Islam, ein. Obgleich Kritiker der christlichen Mission trat er stets entschieden für das friedliche Zusammenleben der Anhänger verschiedener Religionen, besonders zwischen Hindus und Moslems, ein, da auch in der politischen Realität der versöhnende Gedanke religiöser Universalität realisiert werden sollte.

Da die Grundauffassungen von *Sarvepalli Rādhākrishnan*, der später (bis 1967) Präsident der Indischen Republik war, mit jenen von Vivekānanda „im tiefsten Grunde identisch sind"[65], soll hier nur ein Zitat für die Illustration seiner Idee von der Einheit der Religionen, die verbunden ist mit der Überzeugung, daß sich die Welt im ganzen auf eine Einheit zubewegt, wiedergegeben werden:

Die empirische Tatsache der Pluralität der Religionen mit ihren jeweils eigenen Strukturen und Besonderheiten sollte uns nicht den Blick verstellen für die transzendente Einheit der Religionen. Die bedeutenden Unterschiede zwischen den lebenden Weltreligionen werden überragt von einer fundamentalen Einheit in Vision und Ziel, die die ganze Menschheit umschließt.[66]

Unabhängig davon, ob man vom hinduistischen, buddhistischen, islamischen oder christlichen Glauben herkommt, alle Religionen führen zu dem einen Ziel, und ihre Anhänger sind – trotz der Zugehörigkeit zu einer sichtbaren Kirche – als Glieder der einen unsichtbaren Kirche Gottes bzw. einer gemeinsamen Gefolgschaft des Geistes zu betrachten.[67]

Dieser Grundgedanke ist in modifizierter Form bei vielen neuhinduistischen Denkern, wie z. B. *Shri Aurobindo* (1872–1950), sowie als Leitidee in zahlreichen *Āshram-Gründungen* bis zur Gegenwart anzutreffen.[68] Er prägt aber in anderer Hinsicht die ebenfalls zum Neohinduismus gehörenden Religionsgemeinschaften im Westen, die zuerst als „Jugendreligionen" bekannt geworden sind.

---

[65] I. Puthiadam, Hinduistische Religionsphilosophie (1986) 10.
[66] Occasional Speeches and Writings, July 1959–May 1962, p. 235, zit. nach I. Puthiadam, 11.
[67] Vgl. l. c., p. 310, zit. a. a. O., 12.
[68] Vgl. Art. Aurobindo Ghose, in: The Encyclopedia of Religion, Bd. 1, 527 f.; vgl. den Überblick in E. Pulsfort, Christliche Ashrams in Indien, Altenberge 1989, 16 ff.

6. *Religionskritischer Synkretismus*
in westlichen Meditationsbewegungen hinduistischer Herkunft

Wie bei der Darstellung Vivekānandas erwähnt wurde, kann in
seinem Wirken der Beginn einer neuen Form der Übermittlung und
Praxis östlicher Spiritualität im Westen erblickt werden. Der darin
übermittelte Grundgedanke neohinduistischer Universalität ist auch
in z. T. grob vereinfachten und stark westlich adaptierten und dadurch
auch der ursprünglichen Intention entfremdeten Formen in einigen
neureligiösen Bewegungen der sechziger Jahre anzutreffen. Unbestritten prägt eine Reihe dieser Gruppierungen eine stark synkretistische Tendenz. Ihre Struktur jedoch bei den einzelnen Gruppierungen
aufzuzeigen wäre die Aufgabe einer jeweils eigenen Studie. Im Kontext der hier verfolgten Überlegungen kann nur auf die Intention bei
einigen Gründern solcher neureligiöser Bewegungen hingewiesen
und ein besonderer *Aspekt* derselben hervorgehoben werden, nämlich der Anspruch, die herkömmlichen Religionen nicht nur zu relativieren, sondern sie zu kritisieren und letztlich in ihrem Selbstverständnis in Frage zu stellen.

Die *religionskritische* (!) Tendenz aufgrund *religiöser* Motivation
findet sich bei *Maharishi Mahesh Yogi*, dessen synthetische Weltanschauung unter dem Begriff der 'Transzendentalen Meditation' seit
Beginn der sechziger Jahre in Amerika und Europa großen Anklang
gefunden hat. Auch er wurzelt mit diesem universalistischen Anspruch
im Sendungsbewußtsein des Reformhinduismus.[69] Ein Grundgedanke ist ohne Zweifel die Auffassung, daß die Erfüllung der Religion
darin liegt, „daß der Mensch einen unmittelbaren Weg zur Gottesver-
wirklichung findet"[70]. Ziel ist also die Realisation der göttlichen Wirklichkeit, und zwar in direkter, unvermittelter Weise.[71] Diese Aufgabe
hätten die historischen Religionen zwar ursprünglich angestrebt, doch
seien heute nur Riten und Dogmen geblieben, und der innere Geist
der Religion scheine nicht mehr zu existieren. Die Religionen
befinden sich im Zustand der Aufklärung; in einer an Nietzsches
'Gott-ist-tot'-Metapher erinnernden Weise behauptet er: „Religion ist
heute wie der Leichnam eines Menschen ohne den Menschen
selbst."[72]

---

[69] Vgl. Handbuch Religiöse Gemeinschaften, 520ff., bes. 527.

[70] Die Wissenschaft vom Sein und die Kunst des Lebens, 1969, 283.

[71] Vgl. R. Hummel, Indische Mission, 108.

[72] Wissenschaft vom Sein, a. a. O., 284.

Die herkömmlichen Religionen vermögen also Menschen der Gegenwart keine Erfüllung zu bringen. Mahesh Yogi sieht den Weg zur Lösung dieser hoffnungslosen Situation in der Anwendung der Transzendentalen Meditation; durch sie „ist es nunmehr den Menschen aller Religionen möglich, in sich selbst einen integrierten Lebenszustand und absolutes, reines Bewußtsein, den Zustand des göttlichen Seins, zu erlangen"[73]. In der Realisierung des Bewußtseins, ja der Existenz Gottes, ist die Mitte des natürlichen Lebens und der Geist jeder Religion zu erblicken. Angesichts dieser Erfahrung des wahrhaft Göttlichen „spielt es keine Rolle, welchen Ritualen man auf der groben Ebene der Religion und des Lebens folgt"[74]. Pointiert heißt es weiter:

Solange der Geist der Religion das Leben der Menschen beherrscht, spielt es keine Rolle, welchen Namen sie ihrer Religion geben oder welchen Riten sie in ihren Kirchen, Tempeln, Moscheen, Synagogen oder Pagoden folgen. Solange sie in den Geist der Religion eingedrungen und in den Zustand des Gottesbewußtseins gelangt sind, solange der Lebensstrom mit dem kosmischen Strom der Evolution fließt, ist es gleichgültig, ob sie sich Christen, Mohammedaner, Hindus, Juden oder Buddhisten nennen – jeder Name wird bedeutsam sein. Auf der groben Ebene des Lebens haben diese Namen Bedeutung, auf der Ebene des Seins haben sie alle den gleichen Wert. Allein wichtig ist, daß der Mensch ein Leben in Gottesbewußtsein und ewiger Freiheit führen sollte, ein Leben vollkommener Integration. Der Schlüssel zur Erfüllung einer jeglichen Religion liegt in der regelmäßigen Übung der transzendentalen Meditation.[75]

Während Mahesh Yogi die Überwindung der konkreten Religionen noch positiv formuliert, schlägt dieses Anliegen bei *Rajneesh Chandra Mohan* (1931–1990), von seinen Schülern als *Bhagwan* (das bedeutet 'Erhabener') bzw. Osho bezeichnet, in Kritik, ja Polemik gegenüber den traditionellen Religionen um. Er möchte eine *„religionslose Religion"* bringen, ohne Institutionen und Strukturen[76]: „Die Religion, die in Tempeln, Moscheen, Kirchen endet, ist eine tote Religion [...] Eine authentische und lebendige Religion vereinigt mit dem Ganzen."[77] Eine holistische Erfahrung hinduistischer Prägung ist das Erleben wahrer Religion; ähnlich wie bei Mahesh Yogi ist eine Erfah-

---

[73] A. a. O., 286.
[74] A. a. O., 287.
[75] A. a. O., 290.
[76] Vgl. Y. Karow, Bhagwan-Bewegung und Vereinigungskirche, 1990, 25.
[77] Zit. nach Y. Karow, 298, Anm. 323.

rung der Einheit des Seins die Mitte der meditativen Praxis, die prinzipiell nicht definier- oder eingrenzbar ist, sie ist in diesem Sinn „leer".[78] Alle Religionen sind Begrenzungen und darum zu überschreiten.

Die *'Bhagwan'-Rajneesh-Bewegung*, die besonders in den siebziger Jahren in Amerika und Europa großen Zustrom hatte, wollte einen solchen Weg für Angehörige der verschiedenen Religionen zeigen; in einer Rajneesh-Publikation von 1971 heißt es: „Acharya Rajneesh hat eine sogenannte ›Neo-Sannyas-Bewegung‹ inspiriert und initiiert, in die Sucher so unterschiedlicher Religionen wie Hindus, Jains, Mohammedaner, Christen, Juden, Buddhisten und Sikhs als Sannyasin eingeweiht wurden, damit eine Familie der Religionen lebendig werden lassend."[79]

Der Gedanke der Einheit der Religionen – freilich verbunden mit deren Kritik und Destruktion – war also für diese Richtung in den siebziger Jahren, in der Zeit, wo sie sich selbst als eine organisierte Bewegung verstand, wichtig. Nach dem spektakulären Bruch mit seiner engsten Vertrauten Sheila Silverman (Ma Anand Sheila), der nun vorgeworfen wurde, eine autoritäre Organisation aus der Bewegung gemacht zu haben, verkündete Bhagwan Rajneesh 1985 den Tod des Rajneeismus als Religion mit der pathetischen – stark an Nietzsche erinnernden – Aussage, daß „zum ersten Mal in der ganzen Geschichte der Menschheit eine Religion gestorben (ist)"[80]. Aufgrund dessen betont er danach die Unterscheidung zwischen Religion und Religiosität (religiousness);[81] die Religion ist tot – die Religiosität ist es, die lebt und die seine wahre Botschaft darstellen soll. Mit diesem Schritt hin zu einer undefinierten Religiosität kehrte Rajneesh an seinem Lebensende zu seinem Erleuchtungserlebnis zurück, das er als 21jähriger Philosophiestudent gehabt hatte und in dem er der „andere(n) Realität, dem wirklich Wirklichen begegnete, jedoch in einer

---

[78] Das bedeutet jedoch nicht, wie Y. Karow (a. a. O., 25) meint, „die Leerstelle könnte beliebig gefüllt werden [...]": dieser dem neopositivistischen Sinnlosigkeitsverdacht verwandte Gedanke geht am Gemeinten vorbei.

[79] Zit. nach: Handbuch Religiöse Gemeinschaften, 576; „Acharya" heißt: Lehrer, Meister; „Sannyāsin" ist im ursprünglichen hinduistischen Verständnis einer, der völlig der Welt entsagt; treffend heißt es im ›Lexikon der östlichen Weisheitslehren‹ unter diesem Begriff: „Die Verwendung von Begriffen wie Sannyāsin oder Bhagwan durch die westl[ichen] Anhänger moderner Gurus ist ein Beispiel für die Entwertung sinnträchtiger Begriffe [...]" (324).

[80] Zit. nach Y. Karow, ebd. 26.

[81] Vgl. Y. Karow, 26.

Weise, daß man es wie immer man wolle, nennen könne: Gott, Wahrheit, Dharma oder Tao (...)"[82].

Die Struktur der Religiosität, die bei den zwei genannten Initiatoren meditativer Guru-Bewegungen gegeben ist, ist relativ klar zu erkennen und bei beiden sehr ähnlich: Es handelt sich um einen Synkretismus, der aber zugleich bzw. vorher jenes zerstört, was er „vereinen" soll; das Ziel ist darum außerhalb und über den herkömmlichen Religionen zu erblicken, und dessen Erfahrung kann durch eine spezifische Form meditativer Erfahrung erlangt werden.

In analoger Weise – aber ohne diese radikale Religionskritik – kann die Suche nach einer „vor-" bzw. überreligiösen meditativen Dimension in einer Reihe weiterer Gruppierungen hinduistisch inspirierter Prägung in als auch außerhalb Indiens angetroffen werden, wie z. B. bei Nirmalā Devī, die mit ihrem Sahaja Yoga (d. h. „natürlicher", „spontaner" Yoga), den sie westlicher Pragmatik entsprechend vereinfacht, zugleich eine Vereinigung aller Religionen anstrebt.[83] Es gilt aber auch für andere Gruppen, wie z. B. den vom Sikhismus herkommenden, 1861 gegründeten Radhasoami Satsang und dessen in verschiedene Richtungen gespaltene Nachfolgeorganisationen, wie z. B. 'Sawan Kirpal Ruhani Mission' unter dem Meister *Darshan Singh*[84]; der 'Unity of Man'-Bewegung, die wesentlich von dem Gedanken einer „Einheit aller Religionen in der ›wahren Religion‹" beeinflußt ist[85].

Im vorliegenden Zusammenhang sollte aber nur in exemplarischer Weise auf die Ausgestaltung dieses neohinduistischen Grundmotivs in westlichen Bewegungen hingewiesen werden; und darin zeigt sich – dem Ideal nach – eine Auffassung, die den Anspruch stellt, aus einer vertieften Religiosität und Spiritualität heraus die konventionellen Religionen zu überbieten und zu dem Urgrund hinzuführen, von dem

---

[82] Vgl. Handbuch Religiöse Gemeinschaften, 574.

[83] Vgl. S. Kakar, Schamanen, Heilige, Ärzte. Psychotherapie und traditionelle indische Heilkunst, München 1984, 199 ff.; R. Hummel, Nirmala Devi und ihr Sahaja Yoga, in: Materialdienst 54 (1991) 290 ff., bes. 290, 293 und 295.

[84] Vgl. Darshan Singh, Die Bedeutung von Christus, dt. Stuttgart 1988 (= Sawan Kirpal Publikationen), bes. 6 f., 14; ders., Spirituelles Erwachen. Ein Führer für die Suche nach geistiger Wahrheit, dt. Berlin 1987, bes. 41 f.

[85] U. Tworuschka, Die vielen Namen Gottes. Weltreligionen heute, Gütersloh 1985, 186; vgl. R. Hummel, Der ›Pfad der Meister‹, Materialsammlung der Evangelischen Zeitschrift für Weltanschauungsfragen 1981, Abdruck in: Werkmappe ›Sekten und religiöse Sondergemeinschaften in Österreich‹ (= Dokumentation 2/82), Wien 1982, bes. 2, 5, 11.

her sie alle ursprünglich gesprochen hätten. Dieser „Urgrund" ist
nicht vom Menschen getrennt, sondern er ist eine Grundmöglichkeit
des Menschseins an sich: das göttliche Sein, mit dem alles andere Sein
letztlich identisch ist und das vor allem durch spezifische Formen meditativer Versenkung erfahrbar ist.

Hierin kann eine moderne, west-
lich adaptierte, bisweilen sehr vereinfacht ausgelegte Fassung des Advaita-Vedānta mit seiner Lehre von der Identität zwischen Brahman
und Ātman und einer daraus abgeleiteten Relativierung der äußeren
Gestalt aller Religionen erkannt werden.

III. KAPITEL:
NEUE RELIGIONEN IM BUDDHISTISCHEN KONTEXT

1. Religionsgeschichtliche Hintergründe

Der Buddhismus hat sich selbst im Laufe seiner zweieinhalbtausend Jahre während Geschichte vielfach und in gravierender Weise gewandelt – eine der markantesten Veränderungen ist wohl die Umformung aus einer ursprünglich wesensmäßigen Mönchsreligion zu einer Religion, in der in gleicher Weise auch Laien die Vollkommenheit und Erleuchtung erlangen können, also der Weg zum Mahāyāna-Buddhismus, der dem Laienstand eine weit größere Bedeutung gegeben hat.[1] Im 19. und 20. Jahrhundert ist es aber zu Veränderungen gekommen, die selbst zu Neuen Religionen führten, die zum Teil vom Buddhismus direkt ihren Ausgangspunkt nahmen oder zumindest im Einflußbereich dieser Religion entstanden sind und wesentliche Elemente von ihr übernommen haben. Einige dieser Formen, die mit universalistisch-synkretistischen Tendenzen verbunden sind, sollen hier überblickshaft dargestellt werden.

Im Verhältnis zum Hinduismus ist der Buddhismus selbst eine neue Religion, insbesondere durch die Ablehnung der Veden als kanonisch verbindliche Texte. Die Neuheit des Buddhismus bestand aber nicht allein in der Ablehnung der Veden; ebenso wesentlich war die Infragestellung der Kastenordnung und in religiöser Hinsicht die Ablehnung der Lehre vom Ātman als Zentrum des menschlichen Wesens – ein gemeinsames Kennzeichen aller buddhistischen Richtungen bis heute ist die Lehre vom Nicht-Ich (Anatta-Lehre)[2]; neu ist insbesondere auch die Erfahrung des Nirvānas als des Zieles und Inhaltes des Erlösungsweges.

---

[1] Vgl. z.B. E.Conze, Eine kurze Geschichte des Buddhismus, Frankfurt a.M. 1986, 42ff.; ders., Der Buddhismus. Wesen und Entwicklung, Stuttgart 81986, 65ff.; und insbesondere: Sh. Ueda, Sein – Nichts – Weltverantwortung im Zen-Buddhismus (1985), 45ff.

[2] Vgl. H.Dumoulin, Religion und Politik – Die Entwicklung des japanischen Buddhismus bis zur Gegenwart, in: M. Eliade, Geschichte der religiösen Ideen, Bd. 3/2, 1991, 404.

Die Abkehr von der den Hinduismus im weitesten Sinn, d. h. von seiner seit ältester Zeit her prägenden Kastenordnung, sowie die Tatsache, daß sich die Verkündigung des neuen Heilsweges prinzipiell an alle Menschen, an den Menschen schlechthin richtet und nicht nur an die Angehörigen eines bestimmten Volkes, machten den Buddhismus phänomenologisch zu einer Weltreligion.[3] Damit war der Weg eröffnet, der den Buddhismus zu anderen Kulturen und Völkern geführt hat; verbunden damit ist das missionarische Motiv, daß die Heilsbotschaft nicht allein für den Erleuchteten relevant sei, sondern auch den anderen Menschen verkündet werden soll. Dadurch wurden die Grundlagen für die spätere Ausbreitung des Buddhismus gelegt. Von Indien ausgehend fand diese Religion ihren Weg über den gesamten asiatischen Kontinent, so daß Asien zutiefst von dieser Religion geprägt wurde und bestimmt ist.

Einer der auffallendsten Aspekte an der im ganzen gegenüber dem Anderen wesentlich wohlwollend eingestellten Religion ist ihre Toleranz, die auch die Duldung anderer Formen der Götterverehrung bzw. der Heilssuche miteinschließt. Diese brachte es mit sich, daß der Buddhismus die einheimischen Religionen der Länder, in die er kam, nicht eliminierte, sondern sie bestehenließ, partiell integrierte und oft zu einer neuen Synthese umformte. Neben und mit dem Buddhismus bestanden und bestehen z. B. in Tibet weiterhin die Bön-Religion, in China der Taoismus und Konfuzianismus, in Japan der Shintoismus. Dieses in der Geschichte gewiß nicht immer konfliktlose Nebeneinander trug jedoch grundsätzlich zu einer offenen Einstellung gegenüber anderen religiösen Überlieferungen bei und führte vielfach zu engen Verbindungen mit Elementen oder Grundauffassungen der autochthonen Religionen. Zwei klassische Beispiele seien zur Illustration dieser Möglichkeit in Erinnerung gerufen: Erstens die Lehre von den „drei Wegen" (Buddhismus, Taoismus, Konfuzianismus), die eins seien und gemeinsam zum Ziel führten, wie sie im China des 10. und 11. Jahrhunderts verbreitet war;[4] zweitens ist auf den Synkretismus, die Verbindung zwischen Shingon-Buddhismus und Shintō in Japan hinzuweisen, den Ryōbu Shintō („zweiseitiger Shintō")[5]. Die Geschichte des Buddhismus ist also nicht ohne seine synkretistischen

---

[3] Vgl. G. Mensching, Die Weltreligionen, 1981, 38 ff.

[4] Vgl. F. Heiler, Die Religionen der Menschheit, 84; G. Mensching, Art. Synkretismus, in: RGG³, Bd. VI, 564.

[5] Vgl. P. Gerlitz, Gott erwacht in Japan, Freiburg/Basel/Wien 1977, 18; S. Ono, Shinto. The Kami Way, Tokyo ²²1991, 85 ff.

Aspekte zu erfassen. Insbesondere trifft das für Japan zu, und zwar vom populären Synkretismus der Frühzeit an (7. bis 9. Jahrhundert) bis zur Gegenwart: ein Blick in eine japanische Religionsstatistik zeigt, daß die Anzahl der religiösen Anhänger etwa um 75% höher ist als die der tatsächlichen Einwohner Japans, wodurch die Mehrfachzugehörigkeit zu verschiedenen religiösen Traditionen evident wird.[6] Die theologischen Momente, die eine solche Toleranz, die bis zu einem Synkretismus führen kann, begünstigt haben, bestehen zunächst in zentralen Grundauffassungen dieser Religion; es ist hier hinzuweisen auf die schon beim Hinduismus genannte Vorstellung des Avatāra (japanisch: gongen), die nun im Hinblick auf verschiedene Erscheinungsformen Buddhas verstanden wird; ferner die Überzeugung von der Anpassung an das Verständnis des Hörers vermittels der Geschicklichkeit in der Methode (Upāya).[7] Die genannten Elemente – verbunden mit der im sympathetischen Mitleiden gründenden Ethik des Buddhismus – ermöglichten es ihm im Laufe seiner zweieinhalb Jahrtausende währenden Geschichte, sich den verschiedensten kulturellen und religiösen Bedingungen in neuen Verbreitungsgebieten anzupassen.

Die aufgezeigte große Adaptionsfähigkeit stellte die buddhistische Religion auch im 19. und 20. Jahrhundert unter Beweis, und zwar in allen Hauptrichtungen des Buddhismus, dem Theravāda, dem Mahāyāna sowie in dessen weiterer Ausprägung, dem Tibetischen Buddhismus. Die nun erforderte Anpassung war nicht zuletzt bedingt durch die intensiver werdende Begegnung mit der europäischen Kultur. Bedeutsame Erneuerungsbewegungen gingen von Sri Lanka, dem heutigen Kernland des Theravāda-Buddhismus, aus; eine unvorhersehbare Entwicklung nahm der Tibetische Buddhismus durch die gewaltsame Okkupation Tibets durch China und die folgende Flucht des Dalai Lama mit zehntausenden Anhängern nach Indien. Die intensivsten Modernisierungsbestrebungen aber sind im überkommenen japanischen Buddhismus festzustellen, in denen das aus der europäischen Aufklärung stammende Ideal, das humanistische Ideal, das Leitbild ist.[8] Der Buddhismus stellte aber seine Dynamik nicht nur durch Bewe-

---

[6] Vgl. D. Reid, Japanese Religions, in: A Handbook of Living Religions, 1985, 377 ff.

[7] Vgl. H. Dumoulin, Art. Synkretismus, in: Japan-Handbuch, 1460; Art. Upāya, in: Lexikon östlicher Weisheitslehren, 418.

[8] Vgl. dazu H. Dumoulin, in: Eliade, Bd. 3/2, 337 ff.

gungen, die zur Selbsterneuerung führten, unter Beweis, sondern auch durch das Einwirken auf neue religiöse Bewegungen, die in synkretistischer Weise buddhistische Elemente übernahmen bzw. die als neue Religionen vom Buddhismus herkommen. Am bedeutsamsten sind hier die neuen Religionsstiftungen in Japan. Auf sie ist zunächst überblickshaft einzugehen; innerhalb der Kennzeichen und Tendenzen dieser Neugründungen ist der synkretistische Grundzug, der die verschiedenen Religionen verbindende bzw. sie überschreitende Aspekt besonders herauszustellen und ein Beispiel einer dezidiert „universalistisch"-synkretistischen Neureligion (Seichō no Ie) eigens darzustellen; hinzuweisen ist zudem auf den in Korea entstandenen Caodaismus, der sich als „erneuerter Buddhismus" versteht. Schließlich ist eine neureligiöse Bewegung im Westen zur Sprache zu bringen, die ein synkretistisches Zen-Verständnis praktiziert (Dharma Sah). Es werden also zuerst überwiegend die im Ausbreitungsgebiet des Buddhismus verbleibenden Religionen und daran anschließend eine im Westen sich ausbreitende Bewegung zur Sprache kommen.

2. Neureligionen Japans – historische und phänomenologische Aspekte

Japan gilt als das klassische Land für neue Religionsstiftungen (japanisch: shin shūkyō = Neue Religionen). Seit dem Zweiten Weltkrieg sind von über 700 vom Kultusministerium registrierten Neureligionen 371 amtlich anerkannt worden.[9] Die Vielfalt der japanischen Neureligionen macht es sehr schwer, einerseits die spezifischen Merkmale von zusammengehörenden Gruppen hervorzuheben, um sie zu klassifizieren, wie auch andererseits die diesen Neureligionen gemeinsamen Kennzeichen herauszustellen. Eine allgemein anerkannte Klassifizierung ist nach dem Urteil von H. Dumoulin noch nicht gelungen. Dennoch aber lassen sich zwei Gesichtspunkte nach seinem Urteil nennen, die eine generelle Unterscheidung ermöglichen, nämlich „die genealogischen Abhängigkeiten und die inhaltlichen Verwandtschaften untereinander und bezüglich der großen überkommenen Religionen (Shintō, Buddhismus, Christentum)"[10]. Der überwiegende Teil von diesen, nämlich 166, zeigt einen buddhistischen Hintergrund; die nächstgrößere Gruppe (141) hat einen shintoistischen und 36

---

[9] Vgl. Th. Immoos, Ein bunter Teppich. Die Religionen Japans, 1990, 172.
[10] H. Dumoulin, Neue Religionen, in: Japan-Handbuch, [3]1990, 1412.

haben einen christlichen Hintergrund; eine kleinere Gruppe (28) ist von keiner der etablierten Religionen herzuleiten.[11] Ein generelles Merkmal dieser Religionen ist, daß sie von ihren Prinzipien her sich gegenüber dem Selbstverständnis der traditionellen Religionen abgrenzen, wobei freilich die Übergänge fließend sein können. Darüber hinaus lassen sich im Hinblick auf die Neuen Religionen Japans Wesenszüge aufzeigen, die ihre Eigenart besser verständlich werden lassen und die praktisch für alle zutreffen. Heinrich Dumoulin nennt in einem Überblick über die Neuen Religionen Japans sechs Wesenszüge derselben, nämlich: 1.) charismatische und starke Führerpersönlichkeit, nicht selten Frauen; 2.) straffe Organisation – jede Religion hat ihr 'Mekka'; 3.) synkretistisch-eklektizistische Elemente: besonders aus Shintō, Buddhismus sowie Christentum; 4.) einfache, leicht verständliche Lehren; schamanistische und magische Elemente; 5.) konkrete Diesseitigkeit; 6.) Verbindung von Religion und Leben; religionssoziologisch als Antwort auf bedrückende gesellschaftliche Zustände (bäuerliche Bevölkerung, Armutsviertel in den Städten, Entwurzelte) verstanden[12], oder auch die bittere Erfahrung am Ende des Zweiten Weltkrieges[13].

Jedes dieser erwähnten Merkmale ist bedeutsam für das Selbstverständnis einer spezifischen Religion, wobei der eine oder andere Aspekt in den Vordergrund rückt. Im Hinblick auf die hier verfolgte Fragestellung soll schwerpunktmäßig auf das synkretistische Anliegen eingegangen werden. Es ist unbestritten, daß die Neuen Religionen Japans „als wesentliches Merkmal einen Synkretismus auf(weisen)"[14], und sie selbst verstehen diesen ausdrücklich als positiv[15].

Diese Neugründungen zeigen im allgemeinen synkretistische Tendenzen, insbesondere sind die erwähnten Einflüsse aus Buddhismus, Shintoismus und Christentum offen sichtbar;[16] einige Religionen darunter verstehen sich direkt als Zusammenfassung der vorhergehenden klassischen Religionen; diesen gilt das vornehmliche Interesse in der vorliegenden Darstellung, und auf eine dieser Neubildungen, ob-

[11] Vgl. Handbook of Living Religions, 373; vgl. Th. Immoos, a. a. O., 172.
[12] H. Dumoulin, in: Japan-Handbuch, 1411 f.
[13] Vgl. dazu M. Pye, Nationale und Internationale Identität in einer japanischen Religion, in: Religionswissenschaft. Eine Einführung, hrsg. von H. Zinser, Berlin 1988, 239 ff., bes. 246 ff.
[14] F. Heiler, Die Religionen der Menschheit, 101.
[15] Vgl. P. Gerlitz, 155 f., 28 f.
[16] Vgl. P. Gerlitz, 27.

zwar sie nicht zu den zahlenmäßig größten gehört, soll exemplarisch
eingegangen werden, nämlich auf *Seichō no Ie* („Haus des Wachstums"). Zuvor soll jedoch ein kurzer Überblick über repräsentative
Neugründungen in chronologischer Reihenfolge gegeben werden, da
vor diesem allgemeinen Hintergrund – auch wenn dessen tatsächli-
cher Umfang nur skizzenhaft angedeutet werden kann – ein angemes-
seneres Verständnis der die klassischen Religionen überschreitenden
und vermischenden Tendenzen der Neureligionen Japans ermöglicht
wird.

Der historische Hintergrund reicht bis an den Beginn des vorigen
Jahrhunderts zurück; heute unterscheidet man allgemein drei große
Etappen in dieser Entwicklung: erstens die älteren Neuen Religionen,
die noch in der Edo- (bis 1867) oder Meiji-Zeit (1868–1912) entstanden sind, dann die 'neuen' Neuen Religionen, die in die Zeit zwischen dem Ersten und Zweiten Weltkrieg hineingehören, und schließlich die 'neuesten' Neuen Religionen, die in den letzten Jahrzehnten
aufblühen.[17]

Eine der frühesten und zugleich bedeutendsten Neugründungen ist
'Tenrikyō' (wörtlich: 'Lehre der himmlischen Wahrheit' bzw. 'Religion
der Himmelsvernunft'). Diese Religion wurde 1823 von einer Frau ge-
stiftet – an diesem Tatbestand zeigt sich schon eine gravierende No-
vität in der Religionsgeschichte –, und zwar von *Miki Nakayama*, einer
Bauersfrau (1798–1887), die durch Krankheit und Tod der Kinder
schwer geprüft war. Sie empfand sich als Empfängerin göttlicher Botschaften. Sie hatte sich als Medium bei einem Ritus der Krankenbe-
schwörung zur Verfügung gestellt und die Erscheinung eines Eltern-
gottes erfahren; seit 1838 glaubte sie, daß der ursprüngliche Gott in ihr
Wohnung genommen habe und durch sie spreche. Daraufhin ver-
schenkte sie allen ihren Besitz und fand großen Anklang bei schwan-
geren Frauen, denen sie zu einem leichten Gebären verhilft.[18] Ursprünglich war die Bewegung vor allem im einfachen Volk verbreitet.
Da neue Religionen nicht toleriert wurden – erst ab 1946, mit der Aufhebung des Staatsshintō, gab es in Japan legal die Religionsfreiheit –,
war ihre Bewegung verboten bzw. unter shintoistischen Kategorien
registriert; Miki selbst war mehrmals in Haft.

Die Haupttendenz dieser Lehre kann als pantheistisch betrachtet
werden; von Interesse ist dabei – besonders im Vergleich zu den traditionellen Religionen –, daß Gottes Wirken als Vater *und* Mutter darge-

---

[17] Vgl. Th. Immoos, Ein bunter Teppich, 1990, 172.
[18] Vgl. J. Laube, Tenrikyō, in: Japan-Handbuch, ³1990, 1473f.

stellt wird, wobei Er als Elterngott im Himmel und Sie als Elterngott auf Erden zu verstehen ist.[19] Mit der Hereinnahme des weiblichen Elements in die Gottesvorstellung geht einher die Bedeutung, die nun der Frau als Stifterin einer Religion zukommt, wodurch eine Differenz zu allen Großreligionen, an deren Beginn männliche Stifterpersönlichkeiten standen, offenkundig wird. Die straffe Organisation ist ein wichtiger Aspekt der neuen japanischen Religionen. So kennzeichnet auch Tenrikyō eine strenge Verwaltung. Ihr Zentrum Tenri-Shi (Tenri-City) ist heute in der Nähe von Nara und bildet eine eigene Stadt mit Tempelanlagen, Schulen, Bildungshäusern, Universitäten, Museen, sozialen Einrichtungen etc. Die Religion versteht sich heute als eine „Weltreligion" wie Christentum und Buddhismus, umfaßt über 2½ Millionen Gläubige innerhalb und außerhalb Japans; organisatorisches Zentrum für die Mission in Europa ist Paris.[20] Diese Religion blieb nicht allein dem Shintoismus, dem sie ursprünglich verhaftet war, verbunden, sondern übernahm aus verschiedenen Religionen Elemente. Nach dem Krieg wurde der Polytheismus – dem Zeitgeist entsprechend – auf einen Monotheismus hin uminterpretiert; diese Möglichkeit einer leichten Änderung religiöser Grundvorstellungen kann auf die Tatsache zurückgeführt werden, daß der Lehre ein geringer Stellenwert zukommt.[21]

Eine weitere herausragende neue Religion ist *Ōmotokyō*, denn „mit dieser Religion beginnt um die Wende des 20. Jahrhunderts die Reihe unabhängiger synkretistischer Neustiftungen, von denen viele in einer persönlichen oder inhaltlichen Beziehung zur Ōmotokyō stehen"; man hatte deshalb bei den Klassifizierungsversuchen der Neureligionen Japans, die allerdings bis heute kein allseits anerkanntes Resultat gefunden haben, vorgeschlagen, von einer eigenen 'Ōmoto-Gruppe' zu sprechen.[22]

Den Anstoß zu dieser Religion gaben Offenbarungen, die eine Frau namens *Deguchi Nao* (1836–1918) am Neujahrstag 1892 gehabt hatte. Sie schrieb tausende von Orakeln in Silbenschrift nieder. Nach ihrer Auffassung erfolgt die Erlösung durch den Kontakt mit Göttern und Geistern in der Ekstase. Sie nahm christliche und buddhistische Ele-

[19] Vgl. dazu die grundlegende Arbeit von J. Laube, Oyagami. Die heutige Gottesvorstellung der Tenrikyō, Wiesbaden 1987; ders., Japan-Handbuch, 1475 f.
[20] Vgl. J. Laube, Tenrikyō, in: Japan-Handbuch, 1475.
[21] Vgl. Th. Immoos, 175.
[22] Vgl. H. Dumoulin, Art. Neue Religionen, in: Japan-Handbuch, 1412.

mente auf, woraus sich die synkretistische Gestalt ihrer Religion ergibt. Sie verkündete eine messianisch-chiliastische Botschaft der Wahrheit oder der 'Großen Grundlage' (ōmoto). Eine davon abgesplitterte Gruppe, die 'Messias-Religion', stellt den Beruf des Heilers, im Gegensatz zur westlichen Medizin, in den Mittelpunkt.[23] Die in der Zwischenkriegszeit entstandenen Neureligionen waren überwiegend buddhistisch orientiert.

Einige von diesen haben ihre Blütezeit nach 1945 erlebt; zu letzteren gehören die 1930 gegründete *Sōkagakkai* ('Gesellschaft zur Schaffung von Werten') und die einige Jahre später entstandene *Risshō Koseikai* ('Gesellschaft zur Errichtung von Gesetz und Gemeinde'). Beide Religionen sind stark von der Nichiren-Schule inspiriert; diese im 20. Jahrhundert erneuerte Schule geht auf Nichiren (1222–1282) zurück, der im Rezitieren des Namens des Lotus-Sūtra den Weg zur Erlösung erblickte. Eine Vorgängerreligion (Reiyūkei) der beiden genannten hatte die Verehrung dieses Sūtra zugleich mit den Ahnenriten in den Mittelpunkt gestellt; die religiöse Praxis war verbunden mit sozialen Anliegen. Vorwiegend im Zeichen sozialer und politischer Aktivitäten steht *Sōkagakkai*. Die Heilsbotschaft dieser Religion ist stark diesseitig orientiert, und den Anhängern werden gute Gesundheit und Erfolg im Geschäft verheißen.[24] Die Sōkagakkai nennt F. Heiler „die vitalste der neuen Religionen"[25]; sie versteht sich selbst als buddhistisch.

Die 1930 gegründete *Risshō Koseikai* gewann durch ihren Präsidenten Niwano ab 1958 eine weit über Japan hinausgehende Resonanz. Neben seinem sozial bestimmten Menschenbild ist auf die interreligiöse Aktivität hinzuweisen, vor allem auf die von der Risshō Koseikai organisierte 'Weltkonferenz über Religion und Frieden'.[26] Im Leben dieser Religion steht die Seelsorge im Mittelpunkt. Demnach treffen sich bei einer täglich veranstalteten ein- bis eineinhalbstündigen Gruppentherapie etwa fünf bis zehn Personen, durch die den Anwesenden ein neues Selbstvertrauen vermittelt werden soll. Dabei werden die persönlichen Probleme in Ehe, Familie, Beruf, Glaube etc. besprochen und auf der Grundlage der 'Vier Edlen Wahrheiten', des 'Achtfachen Pfades' und anderer buddhistischer Grund-

---

[23] Vgl. Th. Immoos, 175.
[24] Vgl. Th. Immoos, 176.
[25] F. Heiler, Die Religionen der Menschheit, 100.
[26] Vgl. D. Reid, Japanese Religions, in: Handbook of Living Religions, 386.

aussagen unter Anleitung eines hierfür ausgebildeten Laien zu klären versucht.[27] In der Zeit zwischen den beiden Weltkriegen sind auch mehrere Neureligionen entstanden, die weder zum Shintoismus noch zum Buddhismus zuzuordnen sind, sondern als „andere" klassifiziert werden; zu ihnen gehören z. B. die PL-(Perfect Liberty-)Kyōdan ('Religionsgemeinschaft der vollkommenen Freiheit'), die ein erfülltes Leben als „Kunst" gestalten will, und die synkretistische *Seichō no Ie*, die im folgenden eigens behandelt wird.

Abschließend zu diesem kurzen Überblick sei auf eine Religion hingewiesen, die in der dritten Phase der Neugründungen (seit 1945) entstanden ist, nämlich die *Tenshō Kōtai Jingūkyō*, die sogenannte „Tanzreligion"; sie wurde von einer charismatischen Frau gegründet. Es war *Kitamuro Sayō* (1900–1967), die, vom Geist besessen, Offenbarungen von der Gottheit Tenshō Kōtai Jingū erfährt. Der Tag ihrer ersten Predigt gilt auch als Gründungsdatum, nämlich der 22. November 1945. In ihrer Lehre wird Gott als männlich-weibliches Paar verstanden; obwohl sie synkretistisch ist, verhält sie sich intolerant gegen andere Religionen. Wichtig ist bei dieser Religion ein von Kitamuro Sayō erfundener religiöser Tanz, der ekstatische Tanz des Nicht-Selbst; in diesem Erleben kann eine der Grundforderungen des Buddhismus erkannt werden, insofern sich darin die urbuddhistische Erfahrung der Leere in der Form ekstatischen Tanzes Ausdruck verschafft hat;[28] es ist, wie bei anderen früheren Gründungen, wiederum eine Frau, die dieser neuen Ausdrucksform zum Durchbruch verhilft.

3. *Synkretismus – ein Wesensmerkmal japanischer Neureligionen am Beispiel von Seichō no Ie*

Die genannten Neureligionen zeigen verschieden große Differenzen zu den Herkunftsreligionen, wenngleich keine strikte Zäsur zwischen diesen und dem eigenen Selbstverständnis in dem Sinn gemacht wird, daß die Elemente der Herkunftsreligion ausgeklammert würden; im Gegenteil, sie werden adaptiert, aber vielfach mit Mo-

---

[27] Vgl. U. Tworuschka, Die vielen Namen Gottes. Weltreligionen heute, Gütersloh 1985, 240.
[28] Vgl. M. Pye, Ein Geflecht von Traditionen. Religion in Japan, in: Handbuch Weltreligionen, hrsg. von W. Metz, Wuppertal 1983, 266; und H. Dumoulin, 1415.

menten anderer Religionen verbunden, so daß die synkretistischen Tendenzen in den erwähnten religiösen Bewegungen Japans offenkundig sind. Doch darüber hinaus gibt es Religionsgründungen, die die Verbindung der großen Religionen zum ausdrücklichen Ziel haben, die also von ihrem Wesen her als eine universalistische, neue Religion verstanden werden müssen und auch eine entsprechende Organisation ausbilden. Ein Beispiel dafür ist, wie erwähnt, *Seichō no Ie* („Haus des Wachstums"); eine Zeitschrift mit dem gleichnamigen Titel erschien erstmals 1930, und dieses Jahr wird als Gründungsdatum der Bewegung verstanden; seit 1941 ist sie als eine Neue Religion in Japan registriert. Der Herausgeber der Zeitschrift ›Seichō no Ie‹ und der Gründer der Bewegung war Dr. Masaharu Taniguchi (1893–1985). Er wird als „Meister" tituliert.

Heute umfaßt Seichō no Ie nach eigenen Angaben annähernd drei Millionen Mitglieder in der ganzen Welt; außer in Japan vor allem in den USA, Brasilien, in anderen süd- und nordamerikanischen Ländern, in China, Korea, aber auch in Westeuropa.[29] Es ist also eine wachsende Religion; in dem 1972 erschienenen ›Survey‹ zu den japanischen Religionen wurden knapp über 2,4 Millionen Mitglieder genannt, über 3200 Zentren und etwa 3000 männliche und 1500 weibliche Geistliche.[30] Die Organisation steht heute insgesamt unter der Leitung von Seichō Taniguchi, dem Schwiegersohn des Gründers, der sein Nachfolger und geistiger Erbe ist. Organisatorisch ist die Bewegung in drei Vereinigungen aufgeteilt, einer solchen für Männer, einer für Frauen und einer Jugendvereinigung für männliche und weibliche Jugendliche und junge Erwachsene von 12 bis 35 Jahren. Darüber hinaus gibt es Zusammenkünfte für verschiedene Berufsgruppen, wie Lehrer („Neulehrer-Verband") und Geschäftsleute („Vereinigung der Erfolgreichen"); an diesem Namen kann ein für japanische Religionen charakteristischer Grundzug des irdischen Glücks und Erfolges abgelesen werden.[31]

Die Hauptzentrale befindet sich in Tokyo, die zwei wichtigsten

---

[29] Die Angaben befinden sich in Büchern und Broschüren dieser Religion, vgl. z.B. in der 1989 erschienenen Übersetzung des Bandes 8 'Truth of Life' von M. Taniguchi, Book of Meditative Practices, Umschlagtext.

[30] Japanese Religion. A Survey by the Agency for Cultural Affairs, Tokyo und New York 1972, ⁸1990, 262.

[31] Angaben nach dem deutschen Informationsblatt ›Die SEICHO-NO-IE-Bewegung zum Erleuchten der Menschheit‹ (o.J.; ca. Ende der 80er/Anfang der 90er Jahre erschienen).

Glaubensstätten in Nagasaki und Uji bei Kyoto. Darüber hinaus gibt es Missionshauptzentralen von Nordamerika, Hawaii und Lateinamerika. Es werden z. Z. sechs bis sieben Zeitschriften herausgegeben. In deutscher Übersetzung liegt die ›Lichtquelle‹ vor, die Berichte über Aktivitäten im deutschen Sprachraum bringt.[32] Zu den Hauptlehren der Neureligionen gehört die Überzeugung von der „*innere(n) Einheit aller Religionen*", wie es in der deutschsprachigen Broschüre und Selbstdarstellung heißt.[33] Auf diesem Prinzip aufbauend versteht sich Seichō no Ie konsequenterweise als eine *über* den verschiedenen religiösen Denominationen und Richtungen stehende Religion (superdenominational religion). Dieses Motiv geht auf Intentionen des Gründers zurück. Masaharu Taniguchi spricht von „einer Bewegung, die die gemeinsame Wahrheit aller Religionen lehrt"[34], also die Wahrheit aller Religionen umfassen will. Sein 40 Bände umfassendes Hauptwerk hat den Titel „Seimei no jissō" („Wirklichkeit bzw. Wahrheit des Lebens"); darüber hinaus hat er mehr als 300 Bücher verfaßt. Eines der umfassenderen Werke ist eine spiritualistische Erklärung des Johannes-Evangeliums.[35] Im Schrifttum ihres Urhebers treffen wir eine Mischung aus Christentum, Buddhismus, Shintō, aus moderner Psychologie und Philosophie an; auch der Einfluß spiritistischer Bewegungen, insbesondere der im 19. Jahrhundert in Amerika entstandenen neugnostischen 'Neugeist-Bewegung', ist gegeben. Von Seichō no Ie wird ausdrücklich darauf hingewiesen, daß es die einzige japanische religiöse Organisation ist, die eine enge Beziehung zur International New Thought Alliance hat.[36] Taniguchis Religion wird darum als am ehesten mit der 'Christlichen Wissenschaft' vergleichbar beurteilt;[37] darauf bezieht sich auch Taniguchi oft[38], wenngleich er an der letzteren die Bindung an die Bibel als zu eng betrachtet (vgl. LG 72). Ironisch hat man Seichō no Ie wegen der

---

[32] Vgl. z. B. Seicho-no-Ie Lichtquelle nach Dr. Masaharū Taniguchi Nr. 4, 1991; Nr. 1, 1992. Darin sind auch Kontaktadressen vor allem von Deutschland und Österreich angegeben.

[33] Siehe Anm. 31.

[34] H. Dumoulin, 1414.

[35] Es ist 1960 erschienen, inzwischen liegt eine englische Übersetzung vor: M. Taniguchi, The Taniguchi Commentary on the Gospel according to St. John, Gardena/California 1988.

[36] Siehe Anm. 31.

[37] Vgl. zu diesen Bewegungen: Lexikon der Sekten, 156ff., 721f.

[38] Z. B. M. Taniguchi, Leben aus dem Geiste (im folgenden zitiert als LG), Pfullingen/Württ. 1964, 64, 87 u. ö.

vielen rezipierten Elemente auch als „religiöses Warenhaus" bezeichnet.[39] Der Stifter Taniguchi hatte als Student die englische Literatur kennengelernt und westliche Dichter und Philosophen gelesen, wie z. B.
Nietzsche, Tolstoj, Bergson und andere. Schließlich widerfuhr ihm
eine Offenbarung, die ihm das „Gesetz des Geistes" mitteilte: „Du bist
selbst die Realität! Du bist Buddha. Du bist Christus. Du bist unendlich. Du bist unerschöpflich."[40] Es kommt für den Menschen auf die
Erkenntnis der Wahrheit an, die darin besteht, „daß er geistigen Wesens ist, ein Sohn Gottes gleich Christus oder Buddha, ein Träger göttlicher Kraft" (LG 10). Schon an diesem Buddhismus und Christentum
verbindenden Offenbarungsinhalt wird die synkretistische Dimension
dieser Glaubensform deutlich. Der Sinn des Synkretismus liegt aber
zugleich in einer Überschreitung der faktischen Religionen, denn die
Wahrheit, um die es geht, gilt für das gesamte Universum und alle Bereiche des Lebens, und sie steht deswegen mit keiner Religion in Widerspruch, weil sie „das Grundgesetz des Lebens, dem die Religionen
wie alles Sein und Leben gehorchen, (ist)"; Taniguchi lehrt den „universellen Geist des Lebens", das „Grundgesetz des Lebens" (LG 9).
Auch wenn sich die Seichō no Ie-Lehren Taniguchis mit dem Christentum, Buddhismus oder Shintoismus befassen, sind sie nicht auf
eine einzige Religion beschränkt, sondern legen die universale Wahrheit dar, die der Ursprung aller Religionen ist, wie er zu Beginn seines
Kommentars zum Johannes-Evangelium sagt.[41] Die religionstranszendierende, ihnen gegenüber aber zugleich offene Haltung kommt
auch in dem ersten Grundsatz, der auf 'sieben goldenen Leuchtern'
der Offenbarung aufgeschriebenen Botschaft von Seichō no Ie, die in
einer 'Erklärung' zusammengefaßt sind, zum Ausdruck; er lautet:
„Frei von Vorurteilen gegenüber jeder Religion und Sekte, glauben wir
an die geistige Natur des Menschen, die im Einklang steht mit dem Geist
des Lebens" (LG 14).

Die Wahrheit, um die es geht, ist „universell" (LG 72, vgl. 9). Vielfach wird wiederholt, daß es das Ziel aller Religionen war, zu dieser
Erkenntnis des Geistes bzw. des wirklichen Lebens zu führen (vgl. LG
56, 65). Aufgabe von Seichō no Ie und Grund für die Entstehung

---

[39] Vgl. Th. Immoos, 177; U. Tworuschka, a. a. O., 238.

[40] Seimei no jissō, Tokio 1958, Bd. 20, 163 f.; zit. nach P. Gerlitz, Art. Seichō
no Ie, in: Lexikon der Sekten, 948 f.; vgl. M. Taniguchi, Leben aus dem
Geiste, 10.

[41] The Gospel according to St. John, 1.

dieser Gemeinschaft aber sei es gewesen, diese Wahrheit in moderner Form und allgemein verständlich heute zur Sprache zu bringen (LG 66). Um sie zu erkennen, bedarf es keiner besonderen Anstrengung, auch keiner spezifischen Methoden, sondern eines Verstehens, das aus dem Herzen kommt: „Denn wir tragen die Wahrheit, die allen Religionen in der Welt gemeinsam ist, ja *in uns*, nämlich das wirkliche Leben in seiner lichten Reinheit und Vollkommenheit" (LG 65). An Taniguchis neuer Religion zeigen sich die Strukturen einer Spiritualität, die die Absicht hat, anthropologisch, d. h. durch die Besinnung auf die innere Dimension des Menschen, die in den transzendenten Bereich der Geistwirklichkeit verweist, die Mitte aller Religionen zu erkennen. Daß eine solche Erkenntnis des Geistes zugleich auch zur Heilung von körperlichen Krankheiten führen kann und soll, sei hier zwar erwähnt, kann aber nicht im Mittelpunkt der Darstellung stehen. Vielmehr ist die „universalistische" Religiosität herauszustellen, die mit dem Anspruch auftritt, die allen Religionen gemeinsame Wahrheit in einer dem modernen Menschen entsprechenden Form nicht nur zu lehren, sondern auch zu leben. Hier zeigen sich Strukturen, die in der Grundintention jenen von Hazrat Inayat Khan gleich sind, worin ein Indiz dafür erblickt werden kann, daß es sich um Auffassungen handelt, für die eher global-kulturelle (der neuzeitlichen Situation entsprechende) Faktoren ausschlaggebend sind denn die Herkunft von einer spezifischen Religion (Buddhismus oder Islam); bemerkenswert sind auch die Querverbindungen beider Bewegungen zur 'Christlichen Wissenschaft' bzw. deren neugnostischen Grundanschauungen.[42] Von Taniguchi wird diese beiden so verschiedenen Bewegungen gemeinsame Grundauffassung mit der vorwiegend (mahāyāna-)buddhistischen Aussage zum Ausdruck gebracht, daß allein der Geist Wirklichkeit besitzt[43] – und dieser Geist ist die 'Unendliche Weisheit', das 'Unendliche Leben' und die 'Unendliche Überfülle', deren man sich durch die Meditation bewußt wird.[44] Der Buddhismus wird aber andererseits nur als der geistes- und religionsgeschichtliche Hintergrund betrachtet, vor dem sich die neue Konzeption der religiösen Erfahrung artikuliert, wie eben in einer Reihe anderer Neureligionen, die im Ausbreitungsgebiet dieser Religion entstanden sind.

[42] Vgl. unten zur Biographie Inayat Khans, S. 101.
[43] Vgl. P. Gerlitz, a. a. O., 948.
[44] Vgl. M. Taniguchi, Book of Meditative Practices (= Truth of Life, vol. 8), 1962, engl. 1989; die wesentliche Form der religiösen Besinnung, die allen anderen überlegen ist, ist Shinsokan (Meditation zur Visualisierung Gottes).

4. *Der Caodaismus – Synthese aller großen Religionen*

Ebenfalls im religiösen und geographischen Einflußbereich des Buddhismus entstand eine der signifikantesten überkonfessionellen Vereinheitlichungsbestrebungen des 20. Jahrhunderts, der Caodaismus in Vietnam. Diese Religion will eine Synthese aller großen Religionen, nicht nur der östlichen, sein, doch ist sie stark buddhistisch geprägt und versteht sich als „erneuerter Buddhismus"[45]; sie möchte zwei Mängel des Buddhismus beseitigen, nämlich das Fehlen einer kirchlichen Hierarchie und einer aktiv-caritativen Ethik[46]. Der Name *Cao-Dai* (es ist eine Selbstbezeichnung dieser Religion) geht zurück auf Offenbarungen des Gottes *Cao-Dai* („großer Palast" oder „hoher Turm"), die der Vietnamese Ngo Van Chieu (1878–1932) bei spiritistischen Sitzungen 1919 gehabt haben soll. 1926 wurde ein großes Gründungsfest veranstaltet, bei dem Le Van Trung, ein Mandarin, zum „Papst" ernannt wurde; nach dem Vorbild der katholischen Kirche ist auch die Hierarchie gebildet, es gibt jedoch auch weibliche Priester und Bischöfe; Frauen und Männer sind im Hinblick auf diese Ämter gleichgestellt.[47]

Diese Religion versteht sich als krönender Oberbau über den fünf Religionen Vietnams: Buddhismus, Konfuzianismus, Taoismus, Christentum und Ahnen- bzw. Geisterverehrung,[48] auch kabbalistische und hinduistische Elemente sind integriert. Im Caodaismus ist also eine Vereinheitlichung der Religionen angestrebt, in der Überzeugung, eine weiterführende Offenbarung zu besitzen, nämlich die „dritte Amnestie" Gottes; sie folgt der ersten Amnestie (v. a. Moses und Jesus) und der zweiten Amnestie (Buddha und Laotse); die dritte und höchste Amnestie braucht keinen menschlichen Vermittler mehr – Gott spricht durch Trance direkt.[49] Im Hinblick auf die vorausgegangenen Religionen versteht sich der Cao-Dai als deren Vervollkommnung, ohne diese zu zerstören, wie auch in der Frucht die vorhergehenden Stadien der Knospe und der Blüte enthalten sind.[50] In diesem spezifischen Gedanken trifft sich der Caodaismus mit dem sukzes-

---

[45] Vgl. F. Heiler, Die Religionen der Menschheit, 551.
[46] Vgl. G. Lanczkowski, Die neuen Religionen, 1971, 78.
[47] Vgl. B. Boal, Cao Dai und Hoa Hao, in: Handbuch der Weltreligionen, 243.
[48] H. v. Glasenapp, Art. Caodaismus, in: RGG³, Bd. I, 1611 f.
[49] Vgl. B. Boal, in: Handbuch der Weltreligionen, 243.
[50] Vgl. dazu G. Lanczkowski, Die neuen Religionen, 79.

siven Offenbarungsmodell des Bahā'ismus. Andererseits sind jedoch jene Merkmale unübersehbar, wie sie für die Neuen Religionen Japans zutreffen: ihr Ursprung in Trancezuständen, beim Caodaismus vor allem in spiritistischen Sitzungen; die Einbeziehung der Frauen in die hierarchische Leitungsstruktur und des weiblichen Elements in das Gottesbild. Vor allem aber ist der universalistische Anspruch im Verhältnis zu vorangegangenen Religionen von Interesse, der Anspruch, sie zu rezipieren und zugleich in einer abschließenden Synthese zu überwinden.[51]

5. Universalreligiöses Verständnis des Buddhismus im Westen

a) Vorbemerkung zur westlichen Buddhismusrezeption

Der Buddhismus hat nicht allein zu Neuen Religionen in den von seiner Geistigkeit durchdrungenen Ländern geführt, sondern ebenso zu neuen religiösen Gruppen und Praktiken im christlichen Kulturraum. Damit hat in der Begegnung zwischen dem Buddhismus und den westlichen Kulturen eine neue Etappe in deren weit zurückreichender Geschichte begonnen.[52]

Gegenüber der wissenschaftlichen und philosophischen Befassung

---

[51] In diesem Zusammenhang ist ausdrücklich auf die 'Vereinigungskirche' von Sun Myung Moon hinzuweisen, die von ihrem Anspruch her in die Reihe der neu entstandenen synkretistischen Religionen Koreas gehört; sie ist zu Recht als „eine synkretistische 'neue Religion' mit universalem Anspruch" zu definieren (H. Röhr, Mystische Elemente der Vereinigungskirche, in: G. Kehrer [Hrsg.], Das Entstehen einer neuen Religion, München 1981, 100). Sie ist in neueren religionswissenschaftlichen Studien, insbesondere in dem zitierten von G. Kehrer herausgegebenen Sammelband, ausführlich behandelt worden (vgl. dazu bes. die Beiträge von R. Flasche, Hauptelemente der Vereinigungstheologie, 41 ff., und von K. M. Lindner, Kulturelle und semantische Probleme beim Studium einer neuen Religion, 219 ff.); es sei auch auf die Arbeit von Y. Karow, Bhagwan-Bewegung und Vereinigungskirche, 1990, verwiesen. Der Grundüberzeugung, daß die verschiedenen Religionen eine Einheit bilden, ist auch die Zusammenstellung ›World Scripture. A Comparative Anthology of Sacred Texts‹ (International Religious Foundation: New York 1991) verpflichtet, die auf eine Idee Sun Myung Moons zurückgeht (vgl. ebd. Introduction, 27).
[52] Vgl. A. Pieris, Liebe und Weisheit. Begegnungen von Christentum und Buddhismus, Mainz 1989, bes. 21 ff. und 33 ff.

mit dieser Weltreligion, wie sie im 19. Jahrhundert gegeben war, bedeutete es eine wesentlich neue Situation, wenn sich Menschen des Westens, die in überwiegender Zahl Christen waren, zum Buddhismus bekehrten. Es ist von Interesse zu sehen, daß zu den ersten Anhängern die Bekenner einer spiritualistischen, überkonfessionellen Sicht der Religionen gehörten, nämlich die Gründer der Theosophischen Gesellschaft H. St. Olcott und H. P. Blavatsky; sie traten – wie im I. Kapitel schon erwähnt wurde – formell zum Buddhismus über. Darüber hinaus entstanden seit Ende des vorigen Jahrhunderts eigene buddhistische Gruppen in Amerika und Europa. Diese neue Situation ist nicht unwesentlich mitbedingt durch das schon mehrmals genannte, anläßlich der Weltausstellung in Chicago 1893 veranstaltete "World's Parliament of Religions". Es ging nun nicht mehr um den Osten und die östlichen Religionen und Sprachen als Gegenstand wissenschaftlicher Spezialforschung, sondern um die Begegnung mit hervorragenden Vertretern dieser Religionen, unter ihnen der Mönch Dharmapāla Anāgārika, der die buddhistische Mahābodhi-Society ('Gesellschaft der Großen Erleuchtung') gegründet hat. In Chicago war aber auch der Zen-Abt des Tempelklosters Engakuji von Kamakura in Japan anwesend, nämlich Shaku Soen (1859–1919), mit dem sein junger Schüler Daisetsu T. Suzuki (1870–1966) als Übersetzer mitgekommen war.[53]

Seit dem letzten Jahrzehnt des vorigen Jahrhunderts sind zahlreiche buddhistische „Kirchen" – wie sich die vereinigten buddhistischen Gemeinden in Amerika nennen – im Westen entstanden.[54]

Eine neue Etappe in der Entstehung buddhistischer Gruppen bedeutete zweifelsohne das Anwachsen neureligiöser Bewegungen seit Ende der sechziger Jahre dieses Jahrhunderts. Nicht nur hinduistische

[53] Vgl. H. Dumoulin, Zen im 20. Jahrhundert, München 1990, 16; H. Waldenfels, An der Grenze des Denkbaren. Meditation – Ost und West, München 1988, 56f.
[54] Vgl. zur Situation im deutschen Sprachraum: H. W. Schumann, Buddhismus und Buddhismusforschung in Deutschland, Wien 1974; A. Govinda, Lebendiger Buddhismus im Abendland, Bern 1986, bes. 13–52, 181–206; W. Karwath, Buddhismus für das Abendland, Wien 1971; Chronik des Buddhismus in Deutschland, hrsg. von der Dt. Buddhistischen Union, Hamburg ³1985; A. Weil, Buddhismus im Westen, in: Bodhi-Baum 11 (1986) 127–132; M. Baumann, Buddhisten in Deutschland. Geschichten und Gemeinschaften, Marburg 1992; ›Buddhismus in Österreich‹ (= Thema von ›Ursache und Wirkung. Zeitschrift der Buddhistischen Kultusgemeinde Österreichs‹, Oktober 1992, Nr. 4).

Gurus und islamische Sufis sind gekommen, um zu lehren, sondern auch tibetische Lamas und japanische Zen-Meister; und dieser Prozeß ist noch im Gange.[55] Im Unterschied zu den erwähnten Gemeinden, die die klassischen Traditionen des Buddhismus wesensgetreu – wenn auch in einem neuen kulturellen Kontext – weiterführen, gibt es auch Gruppierungen, die stark relativistisch-synkretistische Tendenzen aufweisen. Eine dieser universalreligiösen Bewegungen, die vom Zen-Buddhismus herkommt, soll exemplarisch vor Augen gestellt werden.

b) Modell eines synkretistisch-esoterischen Zen-Verständnisses

Seit 1985 werden in einer Reihe von größeren europäischen Städten Dharma-Sah-Zen-Zentren gegründet. Sie gehen im wesentlichen zurück auf den koreanischen Zen-Meister Seung Sahn, dem 78. Patriarchen seiner Überlieferungslinie im koreanischen Zen, sowie auf dessen Mitarbeiterin Dae Poep Sa Nim, die von ihm 1988 als erste Frau in der 1500jährigen Geschichte des koreanischen Zen den Titel Dae Poep Sa ('Große Dharma Meisterin') erhalten hat.[56] Ji Kwang Dae Poep Sa Nim, wie ihr voller Name und Titel lautet, vertritt in ihren zahlreichen Vorträgen und Briefen, die z. T. auch in Buchform vorliegen[57], eine Form des Zen-Buddhismus, die die äußere Gestalt der Religionen in universalistischer Weise relativiert. Grundlegend ist die These, daß die Mitte und das Wesen des Menschseins im „wahren Selbst" zu erblicken ist; es ist der „wahre Geist", der „klare Geist", die Stille (Teachings II, IV, 13). In dieser Mitte ist weder Buddha noch Gott, noch sind hier andere religiöse Gestalten, wie die Jungfrau Maria, anzutreffen. Diese Inhalte stammen vom denkenden Subjekt, wie alles andere auch (Teachings 8f.). Diese gehören der Ebene von Name und Form an, an der man nicht haften bleiben soll. Solche konkrete Inhaltlichkeit soll keine Letztbedeutung erhalten; es sind Erscheinungen, die es zu überwinden, ja zu zerstören und zu „töten" gilt. Das berühmte Wort des Zen-Meisters Rinzai, der vom

---

[55] Vgl. R. Hummel, Art. Neureligiöse Bewegungen, in: Lexikon der Religionen, 454.
[56] Vgl. Biography, in: One Dust Particle Swallows Heaven and Earth. The Teachings of Dharma Master Ji Kwang Dae Poep Sa Nim, Centre Zen de Paris 1988 (zitiert als: Teachings) 223 f.
[57] Siehe vorhergehende Anm.

Befreiten sagt, daß er „den Buddha tötet, wenn er Buddha begegnet"[58], wird darum auch auf jene bestimmte Christusvorstellung bezogen, zu der um Hilfe gefleht wird; diese aber stelle nicht den wahren Christus dar – „töte diesen Christus" heißt es sogar (Teachings 56).

Die Relativierung, ja Eliminierung selbst der grundlegenden Inhalte einer Religion führt jedoch nicht zur definitiven Destruktion derselben – etwa im Sinne der atheistischen Religionskritik –, sondern ermöglicht im Gegenteil mit dem dadurch erreichten „universalen Geist" (Teachings 56) jedes Ding, auch diese religiösen Dinge, ganz klar zu sehen. Aufgrund dieser Zen-Erfahrung ist es dann möglich, ein besserer, ja, ein vollkommener Christ, Buddhist oder was immer zu sein (vgl. Teachings 9f., 13).

Aus dieser Perspektive ist der Konflikt der Zen-Praxis mit anderen Religionen beseitigt – denn „Christus und Buddha sind nicht verschieden. Sie sind bloß Namen, welche *eine universale Wahrheit* repräsentieren"[59] (Teachings 12). Es ist letztlich nicht wichtig, welche Namen für das Absolute verwendet werden, entscheidend allein ist es, das eigene wahre Selbst zu finden (vgl. Teachings 195). Es muß auch beachtet werden, daß durch die beschriebene Relativierung im Hinblick auf das Universale gerade das Relative, d. h. die konkrete Religion, in einem neuen Licht erscheint: in voller Klarheit und Entschiedenheit sei es dann möglich, gleichsam „neugeboren", die eigene Religion zu sehen und zu leben.

Die beschriebene Zen-Richtung vertritt eine *universale* Religiosität in dem Sinn, daß die konkreten Religionen und ihre zentralen Inhalte von einer ihnen vorangehenden Wahrheit her relativiert werden. In diesem Horizont, in dem die Religionen in tendenziell synkretistischer Weise nicht mehr als wesentlich voneinander unterschieden werden, bekommt die Wahl für eine bestimmte Religion eine gewisse Beliebigkeit: tatsächlich ist der Mensch frei, jede Religion, die er wünscht, zu wählen – und er kann auch zugleich zwei Religionen angehören (Teachings 13f.). Diese Auffassung sei aber nicht im Sinne eines Indifferentismus zu verstehen, dem die Wahrheit der Religionen gleichgültig ist, sondern sie gründe in der Einsicht in das Wesen des wahren Selbst, um dessen Erkenntnis es in erster Linie geht, und von

---

[58] Vgl. Sh. Hisamatsū, Eine Erläuterung des Lin-chi (= Rinzai)-Zen, in: R. Ohashi (Hrsg.), Die Philosophie der Kyōto-Schule, Freiburg/München 1990, 234.

[59] Von mir hervorgehoben, J. F.

ihm her erscheint jede äußere Gestalt – auch die der Religion – als relativ und relativierbar.

Auch in diesem Konzept werden die Religionen auf eine sie transzendierende Dimension bezogen, zu der die eigene Erfahrung vordringen soll; im vorliegenden Weg vermittels einer adaptierten Form in Fortführung des Zen. Der Hintergrund ist ein buddhistischer, jedoch die universalreligiöse Auslegung relativiert auch den Buddhismus. Denn von der gemeinsamen Sinnmitte her erscheinen alle Differenzen zwischen den Religionen als irrelevant; sie gehören dem Bereich von Name und Form an, der als solcher keine letzte Bedeutung hat. Der wahre, der universale Geist nämlich ist der von konkreten Inhalten leere Geist. Hier klingt die urbuddhistische Überzeugung von der Leerheit der Dinge (Shūnyatā) nach. Diese „universale" Religiosität jedoch, in der die konkreten Religionen transzendiert werden, ist wesentlich durch eine anthropologische bzw. ontologische Sicht der „letzten Realität" geprägt, für die die Bindung an eine konkrete Religion nicht mehr wichtig zu sein scheint. Hinter diesem Verständnis von Zen wird eine Geistigkeit sichtbar, die nicht zu einer spezifischen Religion, sondern zu einer allgemein-menschlichen religiösen Erfahrungsmöglichkeit hinführen will, für die der Zen-Buddhismus (nur noch) als die geeignetste Methode erscheint. Im Prinzip aber ist es dann möglich, daß andere Religionen und deren Meditationsformen zu demselben Erlebnis einer Erleuchtung zu führen vermögen. Diese Auffassung kommt nahe einem *esoterischen* Verständnis des Zen, nach dem „Zen keine Religion (ist), sondern die nicht definierbare, nicht vermittelbare [...], von jedem einzelnen nur für sich selbst erfahrbare Wurzel – frei von jeglichen Namen, Bezeichnungen und Begriffen –, aus der als Ausdrucksform dieser Erfahrung alle Religionen erst entspringen. In diesem Sinn ist Zen an keine Tradition, auch nicht an die buddhistische, gebunden."[60] Die hier antreffbare Spiritualität ist somit nicht nur auf buddhistischem Wege zu erreichen, sondern grundsätzlich in allen Religionen und ihren mystischen Wegen; zugleich könne diese zu demselben Prozeß der Loslösung von der Herkunftsreligion führen, wie er bei buddhistischen, (neo)hinduistischen, aber auch theosophisch-esoterischen Bewegungen dargestellt wurde, und wie es ebenfalls im Bereich des Islams, ausdrücklich im Anschluß an dessen Mystik, den Sufismus, aufgezeigt werden kann.

---

[60] Art. Zen, in: Lexikon der östlichen Weisheitslehren, 472. Auch in den Faltblättern der Dharma-Sah-Zentren ist zu lesen, daß „Zen eigentlich keine Religion (ist). Zen ist, sich selbst verstehen, sich selbst erkennen."

IV. KAPITEL:
UNIVERSALISTISCHE RELIGIONSGEMEINSCHAFTEN
ISLAMISCHEN URSPRUNGS

1. Abschnitt: Der Bahā'ismus –
Vollendung der bisherigen Universalreligionen

1. Progressiv-universalistische Motive im Islam
als Kristallisationspunkte neureligiöser Bewegungen

Innerhalb des Islams sind es vor allem drei Motive, die zur Entste-
hung einer neuen Religion, die selbst noch die Botschaft Mohammeds
zu relativieren imstande war, führen konnten, nämlich erstens der
Gedanke, daß die *Offenbarung* des einen Gottes zu verschiedenen
Zeiten von *verschiedenen Propheten*, von Abraham über Jesus bis zu
Mohammed, also *fortschreitend* erfolgt war; zweitens das Motiv, das
besonders im schiitischen Islam wichtig wurde, daß ein *Mahdi* am
Ende der Zeiten erwartet wird, der den Islam wiederherstellt und das
Reich Gottes herbeiführt, und drittens die im *Sufismus* angelegten
Tendenzen, die jederzeit Ansatz zu einer *Relativierung der exoteri-
schen Gestalt des Islams* sein konnten. Insbesondere die beiden ersten
genannten Motive haben wesentlich zur Entstehung des Bahā'ismus
seit der Mitte des 19. Jahrhunderts als einer neuen universellen Religion geführt; das letztere Motiv ist vor allem bei der ausführlich zu
behandelnden 'Sufi-Bewegung' zum Tragen gekommen, wenngleich
freilich auch in der Entstehungsgeschichte des Bahā'ismus die Sufi-
Tradition eine wichtige Rolle spielt, besonders hinsichtlich der Ausgestaltung eines weiten Toleranzverständnisses.[1]

Die genannten Motive, insbesondere die Mahdi-Erwartung und die
Sufi-Spiritualität, inspirierten noch eine Reihe weiterer, voneinander
sehr unterschiedener religiöser Bewegungen bzw. „Sondergemeinschaften" mit universalistischen Implikationen.[2] Namentlich ist die
Ahmadiyya-Bewegung zu nennen, deren Gründer Mirzā Ghulām

---

[1] Vgl. A Handbook of Living Religions, 481f.
[2] Vgl. den kurzen Überblick 'Islamische Vereinigungen und aus dem Islam
hervorgegangene Vereinigungen', in: O. Eggenberger, ⁵1990, 221–228.

Ahmad (ca. 1835–1908) sich zugleich als der von den Muslimen erwartete Mahdi und als Messias im jüdisch-christlichen Sinn verstand und dies 1889 verkündete; er meinte, daß er „in seiner Person alle erwarteten Heilbringer sämtlicher Religionen" vereint.[3] Diese 1914 in zwei Richtungen gespaltene Bewegung wurde vom Weltislam als häretisch ausgeschlossen; sie versteht sich als ein humanistisch orientierter, weltoffener und toleranter Islam und ist in Europa missionarisch sehr aktiv; darin zeigt sich ebenfalls ihre universalistische Tendenz; doch am deutlichsten tritt sie in dem die Erwartung der Religionen erfüllenden Anspruch ihres Gründers zutage.

Sufische Gedanken und Meditationspraktiken sind in einer Reihe von spirituellen Bewegungen anzutreffen, deren universalistische Intentionen sich darin zeigen, daß sie nicht zu einer Trennung von der angestammten Religion führen, „sondern Menschen Zugang zu den Quellen aller Religiosität, zu unmittelbarer und eigenständiger Gotteserfahrung vermitteln" wollen, wie hinsichtlich der *Subud-Bruderschaft* gesagt wird.[4] Sie ist durch synkretistische Tendenzen (sufisch-islamische und neuhinduistische Motive) gekennzeichnet, ebenso wie die Anhängerschaft Meher Babas, für den der Sufismus prägend war und der zudem in den USA auch mit dem 'Sufi-Orden' in Verbindung trat.[5] Die bedeutendste unter den universalistischen Sufi-Bewegungen jedoch ist zweifelsohne jene Inayat Khans, die als exemplarischer Schwerpunkt dieser Arbeit besonders ausführlich in einem eigenen Abschnitt behandelt wird; dieser schließt an den vorliegenden Abschnitt an, der sich auf die wichtigste vom Islam herkommende Neureligion, auf den Bahā'ismus, konzentriert.

2. Historischer Ursprung der Bahā'i-Religion

Seinen Ursprung hat der Bahā'ismus in einer Vorgängerreligion, dem Babismus, benannt nach Sayyid Ali Muhammad aus Shiraz, der sich als „Bāb" (das heißt wörtlich: 'Tor'), also als „Mittler" und „Vor-

---

[3] P. Antes, Art. Ahmadiya-Bewegung, in: Lexikon der Sekten, 27; vgl. W. Schmucker, Sekten und Sondergruppen, in: Der Islam in der Gegenwart, hrsg. von W. Ende und U. Steinbach, München ²1989, 524 ff.
[4] M. Meitzer, Art. Subud, in: Lexikon der Sekten, 996.
[5] Vgl. O. Eggenberger, a. a. O., 226; Schüler Mrs. Martins gingen später zu Meher Babas Gruppe 'Sufis Reoriented', E. de Jong-Keesing, Inayat Khan. A Biography, 1974, 287, Anm. 12.

läufer" eines neuen Propheten verstand, der als der von den Schiiten erwartete Imam Mahdi kommen würde, und er offenbarte dies seinem Meister in einem geheimen Treffen in der Nacht vom 22. auf den 23. Mai 1844; später erklärte er sich selbst als Mahdi und verkündete öffentlich seine Mission.[6] Sein Lehrer gehörte dem Shaykismus, einer schiitischen Reformbewegung, an, die Ende des 18. Jahrhunderts gegründet worden war und das baldige Kommen des Mahdi erwartete.[7] Ali Muhammad war am 20. Oktober 1820 in Schiraz, einer südiranischen Stadt, als Sohn eines Kaufmanns geboren und hatte im Alter von 25 Jahren die erwähnte Offenbarung. Daraufhin fand er eine Reihe von Anhängern, die aber wegen ihres politischen Radikalismus und den religiösen Abweichungen verfolgt wurden; der Bāb selbst wurde im Jahre 1850 in einem Kasernenhof in Täbriz hingerichtet. Tausende Märtyrer hatte diese Bewegung in ihren ersten Jahren zu beklagen.

In den Auseinandersetzungen um die Nachfolge setzte sich Mirzā Husayn Ali Nūri (geboren 12. November 1817 in Teheran) durch. Wegen seiner Zugehörigkeit zur Religion des Bāb war er 1852 nach Bagdad verbannt worden. Am Abend vor seiner weiteren Verbannung nach Konstantinopel im Jahre 1863 gab er sich als „der Verheißene aller Religionen zu erkennen"[8]. Er nannte sich *Bahā'u'llāh*, das heißt 'Herrlichkeit' bzw. 'Glanz Gottes'. Über 40 Jahre war er ein Verbannter und Gefangener. Aus seinen Gefängnissen wandte sich Bahā'u'llāh in zahlreichen Sendschreiben an die geistlichen und weltlichen Häupter seiner Zeit, wie z. B. an Zar Alexander II. und Kaiser Franz Josef I., auch an Papst Pius IX., und lud sie ein, seine Sendung zu akzeptieren. Schon an diesem Faktum ist sein universaler Anspruch zu erkennen. Nach seinem Tod am 29. Mai 1892 bei Akka im Heiligen Land wurde sein ältester Sohn *'Abdu'l-Bahā* (d. h. „Diener der Herrlichkeit") zum Oberhaupt der neuen Religion; er hat ihn auch zum autoritativen Interpreten seiner Schriften eingesetzt. Ab 1908, als er die Freiheit erlangte – 'Abdu'l-Bahā hatte mit seinem Vater die Gefangenschaften geteilt –, machte er zahlreiche Reisen nach Europa – 1913 war er auch in Wien[9] – und in die Vereinigten Staaten,

---

[6] Vgl. P. Smith, The Babi and Baha'i Religions. From Messianic Shi'ism to a World Religion, Cambridge 1987, 14f.

[7] Vgl. P. Smith, a. a. O., 8ff.

[8] U. Schaefer, Der Bahā'i in der modernen Welt. Strukturen eines neuen Glaubens, ²1981, 153.

[9] Vgl. 'Abdu'l-Bahā in Wien (18. bis 25. April 1913). Festschrift des Gei-

wodurch auch die Bahā'i-Religion weit bekannt und verbreitet wurde. In Amerika waren die ersten Bahā'i-Gruppen schon seit 1894 entstanden, angeregt durch einen nach Chicago gekommenen Konvertiten. Seit diesem Jahr gab es auch zahlreiche Kontakte mit neuentstandenen Gruppierungen, wie dem Neuen Denken, Theosophen, Vedantisten und liberalen christlichen Gruppen;[10] und schon 1893 wurde der Bahā'ismus auf dem schon mehrfach genannten 'Weltparlament der Religionen' in Chicago erwähnt[11].

Nach 'Abdu'l-Bahā folgte ihm in der Leitung sein Enkel *Shogi* (*Shauqi*) *Effendi* (1897–1957); die nach dessen Tod wiederum entstandenen Probleme bezüglich der Nachfolge mündeten schließlich 1963 in der Etablierung eines Führungsgremiums mit neun Mitgliedern. Es leitet als 'Universales Haus der Gerechtigkeit' von Haifa aus diese stark wachsende neue Religion, die sich heute ausdrücklich als Weltreligion versteht.

3. Die Religionen innerhalb eines universalen Zyklus

Die Anhänger der Bahā'i-Religion sind überzeugt, daß in Bahā'u'llāh Gott erneut zur Menschheit gesprochen hat. Sie gehen von einer universalgeschichtlichen Theorie aus, nach der die Menschheitsgeschichte in großen Perioden verläuft, die ihrerseits in Äonen untergliedert sind. Der jetzige Universalzyklus begann mit Adam, dem ersten Menschen, vor 6000 Jahren, und in diesen Zeitraum gehören die Hochreligionen, die wir heute kennen. Noah, Abraham, Moses, Zarathustra, Jesus, Mohammed sind die Zentralgestalten dieser Weltzeit. Diese Religionen sind im Grunde Aspekte einer einzigen Religion, weil alle ihren Ursprung in dem einzigen Gott haben und die eine Wahrheit nur auf verschiedene Weise widerspiegeln. Demnach besteht also kein wesentlicher Unterschied zwischen den Gottesboten, und somit auch nicht zwischen den einzelnen Religionen. Hier komme das koranische Prinzip der Sure 2, Vers 136 zum Ausdruck, in dem es heißt: „Sprecht, wir glauben an Gott und an das, was zu uns herabgesandt wurde und an das, was herabgesandt wurde zu Abra-

---

stigen Rates der Bahá'i in Wien zum 75-Jahr-Jubiläum des historischen Besuches, hrsg. vom Geistigen Rat der Bahá'i Wien (Wien 1988).

[10] Vgl. P. Smith, a. a. O., 100f., 104.

[11] Vgl. Shogi Effendi, Gott geht vorüber, Oxford 1954, 291; hier auch der Bericht über die intensiven Kontakte mit den Theosophen, 325f.

ham, Ismael, Isaak, Jakob und den Stämmen, und an das, was Mose und Jesus zugekommen ist und an das, was den (anderen) Propheten von ihrem Herrn zugekommen ist. Wir machen bei keinem von ihnen einen Unterschied. Und wir sind ihm ergeben."[12] Die Einheit dieser Botschaft wird in der Sure 54, Vers 50 formuliert: „Und unser Befehl ist ein einziges Wort, gleich einem schnellen Blick." An diese Stellen knüpfte Bahā'u'llāh unmittelbar an: allen erwähnten Propheten sei die gleiche Aufgabe, die gleiche Sendung zugesprochen worden, nämlich Licht von Gott in diese Welt, jeweils zu ihrer Zeit, zu bringen. Die Bahā'i heute verstehen ihre Botschaft in eine Zeit hineingesprochen, in der alle Religionen fragwürdig geworden sind, in der sich die klassischen Religionen abgenützt haben und es zu einem unvermeidlichen Bruch mit den Institutionen der Religion gekommen ist, da diese nicht mehr überzeugend erscheinen.[13]

Die Bahā'i glauben also – und hierin treffen wir bei ihnen ein charakteristisch islamisches Erbe, eine Auffassung des Korans, an –, daß die Überzeugung von aufeinanderfolgenden Gottesboten grundlegend ist; sie schließen jedoch nicht mit Mohammed ab, wie das die rechtgläubigen Muslime tun, indem sie ihn als das „Siegel der Propheten" bezeichnen (Sure 33, Vers 40). Doch auch Bahā'u'llāh ist nicht der definitive Abschluß der Heilsgeschichte für alle Zeiten, aber er ist der Gesandte Gottes für diesen Äon.[14] Mit Bāb, der als sein Vorläufer verstanden wird, und Bahā'u'llāh, durch den die universale Manifestation Gottes realisiert wurde, beginnt die Bahā'i-Verkündigung, die mindestens 1000 Jahre dauern wird; zugleich ist es der Anfang des Bahā'i-Zyklus, innerhalb dessen noch eine unbegrenzte Zahl zukünftiger Offenbarungen folgen werden, bevor der nächste Zyklus beginnt. Der mit Adam einsetzende prophetische Zyklus und der mit Bāb bzw. Bahā'u'llāh beginnende „Zyklus der Erfüllung" zusammen bilden den gegenwärtigen universalen Zyklus.[15]

---

[12] Zitiert wird auch nach der Übersetzung des Korans von A. Th. Khoury, Gütersloh 1987.
[13] Vgl. U. Schaefer, 170f.; vgl. 24: Hinweis auf Nietzsches Botschaft vom 'Tod Gottes'.
[14] Vgl. U. Schaefer, 193.
[15] Vgl. die schematische Darstellung des Geschichtsbildes: D. McEoin, Baha'ism, in: Handbook of Living Religions, 480.

4. Zuendegehen der „alten" Religionen
und Ankündigung einer neuen

Die Lehre von dem aufeinanderfolgenden Auftreten der Propheten ist im ›Buch der Gewißheit‹ (Kitāb-i-Iqān), dessen Inhalt Bahā'u'llāh 1862 geoffenbart wurde, schon relativ klar ausgeprägt. [16] Das Zuendegehen einer alten Religion und ihrer Lehren wird in einer Interpretation der Weltuntergangsverkündigung in der Sure ›Die Auferstehung‹ (Sure 76, bzw. nach heute üblicher Zählung Sure 75) herausgestellt. Bahā'u'llāh deutet die Worte: „[...] Sonne und Mond (werden) den Schein verlieren und die Sterne werden vom Himmel fallen" dahingehend, daß „Sonne" und „Mond" als Lehren, Gesetze und Vorschriften der vorangegangenen Sendung verstanden werden, als jene Gebote und Verbote, „die in der vorhergegangenen Sendung aufgestellt waren und das Volk jenes Zeitalters beschirmt hatten", daß diese nun „ihren Schein verloren (haben), das heißt, sie haben sich erschöpft und immer mehr an Wirkung eingebüßt"; die Gelehrsamkeit und die Gesetze „einer früheren Sendung (sind nunmehr verfinstert und untergegangen" (Gewißheit, 36f.).

Bahā'u'llāh rechnet freilich damit, daß die Geistlichen früherer Sendungen, „die in den Tagen der folgenden Offenbarung leben und die Zügel der Religion des Volkes in den Händen halten", der neuen Offenbarung nicht folgen – sie werden dann, obwohl auch für sie das Sinnbild der Sonne angewendet wird, zu Verfinsterten, zu jenen, denen im Koran gesagt wird: „Wahrlich, Sonne und Mond sind beide zur Qual des Höllenfeuers verdammt." (Sure 55,5; Gewißheit, 33f.) Auch aus der Geschichte führt Bahā'u'llāh ein wichtiges Beispiel dafür an; es ist die Nichtbefolgung der Botschaft des Korans durch die Christen: „das Volk des Evangeliums" habe nicht die Bedeutung der sinnbildlichen Ausdrücke Sonne und Mond, die ihren Schein verlieren, verstanden, sondern sich wie Trotzige und Verstockte verhalten und sei im Unglauben verharrt (vgl. Gewißheit, 36).

Noch mit einer dritten symbolischen Auslegung der Metapher Sonne interpretiert Bahā'u'llāh das Untergehen der vorhergehenden Botschaft, nämlich mit Imam Alis „Wehklage", dem Nudbih-Gebet, in dem es heißt: „Wohin sind die strahlenden Sonnen gegangen? Wohin sind jene leuchtenden Monde, jene funkelnden Sterne entschwunden?" (Gewißheit, 33) In diesem Gebet werden die Worte „Sonne", „Mond" und „Sterne" in erster Linie auf die Propheten

---

[16] Hofheim-Langenhain ³1978 (hier zitiert als: Gewißheit).

Gottes bezogen.[17] Die Ankündigung einer neuen Religion, auch wenn sie zur Ablösung, zur Spaltung führt, wird darum positiv betrachtet. Es ist eine gewaltige Tat, wenn eine göttliche Offenbarung, die über viele Jahre hinaus das Leben der Menschen bestimmt hat und alles durchdrungen hat, „wenn durch Gottes Macht eine solche Offenbarung mit dem Erscheinen einer einzigen Seele ‚gespalten' und aufgehoben wird" – diese Tat ist mächtiger als die „Spaltung des Himmels" (Gewißheit, 38; vgl. Sure 82, 1).

5. Die Einheit der Religionen und ihre Erfüllung

Der Universalismus der Bahā'i-Religion wurde im Laufe ihrer Entstehung verschieden artikuliert. Er ist aber in wesentlichen Grundzügen schon bei Bahā'u'llāh selbst anzutreffen; bei ihm ist er zugleich ein Unterscheidungskriterium gegenüber der konservativen und militanten Gruppe, die die Lehren und Gesetze des Bāb zu bewahren suchte; unter Einfluß des Sufismus und des Neuen Testaments gelangte Bahā'u'llāh zu einer universalistischen Tendenz, die die Anerkennung der heiligen Bücher anderer Religionen einschließt.[18]

Bahā'u'llāh hebt die Wesenseinheit der Botschaft der Propheten, auch „Treuhänder Gottes" genannt, hervor. An einer Stelle in dem Werk ›Das Buch der Gewißheit‹ vergleicht er die Propheten mit Vögeln und sagt: „Da diese Vögel des unvergänglichen Thrones alle aus dem Himmel des Willens Gottes herabgesandt sind und da sie sich alle erheben, Seinen unwiderstehlichen Glauben zu verkünden, sind sie wie eine Seele und wie ein Wesen anzusehen, denn sie alle trinken aus dem gleichen Kelch der Liebe Gottes, und sie alle haben teil an der Frucht des gleichen Baumes der Einheit" (Gewißheit, 104). Zur Begründung dieser Aussage wird auch auf den Koran verwiesen: „Wir machen bei keinem seiner Gesandten einen Unterschied" (Sure 2, 285). Darum ist auch der Inhalt ihrer Offenbarung ebenfalls nur ein einziger: „diese Offenbarung ist erhaben über den Schleier der Viel-

---

[17] Es ist interessant zu sehen, daß auch Nietzsche mit einer ähnlichen Metaphorologie in der Parabel vom ›Tollen Menschen‹ in der ›Fröhlichen Wissenschaft‹, Nr. 125, den Untergang des Glaubens an Gott, das Zuendegehen der christlichen Epoche schildert.

[18] Vgl. P. Smith, a. a. O., 88f.

heit und über die Begrenzungen der Zahl"; die Einheit der Sache einerseits und der Propheten andererseits wird in der These zusammengefaßt: „Da die Sache eine und dieselbe ist, muß auch ihr jeweiliger Offenbarer einer und derselbe sein" (Gewißheit, 105). Die Verschiedenheit der Lehren entsteht dadurch, daß sie zu verschiedenen Zeiten erscheinen. Den Menschen der Welt erscheinen sie darum auch – weil die Tracht verschieden ist von vorhergehenden – „als die Erklärer einer neuen Sache und die Träger einer neuen Botschaft" (Gewißheit, 104); doch im Grunde gehe es immer nur um die eine Botschaft des einzigen Gottes. Vor diesem Hintergrund ist es möglich, daß immer wieder auch ein Prophet als eine Manifestation der Heiligkeit Gottes erscheint, die sagen kann: „Ich bin die Wiederkunft aller Propheten" (Gewißheit, 105); die Wiederkehr der früheren Offenbarung in einer folgenden ist für Bahā'u'lläh eine so offenkundige Tatsache, daß sie keines weiteren Beweises bedarf.

Der aufgezeigte Grundgedanke der Einheit der prophetischen Botschaften wird von den Anhängern Bahā'u'llähs geteilt und mit der Überzeugung verknüpft, daß er selbst die Manifestation der göttlichen Offenbarung ist, die für das gegenwärtige Zeitalter maßgebend ist. Von diesem Glauben her ergibt sich das Verhältnis zu den früher ergangenen Offenbarungen. Die „alten" Religionen werden darin nicht negiert, aber sie werden als einer vergangenen Zeit zugehörig verstanden, da der für unsere Zeit gültige Prophet Bahā'u'lläh ist. Aber auch seine Botschaft ist nicht eine vollkommen neue, sondern die Botschaft, die immer in den Religionen zum Ausdruck gekommen ist, nämlich die Gestaltung des Lebens nach den Vorschriften Gottes. Der Einheit dieses Gottes, der hier geglaubt wird, entspricht die Einheit der Religionen, die in dem einen Gott ihren Ursprung haben. Daraus folgt für die Bahā'i der Gegenwart die Einsicht, „daß alle Hochreligionen in ihrem Ursprung göttlich sind und daß es deshalb keine verschiedenen, sich gegenseitig ausschließenden Religionen gibt, sondern nur eine unteilbare göttliche Religion, die gemäß den Zeiterfordernissen in Jahrtausendzyklen erneuert wird [...]"[19]. Der geistige Gehalt der verschiedenen Offenbarungen ist also „grundsätzlich identisch, wenn auch Gewichtung und Form zeitbedingt variieren. Der Außenbereich der Religion, Sozialgesetz und Kult, aber ist völlig zeitbezogen und unterscheidet sich daher beträchtlich."[20] Die Bahā'i-

---

[19] U. Schaefer, 196f.
[20] Die Bahá'i im Iran, Dokumentation, ⁴1985, 59.

Gemeinschaft ist von der „transzendentale(n)"[21] bzw. von der „transzendenten Einheit der Religionen" überzeugt.[22]
Dennoch kommt der Offenbarung Bahā'u'llāhs eine den vorhergehenden Religionen überlegene Bedeutung zu, da in ihm der adamiti-
sche Zyklus seine Vollendung findet und so alle Religionen dieses Zyklus in sich schließt. Das Verhältnis zu den früheren Religionen wird
auch im Sinne eines (evolutionären) Wachstums interpretiert. Ein oft
zitiertes Wort bringt dies in folgendem Bild zum Ausdruck: „In den
Lehren Moses sehen wir die Knospe, in denen von Christus die Blüte,
in denen von Bahā'u'llāh die Frucht. Die Blüte vernichtet die Knospe
nicht, noch zerstört die Frucht die Blüte."[23] Der inklusivistische Charakter des Selbstverständnisses dieser Religion zeigt sich auch in dem
– der islamischen Herkunft entsprechend – relativ bescheidenen Kult:
bei den Gottesdiensten werden in selektiver Auswahl die Schriften der
großen religiösen Traditionen gelesen.
So wie jede Religion einen besonderen Auftrag hat, so auch die der
Bahā'i; ihr vornehmliches Ziel erblickt sie darin, die Einheit der
Menschheit zu realisieren. Die Religion soll zum Fundament der Einheit der Menschen anstatt zum Anlaß des Streites zwischen den Menschen werden.[24] In zwölf Grundsätzen spricht die Bahā'i-Religion
eine Reihe von Prinzipien aus, die in enger Korrelation zum westlich-
modernen Selbstverständnis stehen. Kurz zusammengefaßt kann man
sie mit Heiler so wiedergeben:

1. Die Menschen sollen die religiöse Wahrheit selbständig erforschen; 2. sie sollen Vorurteile jeder Art ablegen; 3. die ganze Menschheit muß als Einheit betrachtet werden; 4. der Weltfriede muß verwirklicht werden; 5. alle Religionen
haben dieselbe Grundlage; 6. die Religion muß die Ursache der Einheit und
Eintracht der Menschen sein; 7. die Religion muß mit Wissenschaft und Vernunft übereinstimmen; 8. die Religion soll nicht mit politischen Fragen sich befassen; 9. die Gleichheit der Menschen muß vom Gesetz anerkannt werden;
10. es muß gleiches Recht für Mann und Frau hinsichtlich der Erziehung und
Ausbildung bestehen; 11. die soziale Frage muß gelöst werden; 12. die Macht
des Heiligen Geistes ist es, welche die geistige Entwicklung herbeiführt.[25]

[21] F. Vahman, Art. Bahaismus, in: Theologische Realenzyklopädie, Bd. V,
Berlin/New York 1980, 123.
[22] U. Schaefer, a.a.O., 197.
[23] J.E. Esslemont, Bahā'u'llāh und das Neue Zeitalter, 1939, 189. Vgl. die
Anwendung dieses Bildes auf den Caodaismus, s.o. S. 72.
[24] Vgl. J.E. Esslemont, a.a.O., 178ff., 237ff.
[25] F. Heiler, Die Religionen der Menschheit, 550; vgl. dazu D. McEoin,
Baha'ism, in: Handbook of Living Religions, 486f.

Aus diesen Prinzipien wird nicht nur die Aktualität einer Reihe von Forderungen, z. B. Weltfriede, Welteinheitssprache etc. sichtbar, sondern auch die Akzeptation neuzeitlicher Prinzipien: Die Kritik an den Vorurteilen, die Betonung der Autonomie der eigenständigen Erforschung der Wahrheit der Religionen, die Nichtwidersprüchlichkeit zwischen Religion und Wissenschaft, die positiv sogar als Übereinstimmung und Versöhnung konzipiert wird, die Trennung von Religion und Politik (in der eine entschiedene Absage an das islamische Selbstverständnis zu erblicken ist), das Prinzip der Gleichheit der Menschen vor dem Gesetz, insbesondere die Gleichberechtigung der Frau, besonders auch hinsichtlich der Erziehung und Ausbildung, da darin eine wichtige Vorbedingung für die faktische Gleichstellung in der Gesellschaft erblickt werden kann – all dies zeigt eine intendierte Aufklärungskompatibilität, die beachtenswert ist.

Diesen Grundsätzen entsprechend, so meinte Heiler noch 1959, „will die Bahā'i-Gemeinde die Menschen ihren bisherigen Religionsgemeinschaften nicht entfremden"[26]. In der Zwischenzeit jedoch ist eine entscheidende Wandlung in diesem Punkt eingetreten, insofern „die gleichzeitige Mitgliedschaft in einer anderen Glaubensgemeinschaft für den Bahā'i [...] ausgeschlossen (ist)"[27]. Daran zeigt sich eine Entwicklung zu einer eigenständigen, von anderen Glaubensgemeinschaften klar abgegrenzten Religion – wie übrigens F. Heiler in einem 1961 abgefaßten (unveröffentlichten) Gutachten schon zum Ausdruck brachte, in dem er in Bahā'u'llāh den „Schöpfer einer neuen Religion" sah.[28] Es muß eine hypothetische Frage bleiben, ob diese Art der Weiterentwicklung ein notwendiger Schritt in der Entfaltung des Selbstverständnisses der Bahā'i war; de facto ist sie vollzogen worden. Von früheren Ansätzen her jedoch wäre im Prinzip auch ein anderes Verhältnis zu den angestammten Religionen denkbar gewesen, nämlich ein solches, das nicht zu einer straff organisierten Religion führt, sondern sich liberaler versteht, wie es 1914 'Abdú'l-Bahá formuliert hat: „Die Bahā'i-Bewegung (Bahá'i Movement) ist keine Organisation [...] Die Bahā'i-Sache (Bahá'i Cause) ist eine inklusive Bewegung: Die Lehren aller Religionen und Gesellschaften werden hier gefunden; die Christen, Juden, Buddhisten, Mohammedaner, Zoroastrier, Theosophen, Freimaurer, Spiritualisten u. a. finden ihre höch-

---

[26] F. Heiler, Die Religionen der Menschheit, Stuttgart 1959, 880; unverändert übernommen in 4. Aufl., 1982, 550.
[27] F. Ficicchia, Art. Bahā'i, in: Lexikon der Sekten, 103, 1990.
[28] Siehe F. Vahman, in: Theologische Realenzyklopädie, Bd. V, 130.

sten Ziele in dieser Sache [...]."[29] Demnach werden die Ideale der anderen Religionen umgriffen, wobei es nicht nötig schien, die eigene Religion zu verwerfen, um Bahā'i zu werden.[30] Eine solche Auffassung ist offen und scheint eine Doppelmitgliedschaft nicht auszuschließen, wie dies durch die Entwicklung zum neueren, heutigen Selbstverständnis der Fall ist, an der Shogi Effendi, der als Nachfolger 'Abdu'l-Bahās die administrative Struktur dieser Religion ausgebaut hat[31], einen wesentlichen Anteil hat – er zweifelt übrigens an der Verläßlichkeit der zitierten Aussage[32].

Die in dem erwähnten Wort ausgesprochene Auffassung vom Verhältnis zu den herkömmlichen Religionen hat eine große Affinität zu den Ideen Inayat Khans, der in denselben Jahren in Amerika seine Mission begonnen hat: im Unterschied zum Bahā'ismus hat die 'Sufi-Bewegung' jedoch nicht den Weg zu einer organisierten eigenen Religionsgemeinschaft beschritten, sondern versteht sich weiterhin als eine Bewegung, die – ohne selbst eine eigene Religion zu sein – ein tieferes Verständnis aller Religionen, einschließlich der angestammten Glaubenstradition, ermöglichen möchte.

Der Bahā'ismus ist religionswissenschaftlich betrachtet eine eigenständige Religion; er ist die jüngste Offenbarungsreligion in der Linie von Judentum, Christentum und Islam. Er unterscheidet sich von dessen Traditionen ebenso wie von jenen des Ostens als eine eigene Religionsgemeinschaft; dennoch aber ist es eine zentrale Glaubensüberzeugung der Bahā'i, daß der Kern aller Hochreligionen ein gemeinsamer ist und daß dieses Zentrum der Religion Gottes in der Offenbarung Bahā'u'llāhs in einer dem gegenwärtigen Äon angemessenen Gestalt zum Ausdruck kommt. Das verbindet die Bahā'is mit den vorhergehenden Religionen – sie lesen darum deren Texte im Gottesdienst. In dieser Einstellung wird die Grundüberzeugung von der „Einheit der Religionen"[33] sichtbar. Diese Einheit wird nicht in selektiver Weise hergestellt – die Bahā'i-Religion kann nicht als Synkretismus bezeichnet werden –, sondern gründet auf der Überzeugung, daß das Unveränderliche, der Kern einer Religion, zu unterscheiden ist von ihren sozialen und kulturellen Aspekten sowie den zeitbe-

[29] In: Star, 5 (1914) 67, zit. nach P. Smith, The Babi and Baha'i Religions, 109.
[30] Vgl. ebd.
[31] Vgl. a. a. O., 120 ff.
[32] Vgl. a. a. O., 206, Anm. 15.
[33] Vgl. F. Vahman, a. a. O., 123.

dingten Anschauungsformen. Es ist eine „wesens"bezogene Auffassung der früheren Religionen, die diese sie vereinheitlichende Sicht, ihre universalistisch-umfassende „Zusammenschau" ermöglicht. Diese generelle Perspektive fügt den Bahā'ismus organisch in den Kontext spezifisch neuzeitlicher Intentionen ein, da das neuzeitliche Denken selbst zu einer solchen Wesensschau der Religionen tendierte – allerdings meist vermittels der Form philosophischer Abstraktion, was jedoch in anschaulicher und wirkungsgeschichtlich bedeutsamer Weise in Lessings Parabel von den drei Ringen in ›Nathan der Weise‹ dargestellt wurde, die die Gleichheit des Wesens von Judentum, Christentum und Islam zeigen will; die Überzeugung von der essentiellen Gleichheit der Religionen verbindet den Bahā'ismus aber auch mit Bewegungen, die – ohne Berufung auf eine neue Offenbarung – zur Anerkennung der gemeinsamen Grundlage aller Religionen, und zwar ebenfalls von islamischen Vorgaben her, gelangen.

2. Abschnitt: Universale Einheit der Religionen – die Spiritualität der 'Sufi-Bewegung' (Exemplarischer Schwerpunkt)

1. Sufi-Aktivitäten und -Gruppen in westlichen Ländern heute

Innerhalb der neueren religiösen Entwicklungen hat der Sufismus eine größere Bedeutung, als es nach dem Vorliegen der wenigen Hinweise auf ihn in Artikeln zur neureligiösen Situation den Anschein hat. Schon allein in der Diskussion über die sogenannten 'Jugendreligionen' müßte er stärker berücksichtigt werden, als dies der Fall ist, besonders wenn man die Entwicklungen und Konversionen zum Islam in den siebziger und frühen achtziger Jahren in Betracht zieht.[1] Doch darüber hinaus hat der Sufismus – nicht nur in den letzten beiden Jahrzehnten – eine große Bedeutung gewonnen, und zwar besonders in Hinsicht auf universalistische Tendenzen: Im Verlaufe der Begegnung Europas mit dem Islam war dessen Mystik eine wichtige Brücke[2], und

---

[1] Vgl. W. Ende/U. Steinbach, Der Islam in der Gegenwart, München [2]1989, 463ff.
[2] Vgl. z.B. F. Schuon, Von der inneren Einheit der Religionen, Interlaken 1981; und allgemein: M. Rodinson, Europe and the Mystique of Islam, London 1980. Ein frühes Dokument dieser Begegnung ist z.B. R. Llull, Das Buch vom Freunde und vom Geliebten, übers. u. hrsg. von E. Lorenz, Freiburg i. Br. 1992, vgl. bes. 144 (zum Gottgedenken), dazu a. a. O., 19ff.

deren religionenverbindende Spiritualität zog viele Intellektuelle an, von denen manche auch Muslime wurden. Es ist eine zu beachtende Tatsache, daß in der Gegenwart eine Vielzahl von Sufi-Gruppen im Westen besteht. Im Interesse einer grundlegenden Orientierung scheint es wichtig zu sein, jene Gruppen, die sich zum Islam bekennen, von jenen Tendenzen zu unterscheiden, die diese Glaubenszugehörigkeit als nicht mehr essentiell betrachten. Hinsichtlich der ersteren kann gesagt werden, daß de facto alle großen klassischen Orden in Europa vertreten sind, deren Mitglieder sich einerseits aus Muslimen rekrutieren, die aus islamischen Ländern, v. a. als Gastarbeiter, in europäischen Ländern tätig sind, andererseits aber auch aus Konvertiten, die am Islam vor allem den Sufismus attraktiv fanden. Einen kurzen Überblick über den Sufismus in Deutschland vermittelt L. Schleßmann in einer der wenigen Arbeiten, die über den westlichen Sufismus existieren.[3] Eine Vielfalt von Tendenzen spiegeln diese Sufi-Orden. Ein gemeinsames Kommunikationsforum ›Sufi-Zeitschrift für Islam und Sufitum‹ konnte nur in wenigen Nummern erscheinen; sie brachte u. a. Berichte über die einzelnen Tarîquah (wörtlich: Pfad; Orden; Bruderschaft) des deutschen Sprachraums.[4]

Außer den islamischen Bruderschaften gibt es zahlreiche Autoren und Gruppierungen, die versuchten, Sufi-Spiritualität dem westlichen Menschen und einer nichtislamischen Kultur zu übermitteln. Einen Einblick in solche gegenwärtige Sufi-Aktivitäten, über Tendenzen und Hauptvertreter, vermitteln die Bücher von B. Martin[5]: es werden u. a. Idries Shah[6], Reshad Feild[7], Irina Tweedie[8], Jabrane M. Sebnat[9]

---

[3] L. Schleßmann, Sufismus in Deutschland, in: Beiträge zur Religion/Umwelt-Forschung II (1989), dort S. 151 weitere Literaturangaben.

[4] Verantwortlich für die Herausgabe war Wolfgang S. Makowski/Hussein Abdul Fattah; vgl. ders., Zum Geleit, in: Sufi, Nr. 2, 1985, 3; eine wichtige Rolle spielte das Sufi-Zentrum Haus Schnede (vgl. dazu L. Schleßmann, a. a. O., 145 f.); S. Makowski ist nun Direktor des 'Instituts für Sufi-Förderung und Sufi-Forschung der Bundesrepublik Deutschland', das eine 'Sektion Österreich' hat; vgl. auch Sheykh Hussein A. Fattah, Liebe, die sich dreht und dreht, in: Vision 2 (1993) 5 ff.; St. Steffân, Der Sufi-Pfad, 1992.

[5] Vgl. B. Martin (Hrsg.), Der Sufi-Weg heute, Südergellersen 1983; ders., Handbuch der spirituellen Wege. Überarb. Neuausgabe, Reinbek 1985, 115 ff.

[6] I. Shah, Die Sufis, Köln 1983; ders., Das Geheimnis der Derwische, Freiburg 1983; ders., Wege des Lernens. Die spirituelle Psychologie der Sufis, Münster 1985.

[7] Vgl. R. Feild, Ich ging den Weg des Derwisch, Frankfurt 1980; ders., Das

und auch Pir Vilayat Inayat Khan als repräsentativ vorgestellt. Es ist eine grundlegende Problematik, inwiefern jene Sufi-Gruppen, die nicht mehr als innerislamisch zu verstehen sind, wie z. B. die Richtung Hazrat Inayat Khans, noch dem herkömmlichen Sufismus verpflichtet sind. Trotz kritischer Anfragen von seiten orthodoxer islamischer Kreise verstehen sich moderne Sufis als Erben des klassischen Sufismus, besonders auch in Hinsicht auf seine universalistischen, die Grenzen des herkömmlichen Islams sprengenden Auffassungen. Jedenfalls aber ist es kaum möglich, die universal-religiösen Ideen des Neosufismus, als dessen bedeutendster Repräsentant Inayat Khan gelten kann, ohne jegliche Zurkenntnisnahme des heutigen Selbstverständnisses klassischer Sufi-Orden angemessen zu verstehen. Zur Erhellung dieses Unterschiedes soll zunächst kurz der innerislamische Sufismus, wie er sich in der Gegenwart versteht, skizziert werden, bevor der eigentliche Schwerpunkt, die westliche 'Sufi-Bewegung' selbst, dargestellt wird.

2. Das heutige Selbstverständnis klassischer Sufi-Orden

Die traditionellen Orden sind heute auf die islamische Glaubensgemeinschaft in dem Sinn beschränkt, daß nur Muslime ihre Mitglieder sein können. Idries Shah schreibt, daß diese bis heute bestehenden Orden „ihre Rituale und ihre Mitgliedschaft in der heutigen Zeit ausschließlich auf der Basis östlicher Kultur und der Religion des Islams stabilisiert (haben). Die Vermittlung der Lehre ist in diesen Orden heute ausschließlich auf Moslems beschränkt."[10] Unbestritten sind

Siegel des Derwisch, Köln 1982; ders., Schritte in die Freiheit – Die Alchemie des Herzens, Südergellersen 1984 (jetzt auch: Reinbek b. Hamburg 1988); ders., Leben um zu heilen, Südergellersen 1985 (jetzt auch: Reinbek b. Hamburg 1989); dazu V. Lee u. T. M. Walter, Reshad Feild – Sufi und Heilkundiger, in: B. Martin (Hrsg.), Der Sufi-Weg heute, Südergellersen 1983, 27 ff.

[8] I. Tweedie, Der Weg durchs Feuer. Tagebuch einer spirituellen Schulung durch einen Sufi-Meister, Interlaken ²1989.

[9] J. M. Sebnat, Die sieben Täler. Ein Gesang der Liebe, in: B. Martin (Hrsg.), Der Sufi-Weg heute, Südergellersen 1983, 91 ff. Jabrane M. Sebnat, aus Marokko stammend, ist Gründer des ALIFIA-Instituts (Lund, Schweden) und hält als Vertreter eines westlich orientierten Sufismus vielfach Einführungskurse in Trance-Techniken (Feuertanz).

[10] I. Shah, Der glücklichste Mensch. Das große Buch der Sufi-Weisheit, Freiburg/Br. 1986, 104.

darum auch die ersten Grundlagen des Sufismus die sechs Artikel des islamischen Glaubensbekenntnisses.[11] Die Anerkennung Mohammeds und des Korans ist in diesem Sinn eine unabdingbare Voraussetzung. Gleichwohl wird aber die Religion, wie sie gewöhnlich praktiziert wird, als eine „an Äußerlichkeiten orientierte Angelegenheit" betrachtet.[12] Im Hinblick auf sie wird von „religiöse(n) Vehikel(n)" gesprochen;[13] die Zugehörigkeit zu mehreren Orden ist möglich.[14] Die Bedeutung und Wichtigkeit der festen Zugehörigkeit zu einer Religion wird in der gegenwärtigen Sufi-Literatur betont.[15] Gerade in der Auseinandersetzung mit westlichen Rezeptionen des Sufitums werden von Vertretern dieser Orden, die selbst im Westen leben, diese Unterschiede hervorgehoben. So z. B. weist Martin Lings darauf hin, daß „die meisten jener Sufis, die sich in der westlichen Welt als solche bezeichnen und behaupten, das Sufitum sei unabhängig von einer bestimmten Religion, habe bereits immer schon existiert, es unwissenschaftlich [...] auf ein bloßes Netz von Binnenlandkanälen" reduzieren, wobei in diesem Bild gemeint ist, daß die islamische Offenbarung hier die eigentliche Flutwelle ist, die zum Ursprung zurückführt. Gerade durch den Bezug auf den Koran gewinnt das Sufitum seine Originalität: „Indem sich das Sufitum ganz und gar auf eine bestimmte Offenbarung stützt, erwirbt es zugleich seine völlige Unabhängigkeit gegenüber allem, das außerhalb dieser Offenbarung steht."[16] Die „Universalität des Sufitums" besteht keinesfalls darin, daß es „frei von den Fesseln der Religion" sei,[17] sondern es vermag die Originalität und Universalität des Islams zum Ausdruck bringen.[18] Auch wenn die Sufis die innere Bedeutung des Islams hervorkehren, ist es ein Faktum, daß „so-

---

[11] Vgl. a. a. O., 250.

[12] Vgl. a. a. O., 251.

[13] Vgl. a. a. O., 253.

[14] Vgl. a. a. O., 254; vgl. ebenso L. Schleßmann, Sufismus in Deutschland, 147.

[15] Vgl. z. B. W. Stoddart, Das Sufitum, Freiburg i. Br. 1979, 13; ebenso in dem Artikel ›Das Erleuchtete Herz‹, in: Sufi, Nr. 2, 1985, 10 (mit Berufung auf Stoddart), und a. a. O., 7, wird ausdrücklich einem „Sûfîtum [...] ohne Islâm" widersprochen.

[16] M. Lings, Was ist Sufitum?, 16; vgl. auch R. W. J. Austin, Vorwort, in: W. Stoddart, Das Sufitum, 1979, 13 f.

[17] Vgl. M. Lings, 17.

[18] Vgl. M. Lings, 23.

wohl Lehre als auch Methode des Sufitums auf den Koran zurückgehen"[19]. Kritisch wird gegenüber synkretistischen Tendenzen bzw. gegenüber
dem Anspruch jener, die eine Synthese anstreben, auf ein Bild des
Scheichs ad-Darqāwī, eines Sufis des vorigen Jahrhunderts, hingewiesen, der sagt, diese seien mit einem Mann zu vergleichen, „der Wasser zu finden versucht, indem er hie und da ein bißchen gräbt, und der
dabei verdurstet; ein Mann jedoch, der an einer Stelle tief genug gräbt,
dabei sein Vertrauen in den Herrn setzt und sich auf ihn verläßt, der
wird Wasser finden; er wird trinken und anderen zu trinken geben"[20].

Zusammenfassend ist festzuhalten, daß „der Kern der islamischen
Mystik vom orthodoxen Islam gegenwärtig voll und ganz angenommen (wird)", wie jüngste Verlautbarungen der Al-Azhar-Univer-
sität in Kairo, diesem wichtigen theologischen Zentrum des Islams,
besagen.[21] Zugleich aber wird von orthodoxen Repräsentanten ausdrücklich die Zusammengehörigkeit von islamischem Recht, d. h. der
faktischen Zugehörigkeit zum äußeren Islam und der Anerkennung
der Scharia, einerseits und des Sufismus andererseits verlangt. Es wird
ausdrücklich gewarnt, sowohl vor jenen, die den islamischen Sufismus
verneinen, als auch vor mystischen Gesellschaften im Sinne von Sufi-
Societies.[22]

In diesen Aussagen ist somit eine klare Grenze gegenüber jenen
Gruppierungen gezogen, die den Sufismus zu realisieren versuchen,
ohne sich an die islamischen Glaubens- und Rechtsverpflichtungen gebunden zu wissen. Diese Gruppen aber prägen das Erscheinungsbild
des Sufismus im Westen in besonders nachhaltiger Weise, und sie sind
hier z. T. auch schon länger präsent als die klassischen Orden. Während der erste Scheich des amerikanischen Ordens der Chishti erst in
den letzten Jahren an die Öffentlichkeit trat,[23] hatte der ebenfalls der
Chishtiyya zugehörige Hazrat Inayat Khan schon zu Beginn des Jahrhunderts in Amerika gewirkt und den Grundstein für die 'Sufi-Bewegung' und den 'Sufi-Orden im Westen' gelegt.

---

[19] M. Lings, 37.
[20] Letters of a Sufi-Master, London 1969, 29; zit. bei M. Lings, 165.
[21] Vgl. R. Caspar, Islamische Mystiker II (= Cibedo-Texte, Nr. 19, Frankfurt a. M. 1983) 6.
[22] Vgl. z. B. Ali Kemal Belviranli, The Principles of Islam, Konya 1983, 3,
der sich gegen jene richtet, „die fälschlicherweise denken, daß es möglich ist,
islamischen Sufismus und islamisches Schariat zu trennen", 3; vgl. ebd. 10.
[23] Es ist Hakim abu Abdūllah Moinuddin al Chishtiyya, vgl. von dems., Die
Heilkunst der Sufis, Freiburg 1984.

3. Der Lebensweg von Hazrat Inayat Khan(1882–1927)[24]

a) Aspekte der biographischen Darstellung

Die 'Sufi-Bewegung' ist das Werk, die eigentliche Leistung von Hazrat Inayat Khan.[25] Die Ziele dieser Bewegung und ihre Botschaft können nicht ohne Kenntnis der Biographie Inayat Khans verstanden werden. Die enge Zusammengehörigkeit von Werk und Leben darf aber nicht dazu verleiten, die Biographie ausschließlich auf das Werk hin zu lesen, gleichsam alle Stationen des Lebens im Hinblick auf ihre Bedeutung für die spätere Botschaft durchzugehen bzw. vorbereitende Andeutungen für diese in den einzelnen Lebensstadien zu suchen. Diese Zurückhaltung ist ein Postulat für jede biographische Darstellung, um so mehr aber bei einer religiös bedeutsamen Persönlichkeit, angesichts deren Leistung man viel eher geneigt ist, die Biographie allein auf das spätere Wirken hin zu deuten. Auf der anderen Seite darf freilich nicht ausgeschlossen werden, daß ein Werk, wie es die 'Sufi-Bewegung' im Westen und das Wirken Inayat Khans darstellt, Anhaltspunkte in den dieser Zeit der Verkündigung der Botschaft vorhergehenden Lebensabschnitten hat. Im nachhinein können solche Aspekte als bedeutungsvolle Vorzeichen, als Hinweise auf das Kommende erscheinen.

Eine Reihe solcher Aspekte hat der Sohn von Inayat Khan, Pir Vilayat Inayat Khan[26], in der biographischen Skizze über seinen Vater angeführt[27]. Nach seiner Darstellung „(war) die Familiengeschichte Inayat Khans erfüllt von der wunderbaren Vorbestimmung und dem Einfluß von Weisen und Asketen, in deren Nähe der junge Inayat aufwuchs und zu denen er sich unwiderstehlich hingezogen fühlte"[28]. Vielfach ist darin die Rede von Vorahnungen und prophetischen Voraussagen, z. B. durch einen wandernden Sufi-Asket[29] oder durch

---

[24] Khan ist der Familienname, Inayat der persönliche (Vor-)Name; Hazrat (arabisch) ist ein Ehrentitel für Heilige; wörtlich bedeutet er 'Gegenwärtigkeit'.

[25] Vgl. Pir Vilayat Inayat Khan, Hazrat Inayat Khan. Biographische Skizze von seinem Sohne, Zürich 1961 (zitiert als: Skizze), 78.

[26] Inayat Khan ist der Familienname der Kinder von Inayat Khan (vgl. Jong-Keesing, 294); Pir (persisch) meint einen spirituellen Lehrer, ebenso Murshid (entspricht dem Sanskritwort Guru); sein Schüler heißt Murid.

[27] Zürich 1961.

[28] Skizze, 7.

[29] Ebd.

einen brahmanischen Handleser, der in Indien voraussagt, daß Inayat
„nach dem Westen gehen und dort eine große Aufgabe erfüllen"[30]
werde.

Über die visionären Aspekte hinausgehend wird das Leben Inayats
eingefügt in auffällige Ereigniszusammenhänge, die legendenhaften
Charakter haben. So träumte die Mutter, als sie ihr erstes Kind,
Inayat, erwartete, „Christus sei gekommen, sie zu heilen, und sie
hatte das Gefühl, als ob sie sich unter dem Schutze der Propheten und
Heiligen befände"[31]. Auch die Namensgebung ist in einem außergewöhnlichen Kontext erfolgt: Seine Tante lag am Sterbebett, als Inayat
geboren wurde, und sagte: „Er wird mit dem Ideal geboren, für das ich
sterbe [...]. Tauft ihn auf meinen Namen Inayat, der ‚göttliche Gnade'
bedeutet."[32] Ferner wird ein Ereignis aus dem Leben Inayats berichtet, das stark an die neutestamentliche Erzählung vom zwölfjäh-
rigen Jesus im Tempel erinnert. Inayat, der seine Verwandtschaft mit
den Seelen der Asketen und Eremiten erkannte, sehnte sich nach Ein-
samkeit und verließ – er war damals 12 Jahre alt – „sein Vaterhaus in
der Absicht, sein Leben der Betrachtung zu widmen". „Als ihm jedoch die Männer, die ihn gesucht hatten, von der Angst berichteten,
in die er sein Elternhaus gestürzt hatte, litt sein Herz in tiefem Mitleid
für seine Lieben, denen er soviel Leiden verursacht hatte, und er
kehrte nach Hause zurück."[33]

Auch die große Offenheit für die anderen Religionen zeichne schon
das Kind aus, das übrigens Ansätze einer ungewöhnlichen Intuition
zeige und sich „als kleiner Führer seiner Spielgenossen (erwies)",
nämlich dadurch, daß er muslimische Kameraden davon abhielt,
Hindu-Idole mit Steinen zu bewerfen[34], bzw. daß er, obwohl er als
Muslim erzogen war, großes Interesse für Hindu-Mystiker zeigte;
sogar den Wunsch, nach Europa zu reisen, soll er schon in der Kindheit kundgegeben haben.[35]

---

[30] A.a.O., 41.
[31] Vgl. a.a.O., 13.
[32] Ebd.
[33] A.a.O., 18.
[34] A.a.O., 13f.
[35] Vgl. Skizze. Ebd.

b) Herkunft, Ausbildung und Begegnung mit dem Sufismus

Vilayat Inayat Khan bezieht sich bei seinem Bericht auf zahlreiche
unterschiedliche autobiographische Aufzeichnungen seines Vaters.[36]
Einige der wichtigsten unter ihnen, die ›Bekenntnisse‹ (Confessions),
sind im zwölften Band der Werke publiziert (SM XII 125–163)[37]. Aus
ihnen sowie aus zwei weiteren umfassenden Biographien aus dem
Kreis seiner Anhänger sowie aus der Autobiographie seines Bruders
Musharaff Moulamir[38] können ausreichend Materialien entnommen
werden, die die wesentlichen Entwicklungsetappen im Leben Inayat
Khans in historisch verläßlicher Weise dokumentieren.

Hazrat Inayat Khan wurde am 5. Juli 1882 in Baroda, Indien, geboren. Es war eine Zeit, in der sich, nach einem gescheiterten Auf-
stand, soziale Reformen und ein neues Selbstbewußtsein zeigten.[39]
Die Familie seines Vaters Rahmat Khan soll aus Afghanistan
stammen, und er hat seine Ausbildung als Sänger unter der Anleitung
eines Sufi-Weisen gehabt. Seine Mutter Khatidja Bibi war die Tochter
von Moula Bakhsh, einem berühmten indischen Musiker. Er hatte die
erste indische Notenschrift erfunden, indem er die Notierungssysteme
des Nordens und Südens kombinierte. Von den familiären Einflüssen
her also war Inayat stark von musikalischen Interessen geprägt. Zugleich war er durch viele Begegnungen, insbesondere durch die Beziehungen seines Großvaters, mit den adeligen Kreisen des Landes verbunden; Moula Bakhsh wirkte am Hof des Nizams von Hyderabad.[40]
Der Großvater mütterlicherseits war es auch, der größten Einfluß auf
das Kind Inayat haben sollte, und zwar nicht nur in musikalischer,
sondern zugleich auch in religiöser Hinsicht.

Inayat gehörte einer muslimischen Familie an. Die ganze Verwandtschaft war sunnitisch, und er wuchs auf, wie er selbst schreibt, ergeben
dem heiligen Propheten und loyal gegenüber dem Islam und hatte niemals ein Gebet der fünf täglichen Pflichtgebete versäumt (SM XII
130). Gleichwohl aber lernte er den Zweifel an Gottes Wirklichkeit
kennen. Inayat erzählt von einem Erlebnis, das ihn tief beeindruckt

---

[36] Vgl. a. a. O., 82.
[37] Im folgenden werden Band (römische Zahl) und Seite von ›Sufi-Mes-
sage‹ (= SM) abgekürzt im Text und in den Anmerkungen zitiert, s. u. S. 108.
[38] E. de Jong-Keesing, Inayat Khan. A Biography, 1974; S. van Stolk/
D. Dunlop, Inayat Khan und seine Botschaft von Liebe, Harmonie und Schönheit, 1972; Musharaff Moulamir Khan, Pages in the Life of a Sufi, ³1982.
[39] Vgl. Skizze, 7.
[40] Vgl. a. a. O., 11f.; der Titel ›Nizam‹ weist auf Herrschaft, Ordnung hin.

hatte. Eines Tages lief er zu seinem Großvater und sagte, daß er zu
einem Gott, den man nicht kennt, nicht mehr beten wolle; dies
schiene ihm unvernünftig zu sein. Nach einer kurzen Stille antwortete
ihm Moula Bakhsh und sagte ihm, seine Ungeduld beruhigend: „Die
Zeichen Gottes können in der Welt gesehen werden, und die Welt wird
in dir selbst gesehen"; diese Worte haben sich, wie es in den ›Bekenntnissen‹ heißt, tief in seinen Geist eingeprägt, und von diesem Moment
an war sein ganzes Leben von dem Gedanken der göttlichen Imma-
nenz besetzt (SM XII 131).

Geistig befaßte sich Inayat sehr stark mit den Religionen, die er ver-
gleichend studierte, aber nicht in einem kritischen Geist, sondern als
Bewunderer und Liebhaber der Wahrheit in allen ihren Gestalten (SM
XII 132). Er verfaßte einen Dialog über Schicksal und freien Willen.
Vermittels der Musik wurde er bald auch mit europäischen Einflüssen
vertraut, sein Onkel Ustad Allaodin Khan ging nämlich nach Europa
an die Londoner Musikakademie, um zu promovieren, und machte
eine Tournee durch mehrere Länder Europas; unter diesem Einfluß
löste sich die Familie aus ihrer Traditionsgebundenheit, und man begann z. B. auch europäische Kleider zu tragen.[41]

Einen tiefen Einschnitt bedeutete der Tod seines Großvaters.
Moula Bakhsh ist 1896 gestorben, also als Inayat 14 Jahre alt war. Tiefe
Verzweiflung erfaßte ihn (SM XII 136); die Frage nach Leben und Tod
bedrängte ihn.[42]

In den kommenden Jahren sollte die Musik zum zentralen Inhalt
von Inayat Khans Leben werden, und zwar die Musik verstanden
„nicht nur als ein Medium für die menschliche Vervollkommnung, sondern ebenso als eine spirituelle Manifestation" (SM XII 136). Inayat
versteht seine Tätigkeit als Musiker als eine Mission; mit 18 Jahren beginnt er diese, und sie führt ihn an viele Höfe von Rajas und Maha-
rajas. Ein großer Förderer wurde für ihn der Nizam von Hyderabad,
Mir Maheboob Ali Khan. Im Gespräch mit diesem drückt Inayat aus,
was ihm die Musik bedeutet; er sagte: „Meine Musik ist mein Denken
und mein Denken ist mein Gefühl [...]; meine Musik ist meine Religion" (SM XII 137). Gegenüber dem Nizam, der als Mystiker selbst
sehr aufgeschlossen war für spirituelle Fragen, antwortete er zugleich,
daß der Klang die höchste Quelle der Manifestation sei, und daß, wer
immer vom Klang Kenntnis hat, dieser auch um die Geheimnisse des
Universums wisse.[43]

[41] Vgl. a. a. O., 15 f.
[42] Vgl. a. a. O., 19.
[43] Vgl. a. a. O., 24.

In der Zeit zwischen 1907 und 1910 spürte er den inneren Zwiespalt zwischen seinen beiden Berufungen, nämlich einerseits zur Musik und andererseits zur Mystik.[44] Nun führte der innere Kampf zu der Lösung, daß er wohl als Musiker seinen Lebensunterhalt verdienen wolle, aber in Form von Vorträgen die spirituelle Dimension der Musik vermitteln möchte.[45] Dies war auch die Struktur, die später sein Wirken im Westen prägen sollte, zumindest in der ersten Phase, nämlich daß er als Musiker kam und gehört wurde, aber zugleich in Vorträgen auf die Tiefendimension indischer Musik verweisen wollte, die ihren mystischen Gehalt ausmachte. So wie er in Indien von Stadt zu Stadt reiste, eingeladen zu Musikaufführungen und Vorträgen – unter anderem auch unter dem Patronat von Rabindranāth Thākur, als er an der Universität in Kalkutta sprach –, so sollte er später in Amerika und Europa seine Botschaft verbreiten.

Auf seinem Weg durch Indien suchte Inayat jeden Mystiker auf, den er antreffen konnte. Er kam auch nach Nepal und begegnete dort großen spirituellen Führern (SM XII 139). Die entscheidende Wendung in seiner geistigen Suche sollte die Begegnung mit dem Chishti-Orden werden. In Ajmer besuchte er das Grab von Khwaja Moinuddin Chishti (ca. 1140–1236), des großen Sufi-Heiligen Indiens. Die Atmosphäre dieses Grabmals beeindruckte ihn tief, und als er das Mitternachtsgebet sprach, hörte er danach eine Stimme, die gleichsam eine Antwort auf seine Bitten war, nämlich die Stimme des Fakirs, die sang, daß der Mensch aufwachen solle von dem tiefen Schlaf, daß die Nacht vorbei sei und die Sonne bald aufgehen werde. Dies brachte für ihn die Erkenntnis der Nichtigkeit der Welt und bewirkte eine große Wandlung – es bedeutete eine neue Seite in seinem Leben (SM XII 140). Am nächsten Tag begegnete er einer Gruppe von Derwischen bei einem Friedhof mit ihrem Meister; deren Gesang beeindruckte ihn tief. Sein Interesse am Sufismus wuchs immer stärker; besonders war er von deren Gebrauch der Musik als „Speise der Seele" fasziniert (SM XII 146). Er ahmte ihre Methoden nach und widmete dem Schweigen jeden Tag einige Stunden. Ein Traum, in dem er Derwische singen sah, wird ihm von einem Freund in dem Sinn gedeutet, daß er ein Symbol für seine Initiation in den Sufi-Orden der Chishti sei. Er machte weiterhin Erfahrungen bei verschiedenen Sufi-Lehrern, bis er schließlich nach sechs Monaten ununterbrochener Suche zu seinem eigentlichen Meister gelangte, zu Mohammed Abu

---

[44] Vgl. E. de Jong-Keesing, 65.
[45] Vgl. Skizze, 38.

Hashim Madani. Als er ihn erblickte, erinnerte er sich, daß es jenes Antlitz war, das ihn ununterbrochen während seines Schweigens heimgesucht hat.[46] Madani gehörte zu einer vornehmen Familie aus Medina – deswegen der Name Madani – und war ein direkter Abkömmling der Familie des Propheten (SM XII 148). Mit seinem Vater zusammen war er als Gast an den Hof des Nizams von Hyderabad gekommen. Abu Hashim Madani war als Nachfolger in die Kette der Chishti-Sufis eingeweiht worden[47]. Inayat Khan gehörte nun als Initiierter zum Chishti-Orden. In diesem Orden spielen Musik und Poesie seit seiner Gründung eine wichtige Rolle.[48] Der Weg der Chishti-Sufis, um die Ekstase zu erreichen, war es, durch lange Nachtwachen hindurch zu singen. Eines der Grundprinzipien war die Überzeugung, daß Gott in der Natur anwesend ist, daß die Blätter des Baumes die Sprache sind, durch die er spricht, und daß er niemals in Worten eingefangen werden kann. Der Gesang ist hier das Hauptmittel, aber nur ein Mittel, um das Wesentliche zu erfahren. Die Initiation selbst findet in der Natur statt, innerhalb einer Steinmauer auf einem privaten Grund oder unter einem Baum bzw. bei einem heiligen Grab.[49] – Obwohl Inayat ein Chishti war, lernte er noch weitere Sufi-Orden kennen, und zwar Naqshbandiyya, Qādiriyya und Suhrawardiyya.[50]

Zwischen Madani und Inayat entfaltete sich eine intensive spirituelle Beziehung. Der Tod seines Meisters bedeutete für ihn viel. Über sein Sterben schreibt Inayat in den ›Bekenntnissen‹, daß der Meister sechs Monate vorher seinen eigenen Tod angekündigt hatte. Er entschuldigte sich bei allen seinen Freunden, Verwandten, Schülern und selbst bei seinen Dienern, und aufrecht sitzend, verloren in der Kontemplation in Allah, verließ er seine sterbliche Gestalt (SM XII 150).

Für Inayat waren die Worte Murshid Madanis, die er auf seinem Krankenlager zu ihm sprach, wesentlich. Unvergeßlich blieb ihm die Stunde des Segens und der Sendung durch den Meister; er sagte: „Ziehe hinaus, mein Kind, in die Welt und bringe den Osten und den Westen mit deiner Musik in Einklang. Breite die Weisheit des Sufismus in fremden Ländern aus, denn hiefür hat dir Gott die Gabe

---

[46] Vgl. Skizze, 26.
[47] Vgl. a. a. O., 27.
[48] Vgl. E. de Jong-Keesing, 275, Anm. 11.
[49] Vgl. a. a. O., 63.
[50] Es handelt sich um drei bedeutende, aber sehr unterschiedliche Richtungen: vgl. dazu A. Schimmel, Mystische Dimensionen, 1985, 368 ff., 481 ff., 514 ff.

verliehen." Mit diesen Worten, die als wesentliches Ziel eine *Harmonie und Versöhnung von östlicher Religiosität und westlicher Mentalität* beinhalten, machte Abu Hashim Madani Hazrat Inayat zu seinem Nachfolger in der Kette des Sufi-Ordens der Chishti, und zwar mit der Begründung, daß er selbst in einer Vision von Moinuddin Chishti, dem Gründer des jahrhundertealten Ordens in Indien, „Anweisung erhalten (habe), ihm mitzuteilen, daß er beauftragt sei, die Sufi-Botschaft dem Westen zu bringen"[51].

c) Erster Aufenthalt in Amerika (1910)

Die entscheidende Zäsur auf dem Weg in den Westen war der 13. September 1910, die Abreise von Bombay. Inayat selbst versteht seinen Aufbruch von Indien nach Amerika als Erfüllung des Auftrags seines Murshids und als Befolgen des Rufes Gottes. Sein Sohn interpretiert diese Fahrt nach Amerika als „Aufbruch zur Weltmission"[52]. Seine Tätigkeit in Amerika erlebte Inayat als den Versuch, eine Balance zwischen seiner Mission und seinem Beruf zu erreichen, nämlich einerseits ein Lehrer zu sein und andererseits ein Künstler. Der Weg führt ihn in eine Reihe von amerikanischen Städten und einige berühmte Universitäten, wo er Vorträge über Musik hielt und gemeinsam mit seinen Gefährten Vorführungen gab. 1910 kam er nur mit seinem Bruder Maheboob Khan und seinem Cousin Muhammad Ali Khan nach Amerika; erst später kam Musharaff Moulamir Khan, der zweite Bruder, hinzu.[53]

Die Musik verstand Inayat als Erfüllung seiner Mission; verbunden mit seinen Vorträgen, war sie auch der Weg zu seinen ersten Anhängern, so daß die Tour ihm eine große Hilfe war, den Sufi-Orden in Amerika zu begründen (vgl. SM XII 153). Die erste Person, die initiiert wurde, war eine Frau. Als die Gruppe an der Universität von California in Berkeley und in Los Angeles Konzerte gab, die Inayat einleitete, war unter den Zuhörern eine Person, die den tieferen Sinn seiner Musik, die darin verborgene Spiritualität, verstand, nämlich Mrs. Ada Martin.[54] Nach einem öffentlichen Konzert dankte sie ihm

[51] Skizze, 32.
[52] A.a.O., 42; vgl. SM XII 151.
[53] Vgl. K. Sen Gupta (Hrsg.), Einleitung, in: H.I. Khan, Vom Glück der Harmonie, 16; Skizze, 43f.
[54] Vgl. Skizze, 45.

und schüttelte ihm, wie andere auch, die Hände; danach schrieb sie an Inayat. Für Inayat war das die erste Initiation, und Ada Martin war die erste Schülerin (Murshida) im Westen überhaupt. Sie erhielt den Namen Rabia, nach der berühmten Sufi-Heiligen des 8. Jahrhunderts Rābi'a al-Adawiyya aus Basra. Ada Martin sollte sehr wichtig werden für die Leitung und Organisation des im Laufe der Jahre 1911 und 1912 Initiierten. Sie war jüdischer Abstammung und hatte in vielen Religionen schon gesucht; die Begegnung mit Inayat bedeutete für sie die Antwort. Es war eine Initiation ohne vorhergehende Probezeit; hierin kann nach de Jong-Keesing der Beginn von Inayats Einführung einer vereinfachten Mystik, einer Lehre des inneren Fortschritts für Laien gesehen werden, die im Westen in einer stark materialistischen Welt realisierbar war und als Gegenpol zum Intellektualismus und Materialismus den Menschen dienen konnte.[55]

Zur Etablierung der 'Sufi-Bewegung' in Amerika trugen auch seine beiden Brüder und sein Cousin Muhammad Ali, der ihm später in der Leitung der Bewegung nachfolgen sollte, wesentlich bei. Es war somit ein Kern einer Gruppe gegeben, die bis heute ununterbrochen existiert.[56]

In Amerika lernte er auch seine Frau Ora Ray Baker (1892–1949) kennen, und zwar als Lehrer; sie nahm bei ihm Musikstunden. Ihr Halbbruder war Leiter einer der vielen Gesellschaften, die Interesse an östlichem Gedankengut hatten, nämlich der von Mrs. Baker-Eddy gegründeten 'Christian Science Church'. Gleichwohl aber widersetzte er sich der Heirat seiner Halbschwester, deren Vormund er war. Doch diese folgte Inayat trotz der vielen Schwierigkeiten nach London, wo sie heirateten; die Heirat fand am 20. März 1913 statt – Ora Ray wurde nun mit dem förmlichen indischen Titel Amina Begum angesprochen.[57]

d) Begegnungen und Reisen in Europa

Im Jahre 1912 war Inayat mit seiner Gruppe nach London gekommen. In dem Zeitraum von 1912 bis Mitte 1914 hatte er zahlreiche Begegnungen bei seinen vielen Aufenthalten in England, Frankreich und besonders auch in Rußland. Viele berühmte und bedeutende Persönlichkeiten lernte er kennen. Eingang in die besseren Gesellschafts-

---

[55] Vgl. E. de Jong-Keesing, 98f.
[56] Vgl. a. a. O., 107.
[57] Vgl. a. a. O., 106f. und 119; Skizze, 46f.

kreise verschaffte ihm schon eine Einladung von Rabindranāth Thākur, der im Sommer 1912 in England war und Hazrat Inayat einlud, um ihm seine Freunde vorzustellen, unter denen sich auch Mahātmā Gandhi befand.[58] In Paris begegnete er dem Komponisten Debussy, verbrachte einen eindrucksvollen Abend, genannt „Abend der Emotionen", mit ihm, zu dessen Gedächtnis Debussy das bekannte Werk ›L'Après-Midi d'un Faune‹ komponierte.[59] Dieser berühmte Musiker war es auch, der ihn in einem Brief (am 29. April 1913) als „votre remarquable musicien-philosophe" bezeichnete.[60] Obwohl sich Inayat Khan im Kreise vieler Intellektueller, Adeliger und Begüterter aus den gehobenen Schichten befand, litt er selbst – hierin ein Künstlerschicksal teilend – bisweilen mit seiner Frau und der Gruppe an Armut.[61]

1913 erschien sein erstes Buch über den Sufismus ›The Sufi Message of Spiritual Liberty‹; es war sein erstes Buch in englischer Sprache.[62] Seine Biographin gibt als Grund dafür an, daß bis dorthin kein autorisierter Initiierter des Sufismus ein spezielles Werk über diesen Gegenstand in einer europäischen Sprache geschrieben habe. Inayats Werk von 1913 ist eine eher zusammenfassende Studie über den Sufismus und lehrt Theorien, die er selbst gelernt hat; es enthält die Essenz der späteren Werke.[63]

Von der Rußlandreise, die für Inayat Khan einen großen Erfolg bedeutete, konnte er mit seiner Familie noch im späten Juni 1914, unmittelbar vor Beginn des Ersten Weltkrieges, zurückkehren. Damit ging auch in seinem Leben eine große weitere Periode zu Ende.[64] Und dieser Krieg war auch das Ende einer Fin-de-siècle-Kultur, die Inayat Khan an den zentralen Orten seines Aufenthaltes in Europa noch kennengelernt hatte und die als solche aufgeschlossen war für östliche Ideen.

---

[58] Vgl. Skizze, 47.
[59] Vgl. a. a. O., 48.
[60] Nach E. de Jong-Keesing, 121, die das ganze Kapitel (1912 bis 1914) mit dieser Anrede überschreibt.
[61] Vgl. a. a. O., 120.
[62] Vgl. a. a. O., 125, mit 280, Anm. 20: nun ist dieser Text abgedruckt im SM V 9–36, jedoch vieles geändert, auch ist das Vorwort weggelassen, in dem er gesagt hatte, daß er diese wenigen Seiten als eine Einführung schreiben will und daß er hofft, daß es zur Verständigung zwischen den Nationen beitragen möge.
[63] Vgl. a. a. O., 126.
[64] Vgl. a. a. O., 136.

e) Die organisatorische Grundlegung der Bewegung in Europa (1914–1920)

Der Weltkrieg brachte eine erzwungene Ruhe. Die Tourneen mußten eingestellt werden. Hazrat Inayat Khan war gezwungen bzw. es war ihm nun ermöglicht, sich mit seinen eigenen und eigentlichen Ideen zu befassen. Bis dorthin war die Tournee das einzige Mittel, um die Mission zu erfüllen. Die Aufgabe der Mission war es, die Botschaft der universalen Wahrheit, die Ost und West durch die Verbreitung der Idee der Einheit, welche der Sufismus ist, in Einklang zu bringen (vgl. SM XII 153). Nun war es möglich, diese Idee *direkt* zu verbreiten, nicht nur vermittels musikalischer Aufführungen; der Zeitabschnitt von 1914 bis 1920 kann darum auch mit seiner wichtigsten Biographin als Weg vom Musiker zum Murshid beschrieben werden.[65]

In London werden die ersten Grundlagen der 'Sufi-Bewegung' gelegt. Es wurde auch eine Sufi-Verlagsgesellschaft in England gegründet, in der eine Reihe von Büchern Inayat Khans erschien: ›The Sufi Magazine‹. Damals wird auch der Khānqāh[66] (Hauptquartier) in Kensington eröffnet.

Von 1916 bis 1919 kommen die drei Kinder Vilayat (1916), Hidayat (1917) und Khair-un-Nissa (1919) zur Welt; die älteste Tochter Noor-un-Nissa ist 1914 in Moskau geboren[67].

In diesem Zeitraum sah Inayat Khan ein, daß er seine Ideen nicht ohne Organisation verbreiten könne. Und es kommt nach und nach zur Herausbildung der drei Institutionen, die im übernächsten Punkt näher zu behandeln sind, der sogenannten 'Bruderschaft', der 'Inneren Schule für Initiierte' und des 'Universellen Gottesdienstes'.[68] 1918 werden auch erstmals die 'Zehn Sufi-Gedanken' und die 'Drei Ziele' der Bewegung formuliert, die noch heute in jedem ›Sifat‹-Heft abgedruckt sind; der 'Universelle Gottesdienst' wird erst 1921 eingeführt.

Im Hinblick auf die 'Kirche für alle', dem späteren 'Universellen

---

[65] Vgl. a. a. O., 137 ff.

[66] Vgl. zur Bedeutung der Khānqāhs (eigentlich Derwischkloster) als Zentren im klassischen Sufismus: A. Schimmel, Mystische Dimensionen des Islam, 328 f.

[67] Noor-un-Nissa wurde als Widerstandskämpferin 1944 im KZ Dachau hingerichtet; an ihre antifaschistischen Aktivitäten erinnert eine Gedenktafel vor dem Haus der Familie in Suresnes/Paris.

[68] Vgl. E. de Jong-Keesing, 146 f.

Gottesdienst', war eine stark theosophisch orientierte Frau von
großer Bedeutung, nämlich Miss Saintsbury-Green, eine Schülerin
von Annie Besant, die schließlich in Inayat Khan ihren Meister gefunden hat.[69] Auch andere Anhänger kamen über die Theosophie zur
Sufi-Bewegung, wie der Begleiter und Biograph Sirkar van Stolk und
Cecil Gibbings.[70] Die 1915 gegründete Gesellschaft wurde 1917 registriert. Aus vielen
Details der Statuten ist ebenfalls der Einfluß von Theosophen zu erkennen.[71]

f) Gründung neuer Zentren und Begegnungen mit den christlichen Kirchen (1920–1926)

In seinem Wirken hatte Inayat mit körperlichen und auch seelischen
Belastungen fertigzuwerden. Im Juli 1919 wurde bei ihm erstmals eine
Lungenentzündung diagnostiziert. Ferner gab es Schwierigkeiten mit
den Behörden in England. Der konkrete Anlaß war die Aussendung
von Briefen für eine Sammlung für muslimische Waisen, was aus for-
malrechtlichen Gründen zu Mißverständnissen und Verdächtigungen
von seiten der Behörden führte. Auch personelle Konflikte waren so
stark, daß die Bewegung auseinanderzubrechen drohte.[72]
1920 übersiedelte Inayat, nicht zuletzt auf Empfehlung einiger
seiner Schüler in England, nach Frankreich, zunächst nach Tremblay,
einem kleinen Dorf, und dann nach Wissous. 1922 bezog die Familie
ein Haus in Suresnes bei Paris, das Inayat von Frau P. Egeling, einer
Anhängerin der Bewegung, zur Verfügung gestellt wurde. Später
wurde diese Frau selbst Meisterin (Murshida) und erhielt den Namen
„Fazal Mai" („Mutter der Gnade"). In diesem Haus – von Inayat
„Fazal Manzil" genannt, das heißt „Aufenthalt (Wohnung) der
Gnade" – wurden oft Sommerschulen abgehalten. Es ist ein geistiges
Zentrum der 'Bewegung' sowie des 'Ordens' bis heute geblieben; der
älteste Sohn Inayats, Pir Vilayat, wohnt nun im „Fazal Manzil" in
Suresnes. Für die Kinder wurde dieses schöne Haus mit Garten zu
einer neuen Heimat; die ursprüngliche Eigentümerin, Frau Egeling,

---

[69] Vgl. Skizze, 52 ff.
[70] Vgl. S. van Stolk/D. Dunlop, Inayat Khan und seine Botschaft, 9; vgl.
C. Gibbings, Gott heilt!, 1987, 48.
[71] Vgl. E. de Jong-Keesing, 159 f.; 1917: Rules and Regulation of the Sufi-
Order.
[72] Vgl. E. de Jong-Keesing, 163, zu dem Konflikt mit Mary Williams und
den Theosophen.

wohnte bei der Familie und war gleichsam die Großmutter für die Kinder.[73] Das Programm für die folgenden Jahre war eindeutig: neue Zentren zu gründen, die alten Zentren rein zu halten und immer wieder reisen.[74] 1922 wurde offiziell das Internationale Hauptquartier der 'Sufi-Bewegung' in der Schweiz gegründet; ein Zentrum hatte schon in den Jahren zuvor bestanden.[75] Oftmals kam er auch nach Deutschland. Die Reise nach Deutschland war mit mehreren Schwierigkeiten verbunden, sie war schlecht organisiert gewesen. Doch einige Besuche in wichtigen Städten konnte er machen (Berlin, Frankfurt, Jena, München); er kam auch nach Weimar, und „in Frau Förster-Nietzsche in Weimar entdeckte Murshid einen verwandten Geist", schreibt sein Sohn.[76] Am interessiertesten war er an einem Treffen mit R. C. Eucken in Jena.[77] Doch insgesamt entstanden nur kurzlebige Zentren – und später war unter der nationalsozialistischen Herrschaft die Bewegung verboten; erst nach dem Zweiten Weltkrieg haben Inayats Sohn Vilayat und sein Enkel Fazal hier weitergearbeitet.

1923 machte er erneut eine Amerika-Reise. Sie war gut vorbereitet durch die Tätigkeit seiner ersten Schülerin Mrs. Martin. Er initiierte Hunderte von Schülern aus allen Gesellschaftsschichten, vor allem in Kalifornien.[78]

Von Amerika zurückgekehrt, reiste er wieder sehr viel in europäischen Ländern. Im Frühjahr 1924 begegnete er Maria Montessori in Italien, eine ihm geistig verwandte Persönlichkeit. In Rom beeindruckten ihn der Glanz des Vatikans, die mächtige Organisation der Kirche und der Gottesdienst. Am Ende eines feierlichen Gottesdienstes, in dem er in Ekstase verfiel, sagte er: „Wie wunderbar ist die Macht der Kirche."[79] Bei einer Unterredung mit Kardinal Gaspari, dem damaligen Staatssekretär im Vatikan, kommt das Gespräch auf den Begriff der Weisheit, bei dem die Antwort Inayats Zustimmung fand. Ihm wurde auch eine Audienz beim Papst gewährt.[80]

[73] Vgl. Skizze, 55f.
[74] Vgl. E. de Jong-Keesing, 166ff.
[75] Vgl. a. a. O., 209; Skizze, 58.
[76] Skizze, 56.
[77] Vgl. E. de Jong-Keesing, 183.
[78] Vgl. a. a. O., 192ff.
[79] Skizze, 62.
[80] Ebd.

Bei seiner Skandinavien-Reise hatte Inayat Khan die Möglichkeit, einen Vortrag von Erzbischof Nathan Söderblom zu hören, der bekanntlich die ökumenische Vereinigung der christlichen Kirchen intendierte. In den Augen Inayats war dies der erste Schritt; er notierte in sein Notizbuch, daß Söderblom an den zweiten Schritt ebenso glaube. Er erkannte die Ähnlichkeiten, aber auch die Differenzen zu Söderblom; zwar wurde Gemeinsames hinter den verschiedenen Formen gesucht, jedoch nach Söderblom unter der Präferenz des Christentums.[81] Die vielen Reisen und Anstrengungen hatten Inayat erneut gesundheitlich zu schaffen gemacht. Während er im April 1925 in England unterwegs war, fühlte er sich krank. In ihm kam der Gedanke auf, daß vielleicht in Indien seine Krankheit geheilt werden könnte. Seine Frau war betroffen, als er diesen Gedanken mitteilte, und sein Bruder Maheboob überredete ihn, anstatt nach Indien erneut nach Amerika zu gehen, wo er auch bis zum Frühsommer 1926 blieb.[82]

g) Grundsteinlegung für den Sufi-Tempel 'Universel'
und Rückkehr nach Indien (1926–1927)

Ein ganz entscheidender Tag im Leben Inayats und in der Geschichte der 'Sufi-Bewegung' war der 13. September 1926. Vor der Abreise des Meisters nach Indien, zu der er sich inzwischen entschlossen hatte, sollte der Grundstein für einen Tempel gelegt werden, dem der Name 'Universel' gegeben wurde. Zur damaligen Zeit war die große Moschee in Paris errichtet worden[83], und Inayat dachte daran, die orientalischen Künstler und Handwerker auch für die Errichtung seines Sufi-Tempels als eines authentischen orientalischen Gebäudes auf seinem Grundstück zu gewinnen; in diesem 'Universel' sollten die verschiedenen Formen spirituellen Lebens Heimat finden, nicht nur Gottesdienst und Meditation, sondern ebenso Musik, Tanz und

---

[81] Vgl. E. de Jong-Keesing, 211.
[82] Vgl. E. de Jong-Keesing, 216 ff.
[83] Diese Moschee hat 1924 übrigens ein Sufi-Scheich eingeweiht, dessen Orden ebenfalls für Europa bedeutsam werden sollte, nämlich Ahmed al-Alawi (1869–1934), der als „der (vielleicht) höchste Repräsentant des Sufismus seiner Zeit" galt (L. Schleßmann, Sufismus in Deutschland, 1989, 144); er gehörte dem Adawiyya-Orden an, der bedeutsam für Frankreich wurde und in der Gegenwart auch für Deutschland ist.

Drama.[84] Es sollte ein ökumenischer Treffplatz aller Religionen und ein Symbol der Einheit der Welt werden. Der Tag war gewählt worden in Erinnerung an den „Hidjrat-Tag", den 13. September 1910, an dem Inayat Khan von Indien abgereist war. Bei dieser Zeremonie, über die es einen Film geben soll, hat Inayat Khan seinen ältesten Sohn Vilayat, der damals ein Bub von zehn Jahren war, zum Nachfolger eingesetzt. Die Zeremonie wird von Vilayat auf folgende Weise geschildert:

Eine Zeremonie zur Grundsteinlegung des ersten Tempels der Botschaft war bis in ihre letzten Einzelheiten von Murshid angeordnet worden. In grosser Feierlichkeit bewegte sich die Prozession von der Halle her: den kerzentragenden Cherags in ihren schwarzen Gewändern gingen Weihrauchträger voran und hinter ihnen folgten die gelben Gewänder. Murshid schien wie von einem inneren Feuer verzehrt und doch ruhig wie der Abendhimmel. Ein Kreis war im Gras gezogen worden – ohne Zweifel von einem wohlmeinenden Murid –, um zu bezeichnen, wo der Meister stehen sollte. Manche werden den Ausdruck von Murshids Überraschung und dann der zustimmenden Ergebung nie vergessen, als er sein Haupt neigte und langsam in den Kreis trat, denn er war mit dem psychologischen und materiellen Einfluss der Symbolik wohl vertraut. Wir wussten, dass die Würfel gefallen waren. Dort stand er, eine kosmische Figur. Er liess eine Liste aller vorhergehenden Murshids des Ordens einschliesslich seines Nachfolgers (nach der Sitte der Sufis ein Shajera genannt) unter den Stein legen und ersuchte die Begum (seine Gattin), ein graviertes Silbertablett beizufügen. Darauf wurde eine Schrift über den Bau des ʻUniversel' mit den Zielen und den zehn Grundgedanken der Botschaft gelegt; dann warf jeder Nationalvertreter eine Münze seines Landes in die zementierte Urne unter dem Stein – ein Omen für den universellen Charakter des Tempels, des ʻUniversel', welcher der ʻTempel aller Religionen' genannt werden sollte.[85]

Am 28. September 1926 verließ Inayat Venedig, Mitte Oktober erreichte er Karaji, er reiste über Lahore nach Delhi. Erneut besuchte er eine Reihe von heiligen Orten in Indien.[86] Er hielt Vorlesungen an der Universität von Neu-Delhi, aber nur eine einzige Person wurde Schülerin nach den Vorlesungen hier. In Sikhandra besuchte er Ende Dezember das Grab Akbars, jenes Moghul-Herrschers, der sich sehr entschieden um die Versöhnung der Religionen, insbesondere von Muslimen und Hindus bemüht hatte. Sein Ziel war das Grabmal von Moinuddin Chishti in Ajmer, dem bedeutendsten Zentrum der Chishtiyya. Im Januar erkrankte er, aber am 20. Januar konnte er die Reise

---

[84] Vgl. S. van Stolk/D. Dunlop, Inayat Khan und seine Botschaft, 94 f.
[85] Skizze, 71 f.
[86] Vgl. E. de Jong-Keesing, 258 ff.

nach Baroda, seinem Heimatort, zum Haus von Moula Bakhsh, unternehmen, das er aber leer, verlassen und im Verfall begriffen antraf.[87] Umgehend darauf fuhr er nach Delhi zurück, wo er erneut ernsthaft erkrankte. Am 5. Februar starb er, fern von seiner Familie, die in Europa zurückgeblieben war. Erst ein Jahr später kam die Familie an sein Grab.[88]

4. Die Mitte der Botschaft: die 'Religion des Herzens'

a) Das publizierte Werk Hazrat Inayat Khans

Von Beginn der Bewegung an war es ein Anliegen der Anhänger Inayats, seine Worte zu bewahren. So wurden seine Vorträge von den Schülern aufgezeichnet[89] und zunächst in einzelnen Büchern und Broschüren oder in Beiträgen in verschiedenen Periodica, besonders in Zeitschriften der 'Sufi-Bewegung' (im besonderen ›The Sufi Quarterly‹) publiziert, vor allem zwischen den beiden Weltkriegen; ein von ihm selbst publiziertes Werk (›The Way of Illumination‹) erschien – wie erwähnt – schon 1913.

Eine umfassende Ausgabe mit dem Titel ›The Sufi Message of Hazrat Inayat Khan‹ wurde erstmals 1960 in 12 Bänden in London (by Barrie and Rockliff, Barrie Books Ltd.) unter der Verantwortung des Internationalen Hauptquartiers des Sufi-Movement herausgegeben; 1961 erschien ein revidierter zweiter und 1968 ein dritter Druck. In derselben Serie wurden bisher zwei weitere Bände – ein Textband (Bd. XIII) und ein Index (1990) zu den Bänden I–XIII – veröffentlicht, so daß die ›Sufi Message‹-Ausgabe inzwischen vierzehn Bände umfaßt. Zudem liegen eine Reihe von Einzelwerken bzw. Aphorismussammlungen, vor allem in englischer, aber auch in anderen Sprachen vor; mehrere Werke sind in deutscher Übersetzung erhältlich.[90]

---

[87] Vgl. a. a. O., 266 ff.
[88] Vgl. a. a. O., 269; vgl. auch die beeindruckende Schilderung am Grabmal seines Vaters in der ›Meditation an der Dargah von Hazrat Inayat Khan‹: Vilayat Inayat Khan, Der Ruf des Derwisch, Essen 1982, 201–215.
[89] Vgl. I. von Wedemeyer, Vorwort, in: H. I. Khan, Perlen aus dem unsichtbaren Ozean I, 12; diese Auswahl wird abgekürzt zitiert als P I.
[90] Siehe Literaturverzeichnis dieser Arbeit. Die Bücher werden vor allem von den Verlagen East West Publications (London/The Hague) und (Sufi-) Message Publications bzw. Omega Publications (New Lebanon/New York) ver-

Seit 1988 erscheint die neue Gesamtausgabe › The Complete Works of Pir-o-Murshid Inayat Khan ‹, die in chronologischer Folge seine Vorträge und Reden von 1910 bis 1926 enthalten soll; von den insgesamt 25 geplanten Bänden liegen zur Zeit (1992) sechs vor; ein (schon 1979 erschienener) Ergänzungsband der Serie enthält seine Autobiographie, Photos und Informationen über seine Gefährten und Schüler.[91] Da also insgesamt erst knapp ein Viertel des Gesamtumfanges dieser Ausgabe erschienen ist, wird sich die vorliegende Arbeit, der es um die gesamte Wirkungszeit Inayat Khans geht, auf die › Sufi Message ‹ beziehen, die die bisher umfassendste Edition der Aussagen und Schriften dieses großen Sufi-Meisters im Westen darstellt.

Die dreizehnbändige Edition › The Sufi Message ‹ ist – wie erwähnt – keine historisch-kritische Ausgabe im strengen Sinn; auch sind die Texte nicht chronologisch angeordnet; sie sind aber auch nicht nach Themen strikt unterteilt, da Inayat einen Gedanken oder ein Motiv in verschiedenen Kontexten aufnimmt. Es ist gleichwohl eine generelle thematische Anordnung in dem Sinn gegeben, daß z. B. der Band I als eine Einführung in den Sufismus oder als eine Darstellung des mystischen Begriffs und Verständnisses des Sufi nach Hazrat Inayat Khan betrachtet werden kann (SM I 8); der Band II enthält die Lehren über Klang und Musik; Band III jene über menschliche Beziehungen (Erziehung; Liebe; Charakterbildung; Ethik); Band IV handelt von der Gesundheit und den psychophysischen Wechselbeziehungen zwischen Körper und Geist (Gemüt); relativ geschlossen sind auch Band VI über › The Alchemy of Happiness ‹ und Band IX zum Thema › The Unity of Religious Ideals ‹. Die anderen Bände haben noch stärker den Charakter von Sammlungen unterschiedlicher Texte aus verschiedenen Jahren. Im ganzen kann diese Ausgabe als ein Versuch betrachtet

legt; die deutschen Übersetzungen erscheinen fast zur Gänze im Verlag Heilbronn in Heilbronn.

[91] Herausgeber dieser bei Omega bzw. Message Publications erschienenen Ausgabe ist Professor Donald Graham (Pima Community College, Arizona, Tucson, USA); sie wird erstellt auf der Basis der in Suresnes/Paris befindlichen Materialien im Archiv der Internationalen Sufi-Bewegung. Bisher sind folgende Bände erschienen: Biography of Pir-o-Murshid Inayat Khan (1979); Complete Works of Pir-o-Murshid Inayat Khan, Original Texts: Sayings, Part I (Gayan, Vadan, Nirtan, 1982, revised edition 1989); Sayings, Part II (Bowl of Saki, Aphorisms, unpublished sayings; 1982, rev. 1989); Lectures on Sufism: 1922 I: January–August (1990/91), 1922 II: September–December (voraussichtlich 1992); 1923 I: January–June (1989), 1923 II: July–December (1988).

werden, das umfassende Material seiner Schriften, Vorträge und des Nachlasses in relativer Vollständigkeit und Authentizität dem Interessierten zu vermitteln. Es werden ausdrücklich Richtigstellungen gegenüber Erstausgaben mancher Werke, wenn diese z. B. unter dem Namen seiner Mitarbeiter erschienen sind, angebracht.[92] Dadurch ist eine sachgemäße, auch religionswissenschaftlich und religionsphilosophisch fundierte Diskussion seiner Ideen und Intentionen ermöglicht. Dies gilt auch hinsichtlich der Informationen über die 'Sufi-Bewegung' und den 'Sufi-Orden' insgesamt. Aufgrund der Publikation so vieler Lehrinhalte durch das 'Sufi-Movement' kann also nicht gesagt werden, daß diese Sufi-Lehren streng geheimgehalten werden, wie schon Inayat Khan selbst zu einem Zeitpunkt schreibt (SM I 51), als bei weitem noch nicht ein so großer Umfang seiner Lehren öffentlich zugänglich war, wie dies heute der Fall ist. Freilich gibt es auch noch eine Dimension der Vermittlung der Sufi-Spiritualität, die nicht unterschiedlich allen zugänglich gemacht werden kann; sie ist gleichsam durch die Natur der Sache selbst „geheim", insofern es sich um eine persönliche Angelegenheit handelt und dadurch nur dem durch den Lehrer (Murshid) initiierten Schüler (Murid) zugänglich bzw. erfahrbar ist (SM I 50 f.).

Läßt sich eine Einheitlichkeit innerhalb der vielen Texte mit ihren unterschiedlichen Themen erkennen? Ist eine übergeordnete Idee in ihnen gegeben? Eine gewisse chronologische Geschlossenheit ist durch das Wirken Inayat Khans im Westen von 1910 bis 1926 gegeben, wenngleich sich eine Entwicklung seiner Gedanken, ein Ringen um deren angemessene Formulierung im Laufe der Jahre feststellen läßt. In *inhaltlicher* Hinsicht ist tatsächlich von vielen Themen die Rede, jedoch ist nicht zu leugnen, daß sie alle ein *einziges Grundanliegen* durchzieht: nämlich die Verkündigung einer am Sufismus orientierten Form der Religiosität, einer ›Religion‹, die das Wesentliche, das Innere der Religionen meint. Dafür hat Inayat viele verschiedene Begriffe und Bilder verwendet; ein wichtiger Name für sie ist auch „Religion des Herzens". Denn es geht darum, das Herz für Gott zu öffnen, daß der Mensch Gott in seinem Innersten zu realisieren vermöge. Darum ist auch in der Mitte des Emblems der Bewegung sowie des 'Sufi-Ordens' ein Herz mit Flügeln dargestellt. Diese grundlegende Idee einer „inneren Religion", die hinter allen und jenseits aller (äußeren) Religionen liegt, ist hier besonders herauszustellen.

---

[92] Vgl. z. B. SM V 7, Vorwort.

b) Ein zweifacher Begriff von 'Religion'

Um Inayat Khans Ausführungen über den von ihm gelehrten Sufismus und dessen Verhältnis zu den klassischen Religionen richtig verstehen zu können, ist es notwendig, an seinem Begriff der Religion die Unterscheidung von zwei grundlegenden Bedeutungen zu beachten. Einerseits nämlich ist mit 'Religion' eine der bekannten *Religionen im herkömmlichen Sinn* gemeint, wie z. B. Islam, Christentum, Hinduismus u. a., *andererseits* aber ist eine neue, *innere Bedeutung* des Begriffs angezielt, die gegenüber den erwähnten Religionen in ihrer Vielheit und Verschiedenheit die Dimension einer *einzigen, umfassenden und letztlich immer gleichen Religion* meint. Wichtig ist die Beachtung dieser Differenzierung bei der Beantwortung der Frage, ob der Sufismus eine Religion sei – denn diese Antwort kann nur verstanden werden, wenn der Begriff in zwei unterschiedlichen Weisen angewendet werden kann. Ein wichtiger Text dazu lautet:

Ist Sufismus eine Religion? (...) Die Religion der Sufis ist nicht abgesondert von den Religionen der Welt. Die Völker haben umsonst (vergeblich) wegen der Namen und der Art und Weise ihrer Erlöser gegeneinander gekämpft und haben ihre Religionen nach dem Namen des Erlösers benannt, statt sich miteinander in der Wahrheit, die gelehrt wird, zu vereinigen. Diese Wahrheit kann in allen Religionen gefunden werden, (...) auch wenn man Sufismus selbst nicht als eine Religion bezeichnen kann. Er enthält eine Religion, aber ist nicht selbst eine Religion. Sufismus ist Religion, wenn jemand Religion durch ihn lernen möchte. Aber er geht über die Religion hinaus, denn es geht um das Licht, die Nahrung jeder Seele, die den Sterblichen zur Unsterblichkeit erhebt. (P I 64f.)

Sufismus ist also beides: Religion und keine Religion; er ist Religion, insofern er zum Erleben der Religiosität in vorgegebenen Religionen zu führen vermag und insofern er in allen Religionen gefunden werden kann; jedoch viel mehr noch trifft zu, daß er keine Religion im üblichen Sinn ist, sondern über eine solche hinausgeht – *jenseits* von ihr ist (SM I 53; I 13). Der Gedanke, daß er die konkreten Religionen überschreitet, ist wohl der entscheidende; er beinhaltet das eigentlich Neue der Botschaft Inayat Khans. Freilich steht das nicht im Gegensatz zu der These, daß dieses „*Jenseits*" *der Religionen* gerade „*in*" den Religionen, als deren *Wesensmitte* und Zentrum, als ihr Wesentliches zu finden ist, und im Hinblick darauf ist er die *wesentliche Religion*.

Bei Inayat Khan ist also ein *doppelter Begriff von Religion* zu unterscheiden: einerseits sind damit im herkömmlichen Sinn jene Religionen gemeint (im Plural), deren historische Gestalten uns bekannt sind, wie z. B. Christentum, Judentum, Islam oder Hinduismus, Buddhismus und andere. Davon zu unterscheiden ist die *Religion des Herzens* (SM IX 19) bzw. *die innere Religion*, die die Religion der Sufis ist; letzterer Form der Religiosität gilt sein ganzes Werk, seine ganze organisatorische Arbeit und seine persönliche Überzeugung. Davon aber ist – wie erwähnt – der herkömmliche Begriff der Religion, sind also die bekannten Religionen abzuheben. Was kennzeichnet die uns bekannten Religionen? Wodurch unterscheiden sie sich? Was sind ihre Merkmale? Dies ist zuerst darzustellen, bevor die andere Form der Religion erfaßt werden kann, obwohl freilich Inayats Sicht der traditionellen Religionen schon zutiefst von einer mystisch-spirituellen Deutung bestimmt ist. Demnach unterscheiden sich die großen Religionen eigentlich nur *in der Form*. Es wird von dieser Form die *wesentliche Wahrheit* abgehoben; diese wesentliche Wahrheit ist eine einzige, aber ihre Kleider sind verschieden (SM V 15). Diese Verschiedenheit spiegelt sich in der Verschiedenheit der Religionen. Inayat verwendet dafür ein Bild: nämlich daß sich die Religionen voneinander nur in der Form unterscheiden wie Wasser, das immer dasselbe Element ist und formlos, das jedoch eine verschiedene Gestalt annimmt, je nachdem ob es in einer Kanne oder in einem anderen Gefäß enthalten ist; auch ändert es seinen Namen, je nachdem ob es ein Fluß, ein See, ein Bach, ein Strom oder ein Teich ist.

An mehreren Stellen[93] werden *fünf Aspekte der Religion* im gewöhnlichen Sinn unterschieden, wobei die ersten vier die äußerliche Gestalt betreffen und der fünfte Aspekt die innerliche Bedeutung derselben meint. Letzterer ist getrennt von den Aspekten eins bis vier zu verstehen.

Die ersten vier sind folgende:

Erstens sind damit bestimmte *Dogmen, Gesetze und Lehren* gemeint; also gewissermaßen die satzhaft gefaßte Dimension einer Religion.

Zweitens die Kirche und ihre Form des Dienstes; hier gibt es immer viele Differenzen, und Inayat meint, daß diese abhängig sind vom Temperament, von den Intentionen, von den Überlieferungen und von dem Brauchtum und dem Glauben eines Volkes, die sie von ihren Vorfahren übernommen haben; in diesem Punkt ist er gegen die Uniformität, denn eine Vereinheitlichung würde genauso uninteressant sein, wie wenn z. B. alle Häuser nach demselben Stil gebaut wären.

[93] Vgl. besonders SM IX 21 ff.; H. I. Khan, Das Erwachen des menschlichen Geistes, Essen 1982, 100 ff.

Drittens gehört zu ihr das *religiöse Ideal*, der Herr oder der Meister der Religion, also jener, den die Seele als ihr Ideal betrachtet; das ist etwas, das nicht diskutiert werden kann und worüber es keine Übereinstimmung gibt; es kann auch nicht verglichen oder verständlich gemacht werden; es wäre verlorene Zeit, wenn Vertreter darüber diskutieren oder zu beweisen versuchen wollten, daß das eine besser ist als das andere; denn dies ist eine Sache des Herzens, eine individuelle persönliche Beziehung.

Viertens ist die *Idee von Gott* kennzeichnend: in der früheren Zeit hatte jede Kirche, jede Gemeinschaft ihren eigenen Gott gehabt, wie Juden und Christen; ja, schließlich sei ein spezieller Gott für jedes Individuum denkbar.

Fünftens: Hier geht es um das Wesentliche, um *das Lebendige* in der Seele: es ist im Herzen des Menschen; wenn es fehlt, ist der Mensch tot. Es ist das Leben selbst in einer Religion, und dies sei die wahre Religion: „Das ist die Religion, welche die Religion der Vergangenheit war und welche die Religion der Zukunft sein wird" (SM IX 24); es ist die Religion der Sufis.

Die traditionellen Religionen selbst beinhalten also eine Dimension, die auch die entscheidende für die Religiosität des Sufi ist – es ist die wesentliche Dimension der herkömmlichen Religionen selbst. Dadurch ist einerseits eine innere Verknüpfung dieser mystischen Frömmigkeit mit dem orthodoxen Selbstverständnis der jeweiligen religiösen Überlieferung möglich – andererseits freilich ist auch die Fortbewegung vom traditionellen Glaubensverständnis eröffnet, insofern jenes Wesentliche als eine Dimension des *Menschen schlechthin*, nicht nur in allen Religionen, sondern in allen auch außerreligiösen und unreligiösen Glaubensweisen antreffbare Möglichkeit angenommen wird, wodurch die Grenzen der einzelnen, ja aller Religionen überschritten werden.

c) Einheit in der Vielheit der Religionen

Grundlegend für eine zusammenfassende Sicht der Überlegungen Inayat Khans hinsichtlich der Religion sind die Beiträge im Band IX der ›Sufi Message‹ mit dem bezeichnenden Titel ›The Unity of Religious Ideals‹. Der erste Satz des Vorwortes kann als Motto über Inayat Khans gesamten Ausführungen über die Religion stehen: „Alle Religionen sind wesenhaft eins (essentially one) [...]" (SM IX 7). Die erste Abhandlung versucht eine Klärung des Begriffs der *Einheit* (unity), indem sein Unterschied zum Begriff der Einförmigkeit (uniformity) herausgestellt wird. Denn viel Verwirrung entstehe durch eine Vermischung der beiden Begriffe, die es zu unterscheiden gelte. Auch an dieser Differenzierung zeigt sich, daß Inayat den inneren Kern einer Religion von deren äußeren Erscheinungsformen unterscheidet. *Unity* meint die innere Natur jeder Seele und das einzige Anliegen des Lebens, das Ziel des Lebens. *Uniformity* diene dazu, dieses Ziel zu erreichen; es sind die *Mittel*, um diesen Zweck zu erreichen, gemeint. Aber oft hätten die Mittel das Ziel verdunkelt; als ein Beispiel der „Verdunkelung" wird die Tatsache genannt, daß trotz der ursprünglichen Idee der Einheit, die in allen Religionen zum spirituellen Fortschritt der Menschen gegeben worden ist, allmählich eine Art von Gemeinschaft oder Nationalität geworden ist; das habe religiöse Differenzen und endlose Kriege zur Folge gehabt (SM IX 11 f.); dies zeige den kindischen Charakter der menschlichen Natur; den „Heiligen Krieg" lehnt Inayat Khan als ein höchst merkwürdiges Ding ab (SM IX 21).

Die Grundaussage, daß das Göttliche in allem und alles in Gott ist, ist die Grundlage für die Interpretation der Einheit der Religionen und ihrer Botschaft. Diese „Botschaft der Einheit" sei auch die „zentrale Wahrheit" in den heiligen Schriften der Juden, Muslime, Parsen, Hindus und Buddhisten. Jedoch der Mensch sei gefesselt von der äußeren Gestalt dieser Schriften, so daß er deren inneren Sinn vergessen habe; wer jedoch diese „innere Stimme" zu erkennen vermag, der würde auch sehen, „daß all die verschiedenen Schriften Worte enthalten, die von ein und derselben Stimme gesprochen wurden" (SM IX 12). Als Beispiel dafür, daß dieser Gedanke einer Einheit von allem in den Schriften der großen Religionen selbst schon angesprochen ist, führt er außer dem Koran den Vedānta, der die Einheit von allem zur Sprache bringt, an sowie die Bibel, die sagt, daß wir in Gott leben, uns bewegen und unser Sein in ihm haben. An der Offenbarungsgeschichte wird diese Einheit in der Verschiedenheit näher expliziert.

d) Die Einheit der Offenbarungen

Das Offenbarungsverständnis Inayat Khans korrespondiert mit seinem universalistischen Religionsverständnis, wobei die charakteristisch muslimischen Wurzeln nicht zu übersehen sind, nämlich vor allem die Auffassung, daß es seit Adam immer Offenbarungen von seiten Gottes gab, wie an Abraham, an Jesus und schließlich an Mo-

hammed. Die Offenbarung ist also „stufenweise" ergangen (P I 41).
Freilich wird die islamische Glaubensüberzeugung, daß diese Offenbarung abgeschlossen und Mohammed das Siegel der Propheten ist,
nicht in ihrem wörtlichen Sinn akzeptiert; jedoch sagt auch Inayat
Khan noch von Mohammed, daß er „die abschließende Botschaft
überbrachte" (P I 41), indem er sie in dem klaren Wort enthüllt habe,
daß es nichts außer Gott gibt; im Hinblick darauf spricht er sogar von
der „letzte(n) Botschaft" (P I 42) bzw. daß mit ihm das Ende der Notwendigkeit weiterer Propheten gekommen ist (SM I 33). Hier zeigt
sich sehr deutlich die Herkunft vom Islam: es wird eine Offenbarer-
Kette von Adam bis zur Zeit Mohammeds angenommen (SM I 34),
die vom neosufistischen Gesamtanliegen her insofern aber zugleich relativiert wird, als der „Islam" – trotz der Orientierung an der Wortbe-
deutung – im geistigen Sinn als „Frieden" interpretiert wird, zu dem
die von Mohammed gebrachte „Vollkommenheit des Gottesideals"
hinführen soll (P I 42; 68).

Nach dem Urteil Inayat Khans kommt zwar Mohammed eine besondere Bedeutung innerhalb der Offenbarungsgeschichte zu, jedoch ist
dies nicht gleichzusetzen mit einer definitiven oder gar exklusiven
Orientierung an ihm. Vielmehr wird seine Relevanz nur im Zusammenhang mit anderen Propheten sichtbar, die seiner Meinung nach alle die
eine Offenbarung verkündet haben. Die Offenbarung Gottes sei von
Zeit zu Zeit gegeben worden, und zwar in sehr verschiedenen Weisen:
ruhig, unaufdringlich oder mit lauter Stimme. Aber immer war es ein
kontinuierliches Hervortreten der inneren Erkenntnis des Lebens und
des göttlichen Segens. Offensichtlich meint Inayat Khan, daß in allen
konkreten Religionen und innerhalb der Menschheit im ganzen diese
kontinuierliche Offenbarung anzutreffen ist, jedoch oft verdeckt wäre.
So wehrt er sich gegen jene, die vor dieser inneren Wahrheit die Augen
verschließen und die dadurch, daß sie an alten Formen festhalten,
die Botschaft eigentlich paralysieren und den gegenwärtigen Strom
verwerfen, in dem die Offenbarung gesandt wird (SM IX 16).

Es wird ferner die Universalität der einzelnen Botschaften angenommen: Die einzelnen Botschaften hatten von vornherein, egal in
welcher Periode sie gesandt wurden, eigentlich *eine* Botschaft für alle
Menschen sein wollen und nicht nur für einen bestimmten Teil der
Menschheit; die einzelnen, organisierten Kirchen seien immer erst
nachher gekommen (SM IX 18).

Von dem Gedanken her, daß eigentlich nur *eine einzige* Botschaft
von allen Religionsstiftern und Propheten verkündet worden sei, ergibt sich organisch die mystische Auffassung, daß auch nur *ein einziger*

Lehrer, nämlich Gott selbst, in der Geschichte der Menschheit in verschiedenen Gesandten sich vernehmbar gemacht habe:

> Zahllos waren die Meister seit der Erschaffung der Welt. Sie erschienen unter verschiedenen Namen, in verschiedenen Gestalten; aber Er allein war in ihnen allen verhüllt, Er, der einzige Meister der Ewigkeit. (P I 19)

In vielen Varianten, die verschiedene Aspekte aufweisen, bringt Inayat diese Überzeugung zum Ausdruck: die großen Lehrer sind jeweils für eine begrenzte Gruppe von Menschen in einer bestimmten Zeit aufgetreten, jedoch verstanden sie ihre Botschaft nicht als abgeschlossen, sondern waren offen für den nächsten Lehrer, dessen Kommen sie prophezeiten. Inayat Khan geht von der Annahme aus, daß jeder Zyklus der Geschichte seinen eigenen Propheten hat, und es gab zahllose Meister seit Bestehen der Welt.[94] Die Verschiedenheit der Botschafter weist nicht auf verschiedene Botschaften hin, sondern zeigt, daß es notwendig war, Entartungen der früher ergangenen Botschaft zu berichtigen und dem Bewußtseinsstand der jeweiligen Epoche entsprechend „dieselbe Wahrheit wieder wachzurufen, die von den früheren Meistern gelehrt, aber aus dem Gedächtnis entschwunden war. Sie brachten nicht ihre persönliche Botschaft, sondern die Göttliche Botschaft" (P I 20).

Es ist also der Botschafter von seiner Botschaft zu unterscheiden: während viele Boten kamen, hatten sie doch alle nur dieselbe Botschaft zu bringen, nämlich jene von dem einzigen Gott: „in Wahrheit (gibt es) nur Eine Religion und Einen einzigen Meister, den Einen Gott" (P I 20). Es ist derselbe Geist Gottes, der in allen spricht; nur in ihrer körperlichen und zeitlichen Erscheinung spricht er durch verschiedene Personen; im Geist sind diese Meister ein einziger. Von dieser spirituellen Dimension spricht derselbe Meister in Krishna und in Jesus, und es ist nicht angemessen, von dem einen eine höhere Meinung zu haben als von dem anderen (SM I 31).

e) Gottesvorstellung und Gottesrealisation

Ebenso wie die Botschaften der einzelnen Religionen auf die eine Botschaft bezogen werden, wird auch die Verschiedenheit der Gottesvorstellungen auf die einzige Wirklichkeit des Absoluten hin ver-

---

[94] Vgl. SM I 31; vgl. eine ähnliche Konzeption einer Offenbarung in „Zyklen" bei der Bahā'i-Religion (s. o. S. 85 f.).

standen. Es geht jedoch bei der Frage nach Gott nicht um eine vom Menschen losgelöste „Idee", sondern um die Realität Gottes in dem Sinn, daß sie zugleich auch für die Realisierung des Menschseins elementar ist; ja, noch mehr: das zentrale Anliegen erblickt Inayat Khan in der Anleitung zur Realisierung Gottes, zur „Verwirklichung" Gottes im Lebensvollzug.[95] Obwohl es also nicht um die Herausstellung spezifischer Aussagen über Gottes Realität geht, steht hinter dieser Auffassung gewiß eine sehr dezidierte Vorstellung von Gott, nämlich daß er das innerste Wesen des Menschen und des Seins darstellt, ohne freilich mit den empirischen Gegebenheiten in eins zu fallen. Wir müssen so unser innerstes Wesen mit Gott harmonisieren, daß „Er sehend, hörend und denkend durch uns ist und unser Sein ein Strahl Seines Lichtes (ist)" (SM IX 13). Aufgabe des Menschen ist es, „die Natur Gottes zu realisieren" (SM IX 14). Von hierher ist es naheliegend, Gott in allen Dingen zu suchen. Auf diese letzte Realität in und über allem werden die einzelnen Gottesvorstellungen bezogen.

Im Hinblick auf die Variabilität der Namen und Begriffe von Gott trifft der Sufi kein letztes Werturteil; er vermag sie alle – in ihren Grenzen – anzuerkennen: sowohl das personale Gottesbild als auch das impersonale; sowohl die hinduistische Überzeugung, daß keine Existenz außer jener des Göttlichen gegeben ist (Advaita), als auch den personalen Gott der Juden, Christen und Muslims (SM IX 89 ff.; 257). Der Sufi im Verständnis Inayat Khans hält den pantheistischen wie den monotheistischen Gottesbegriff für wichtig, ja, es ist sogar notwendig, daß diese beiden entgegengesetzten Ideen existieren (SM IX 276); letztlich anerkennt er nicht nur die generellen Differenzen zwischen den Vorstellungen vom Absoluten in den östlichen und westlichen Religionen, sondern er geht sogar so weit, daß jede Art der Gottesvorstellung, bis hin zur Einsicht, daß jedes Individuum letztlich sein eigenes Gottesbild schafft, toleriert wird (SM IX 24). Ein besonders geeigneter Name aber für Gott und für den Sufi ist das „Einzig Seiende" oder das „Absolute" (SM IX 89; 276). „Der Gott der Sufis ist das einzig Seiende (das einzige Wesen), das es gibt" (P I 23).

Prägnant faßt Inayat Khan diese universalistische Auffassung im Kommentar zum ersten der Zehn Sufi-Gedanken („Es gibt nur Einen Gott, den Ewigen, den Einzigseienden, nichts besteht außer Ihm") zusammen: demnach ist der Gott des Sufis der Gott jeden Glaubens,[96]

---

[95] Vgl. E. de Jong-Keesing, 148; 231.
[96] Vgl. P I 23: „Es gibt keinen Gott irgendeines Volkes, der nicht auch sein (scil. des Sufis, J. F.) Gott wäre [...]."

der Gott von allen; Namen bewirken keine Unterschiede in Hinsicht auf ihn; ob er als Allah, Gott, God, Dieu, Brahma oder Bhagwan bezeichnet wird – es ist der Gott des Sufi, und dennoch ist für ihn „Gott jenseits der Begrenzung durch den Namen"; er sieht seinen Gott in der Sonne, im Feuer, in Bildern, die von verschiedenen Sekten verehrt werden – dennoch erkennt er Gott jenseits von allen Formen (SM I 13). Es ist Gott als Vater der ganzen Welt, nicht bloß einer einzigen religiösen Gemeinschaft oder Sekte (SM IX 17). Inayat Khan geht sogar noch weiter, insofern er auch die Atheisten und Ungläubigen mit einbezieht, deren Aufgeschlossenheit er übrigens bisweilen mehr bewunderte als die weltfremd erscheinenden Gläubigen im Westen[97]:

> Einige Menschen glauben an Einen Gott und einige an viele Götter, und andere glauben überhaupt nicht an die Existenz Gottes. Aber in all diesen Glaubensüberzeugungen erkennt der Mystiker dieselbe Wahrheit, denn er kann sie von verschiedenen Standpunkten aus betrachten. (P I 46)

Für die erleuchtete Seele sind Verschiedenheiten der Worte, die von den unterschiedlichen Religionen und Philosophien verwendet werden, „ohne Belang" (P I 46).

Die Vorstellungen haben letztlich nur eine propädeutische Funktion im Hinblick auf die eigentliche Aufgabe des Menschen: sie mögen und können ein Tor werden zur Erfahrung der Realität Gottes, die im Innersten, im Herzen des Menschen anzutreffen ist; in der mystischen Vertiefung wird der Weg von den vom Menschen gemachten Gottesbildern hin zur Realisierung des wirklichen Gottes beschritten (SM IX 24).

f) Sufismus – Religion jenseits der Religionen

Von dem aufgezeigten Verständnis der Offenbarung in den verschiedenen Meistern als auch des einen Absoluten in den unterschiedlichen Gottesbildern her ist das Verständnis des Sufismus Inayat Khans zu interpretieren. Ebenso wie es letztlich um die *eine* Offenbarung geht, die jenseits der historischen Bedingtheit der Propheten zu finden ist, und um das höchste Wesen hinter allen konkreten Vorstellungen von Gott, so ist auch der Sufismus die religiöse Perspektive, die jenseits der begrenzten Formen der historischen Religionen das Göttliche erfährt. Sufismus ist so betrachtet auf das letzte, ungegenständliche Ziel *aller* Religionen ausgerichtet, er sucht ihr *Wesen* zu realisieren; in

---

[97] Vgl. E. de Jong-Keesing, 148.

dieser Hinsicht ist er die Essenz aller Religionen; zugleich ist er *jenseits jeder bestimmten Religion* und in diesem Sinn *keine Religion*:

Sufismus ist keine Religion, denn er steht jenseits der Beschränkungen durch Glaubensüberzeugungen und Glaubensbekenntnisse, die die Verschiedenheit der Religionen in der Welt ausmachen. (P I 22)

Er kann auch deswegen nicht eine Religion genannt werden, weil er frei ist von Prinzipien, Unterscheidungen und Differenzen (SM IX 256); in diesem Sinn kann der Sufi sich selbst als Freidenker verstehen (SM I 16). Er ist „weder eine Religion noch eine Philosophie, weder Theismus noch Atheismus, sondern steht zwischen beiden und füllt die Kluft aus" (SM V 22).

Somit kann auf den Begriff der „Religion", wie überhaupt auf jeden festgelegten Begriff zur Selbstbezeichnung, verzichtet werden – denn jeder, der die absolute Wahrheit sucht, ist ein Sufi, ob er sich so bezeichnet oder nicht. Sufismus kann am ehesten überschrieben werden mit „Wandlung des geistigen Lebenshorizontes" (P I 22) oder als eine Geisteshaltung verstanden werden, der eine bestimmte Lebensauffassung bzw. Perspektive entspricht.[98]

Wenn der Sufi eine „Religion" hat, dann „ist seine Religion Liebe" (P I 23), und in dieser Intention versucht er auch die Versöhnung und die Einheit der Religionen zu fördern. Kirche, Tempel oder Kaaba, Koran oder Bibel – dies alles und noch mehr kann der Sufi tolerieren, da seine Religion die Liebe allein ist, sagt Inayat Khan mit den Worten Abul Alas (SM V 18; I 17), die an Ibn Arabis fast gleichlautende Ausführungen erinnern.[99]

Es geht nicht um einen durch Dogmen eingegrenzten Glauben, sondern um die Fähigkeit zur Gläubigkeit des Menschen im Hinblick auf das letzte Ziel schlechthin. Es ist kein Zufall, daß Hazrat Inayat Khan der ersten Abhandlung über › Religion‹ zu Beginn des neunten Bandes seiner gesammelten Schriften ein Wort Mohammeds voranstellt, nach

---

[98] Vgl. a. a. O., 300; SM IX 278.

[99] Eine religionstranszendierende Religiosität hat Ibn Arabi in den bekannten Versen ausgesprochen: „Mein Herz ward fähig, jede Form zu tragen, / Gazellenweide, Kloster wohlgelehrt, / ein Götzentempel, Ka'ba eines Pilgers, / der Thora Tafeln, der Koran geehrt: / Ich folg' der Religion der Liebe, wo auch / ihr Reittier zieht, hab' ich mich hingekehrt." Ibn Arabi, The Tarjuman al-ashwaq, A Collection of Mystical Odes, repr. London 1978, ed. et transl. by R. A. Nicholson, London 1911, Nr. 11, Zeile 13–15; zit. nach A. Schimmel, Mystische Dimensionen, 384.

dem jeder Mensch als Gläubiger geboren wird.[100] Damit scheint eine grundlegende Akzentsetzung zum Ausdruck gebracht worden zu sein, nämlich zugunsten der Ursprünglichkeit der reinen Gläubigkeit, im Vergleich zu der die einzelnen Glaubensinhalte der Religionen abgeleitet und sekundär sind bzw. sich einer begrenzenden Erziehung und Kultur verdanken. In der Richtung dieser Unterscheidung ist auch die an dieser Stelle gegebene Begründung zu verstehen, nach der der Mensch ohne Glauben überhaupt nicht einmal eine Sprache gelernt hätte (SM IX 15): dieses Vertrauen *vor* den konkreten Formen der Aneignung, diese glaubensmäßige Grundeinstellung *vor* dem Anhaften an einen bestimmten Glauben scheint das zentrale Anliegen Inayat Khans zu sein; davon ist auch sein Verständnis der Religion bzw. der Religionen geprägt.

Von dem aufgezeigten Glaubensbegriff her ist es auch verständlich, wenn Inayat selbst keine neue Religion bringen will, sondern wie er sagt, jene, die immer war und sein wird (SM IX 270). Unter Berufung auf das Wort Jesu, daß er nicht gekommen sei, das Gesetz aufzulösen, sondern zu erfüllen,[101] meint er, daß das nicht bedeute, ein neues Gesetz zu bringen, sondern das, was immer schon da war, zu erfüllen. Aus diesen Gründen sagt er, daß die Unterscheidung in eine kommende Religion, in eine vergangene und in eine gegenwärtige nur für jene zutreffe, die die Wahrheit, die *eine* ist, in viele teilen (SM IX 21). Wenn überhaupt eine neue Religion kommen wird, dann ist es die Religion des Herzens, die *eine* Religion, die die lebendige ist und die immer war (SM IX 25). Die kommende Weltreligion ist jene, die vom Anfang der Menschheit war. Ihren Ausdruck fand sie nach Inayat Khan vornehmlich in nicht durch Worte begrenzter, überbegrifflicher Art – und es ist darum kein Zufall, wenn er von der Musik, die für ihn der kürzeste Weg zu Gott ist, als der kommenden Weltreligion spricht.[102]

---

[100] Das außerhalb des Korans überlieferte Wort (Hadith) des Propheten, das schon der große Mystiker Abu Hamid al Ghasāli in diesem Sinn interpretiert (Das Elixier der Glückseligkeit, Köln ³1984, 55), lautet: „Jedes Neugeborene wird mit der rechten Anlage geboren, erst seine Eltern machen es zum Juden, zum Christen oder zum Magier", wobei unter der rechten Anlage die wahre Religion (des Islams) verstanden ist; vgl. die Übersetzung unter dem Titel ›Die unveränderliche Religion‹ in É. Dermenghem, Mohammed, Reinbek b. Hamburg 1980, 115.

[101] Mt 5, 17.

[102] Vgl. E. de Jong-Keesing, 150 f.

Inayat Khan meinte also keine wesentlich neue Botschaft zu bringen, und seine Intention ist auch zu unterscheiden von Missionsbewegungen hinduistischer Herkunft wie der Vedānta-Society.[103] Denn die 'Sufi-Bewegung' ist im Verständnis Inayat Khans keine neue Religion, sondern sie ist die Fortsetzung derselben alten Religion, die immer da war, bei allen Lehrern, in allen Schriften; sie will aber die Vereinheitlichung von allen diesen. Dieser Bewegung gibt er ein theoretisches und praktisches Programm; sie ist sein Lebenswerk in organisatorischer Hinsicht.

5. Organisatorische Struktur der 'Sufi-Bewegung'

a) Prinzipien und Ziele der Bewegung

Dem Sufi-Movement hat Inayat Khan 'Drei Ziele' gegeben, und er hat die Inhalte der Bewegung in 'Zehn Sufi-Gedanken' zusammengefaßt, die alle wichtigen Gegenstände umfassen, die das innere Leben des Menschen betreffen. Zwischen 1915 und 1918 haben sich die Wörter geändert, die 'Zehn Sufi-Gedanken' und die 'Drei Objekte' aber sind seit 1918 nicht mehr geändert worden; sie tragen in ihrer Wortwahl den Stempel dieser Periode.[104] Diese 'Ziele' bzw. 'Gedanken' sind in jedem ›Sifat‹-Heft[105], einem offiziellen Organ der Bewegung (seit 1969), noch heute abgedruckt; die Interpretation der *'Sufi-Gedanken'* findet sich im ersten Beitrag des ersten Bandes der

---

[103] Dennoch aber ist die eine Ähnlichkeit größer als die Differenz zu solchen Bewegungen; auch sein Sohn spricht von der „Mission" des Vaters (siehe oben S. 100); vgl. in diesem Sinn auch R. F. von Scholtz-Wiesner, Einleitung, in: H. Inayat Khan, Sufi-Weisheiten, 24.

[104] Vgl. E. de Jong-Keesing, 147.

[105] ›Sifat‹ (das Erkannte bzw. die Manifestation) heißt als sufischer Begriff ein Aspekt des höchsten Seins (vgl. SM V 14 und 36); es ist eine Manifestation des Urgeistes (vgl. Hidayat Inayat Khan, Zat und Sifat, in: Sifat. Sufi-Zeitschrift 17 [1988/89], Nr. 3, 8 f.). ›Sifat‹ erscheint seit 1970 in der Schweiz als Organ der ›Sufi-Bewegung‹, zunächst viermal jährlich, seit den 80er Jahren nur dreimal im Jahr; Ende der 70er/Anfang der 80er Jahre wurde auch der Untertitel geändert: hieß er zunächst ›Zeitschrift der SUFI-Bewegung‹, so lautet er nun ›Sufi-Zeitschrift‹. In der Redaktion wirkte seit 1974 auch Professor Umar von Ehrenfels mit, der ein Schüler von Musharaff Khan war (vgl. den Nachruf auf ihn, in: Sifat 9 [1979/80], Heft 4, 35); jetzt ist Karima Sen Gupta dafür verantwortlich.

Werke Inayat Khans (SM I 13–22); deren Wortlaut und jener der
'Ziele' sind im neunten Band, der das Gesamtthema › The Unity of Re-
ligous Ideals‹ hat, abgedruckt (267 f.). Diese programmatischen For-
mulierungen haben also eine zentrale Stelle sowohl im Werk Inayats
als auch im Selbstverständnis der Bewegung. Bevor daher auf die organisatorische Struktur und das äußere Erscheinungsbild der Bewegung eingegangen wird, sollen sie hier im vollen Wortlaut – zitiert nach
›Sifat‹ – wiedergegeben werden; sie sind gleichsam eine thesenhafte
Zusammenfassung der im vorhergehenden Abschnitt dargestellten religiösen und religionsphilosophischen Ideen Inayat Khans und erklären sich von seiner Theologie her.

Ziele der Sufi-Bewegung

1. Die Religion der Liebe und der Weisheit, die Erkenntnis der Einheit zu verwirklichen, damit die den Konfessionen anhaftenden Vorurteile von selbst
wegfallen, das Menschenherz von Liebe überfliesse und der durch Meinungsverschiedenheiten entstandene Hass ausgerottet werde.

2. Das im Menschen verhüllte Licht und die in ihm schlummernde Kraft,
das Geheimnis aller Religionen, die Macht der Mystik und den Wesenskern der Philosophie zu erschliessen, ohne an Glaubensbekenntnisse zu
rütteln.

3. Zu helfen, die beiden Pole der Welt, den Osten und den Westen einander
näher zu bringen, damit die Weltverbrüderung sich bilden möge und Mensch
zu Mensch sich finde, jenseits der engen Grenzen von Nation und Rasse.

Sufi-Gedanken

1. Es gibt nur EINEN GOTT, den Ewigen, den Einzigseienden, nichts besteht ausser Ihm.

2. Es gibt nur EINEN MEISTER, den führenden Geist aller Seelen, der alle,
die ihm folgen, unablässig dem Lichte entgegenführt.

3. Es gibt nur EINE RELIGION, den unentwegten Fortschritt in der rechten
Richtung, dem Ideal entgegen, durch das der Lebenszweck einer jeden Seele
erfüllt wird.

4. Es gibt nur EINE HEILIGE SCHRIFT, das heilige Manuskript der Natur,
die einzige Schrift, die den Leser erleuchten kann.

5. Es gibt nur EIN GESETZ, das Gesetz der Gegenseitigkeit, das von einem
selbstlosen Gewissen, zusammen mit einem erwachten Gerechtigkeitsgefühl
erfüllt werden kann.

6. Es gibt nur EINE BRUDERSCHAFT, die Menschenverbrüderung, die
unterschiedslos die Kinder der Erde in der Vaterschaft Gottes vereinigt.

7. Es gibt nur EINE MORAL, die Liebe, die der Selbstverleugnung ent-
spriesst und im Wohltun aufblüht.

8. Es gibt nur EINEN GEGENSTAND DES LOBES, die Schönheit, die das
Herz des Anbeters durch alle Erscheinungen hindurch vom Sichtbaren zum
Unsichtbaren erhebt.

9. Es gibt nur EINE WAHRHEIT, die Kenntnis unseres äusseren und inneren Wesens, die der Kern aller Weisheit ist.

10. Es gibt nur EINEN PFAD, den der Auflösung des falschen im wahren, vollkommenen Selbst, das den Sterblichen zur Unsterblichkeit erhebt.

b) Gründung wichtiger Institutionen durch Hazrat Inayat Khan

Im Jahre 1910 kam Inayat Khan, dessen Ehrenbezeichnung *Pir-o-Murshid* ist[106], nach Amerika. Im Verlaufe seiner Reisen stießen 1911 und 1912 in größerer Zahl Anhänger zu Inayat Khan. Die Grundlagen für die Bewegung (Sufi-Movement) bzw. für den Orden wurden ab etwa 1915 in England gelegt. Dies ging nicht ohne Schwierigkeiten und Meinungsverschiedenheiten mit dem eigentlichen Initiator vor sich. Die Mitglieder des Komitees hielten 1916/17 sich selbst – wie mit dem Ausdruck des Erstaunens die Biographin *de Jong-Keesing* schreibt – „für so wichtig, daß sie zu den jährlichen Festivitäten die Jahre nicht nach Inayats erstem Wirken im Westen, sondern nach dem Beginn ihrer Londoner Gesellschaft zählten"[107]. Sehr originell bringt diese Differenzen zum Meister und Inayats ironische Distanz zum westlichen Selbstverständnis sein Diktum zum Ausdruck, daß es im Westen keine Schüler, sondern nur Lehrer gebe.[108] Zur offiziellen Gründung der 'Sufi-Bewegung' kam es 1922 in Genf.

Nach de Jong-Keesings Darstellung versuchte Inayat Khan die Verbreitung der Sufi-Ideen im Westen vor allem durch *drei spezielle Institutionen* zu erreichen: erstens durch die sogenannte Bruderschaft (brotherhood), zweitens durch die innere Schule für Initiierte und drittens vermittels der 'Kirche für alle' oder dem 'Universellen Gottesdienst' (*Church of All* resp. *Universal Worship*); dies sind Einrichtungen der Bewegung auch in der Gegenwart.[109]

---

[106] Pir-o-Murshid ist ein Ehrentitel und kann etwa mit „großer Meister" übersetzt werden (vgl. oben Anm. 26).

[107] E. de Jong-Keesing, 148.

[108] Zit. a. a. O., 147.

[109] Ebd. Vgl. dazu das Informationsheft ›Sufismus und Sufi-Bewegung‹ (o. J. [nach 1982]), zugesandt von der Redaktion ›Sifat‹ 1991, bei der diese kurze Broschüre (7 Seiten) erhältlich ist, in der Welt-Bruderschaft, Universeller Gottesdienst und Sufi-Orden, die esoterische Tätigkeit der Bewegung, genannt werden (3 f.). Tatsächlich aber gibt es noch andere Unterzweige, wie aus den Informationsankündigungen z. B. für die alljährlich – seit den Zeiten Inayat Khans, der sie begründet hat – stattfindende Sommerschule hervor-

Innere Schule einer vereinfachten Mystik nennt de Jong-Keesing die „wichtigste Institution seines Werkes im Westen"; diese innere Schule lehrt einführend im Hinblick auf die Initiation einige Basis-Praktiken; in Fortführung können zusätzlich eine oder mehrere Klassen eines Zwölfjahres-Kurses gemacht werden.[110] In dieser esoterischen Schule der 'Sufi-Bewegung' haben jene, die sich für sie entschließen, eine persönliche Führung durch einen Lehrer (Murshid). Es werden verschiedene Ideen, spirituelle Stufen etc. kennengelernt, nicht am Beginn schon werden die Feinheiten dieser Ideen vermittelt, sondern schrittweise jenen, die ernst genug sind, um in den Pfad der Wahrheit einzutreten. Der erste Schritt auf diesem Pfad der Wahrheit aber ist, mit sich selbst ins klare zu kommen, sagt Inayat Khan (SM IX 271). Die Bedingungen für die Initiation im Sufi-Orden sind nach Inayat Khan folgende: Bereitschaft, mit seinen Lehren und Zielen übereinzustimmen, Geneigtheit, nicht mehr die Unterschiede zwischen den verschiedenen Glaubensweisen als wichtig zu betrachten und alle Offenbarungskünder als Verkörperung des einen göttlichen Geistes zu betrachten, und drittens, nicht bereits einem anderen spirituellen Weg zu folgen (SM I 48).

Die *zweite Institution*, nämlich die *Brotherhood-activity* ist ebenfalls der westlichen Gestalt des Denkens angepaßt. Es war ein offenes Forum für Lesungen und Einführungen zu verschiedenen Gegenständen unter den Auspizien einer Gesellschaft, des Ordens oder der Bewegung Inayats; es wurde eine Gesellschaft zur Vereinigung der Religionen schon damals während des Ersten Weltkrieges in Betracht gezogen; sie galt aber als zu ehrgeizig.[111]

Die *dritte Institution* war der 'Universelle Gottesdienst' bzw. die 'Church of All'. Diesen begann er 1921 in England zu planen. Die Zeremonien gehen zurück auf die Gebetstreffen mit Ansprache; solche wurden schon während des Krieges gehalten. Das 1921 konzi-

geht; es werden genannt: Sufi-Orden, Kirche für Alle, Confraternity, Bruderschaftsorden und Heilorden (vgl. Sifat 3 [1972/73], Nr. 4, 27). C. Gibbings spricht auch ausdrücklich von einem vierten Zweig der Aktivitäten der 'Sufi-Bewegung', der ihm besonders kostbar wurde, nämlich die Arbeit des Heilens (vgl. ders., Gott heilt!, 91). Dies geht darauf zurück, daß Inayat Khan selbst schon eine spezielle Sufi-Gruppe für Fernheilungen durch Gebet und Meditation vorgesehen hatte (vgl. S. van Stolk/D. Dunlop, Inayat Khan und seine Botschaft, 94). Zudem gibt es aktuell verschiedene Projektgruppen (z. B. 'Hoffnungsprojekt', ein Sozialprojekt in Indien, vgl. Sifat 20 [1991], Nr. 2, 34f.).

[110] Vgl. E. de Jong-Keesing, 153.
[111] Vgl. a. a. O., 154.

pierte Ritual, das heute in Gebrauch ist, entstand hauptsächlich in Kooperation mit Sophia Saintsbury-Green; es wurde später weitererprobt in Wissous (Frankreich) und Holland.[112] Auf seine Struktur ist im folgenden näher einzugehen.

c) Der 'Universelle Gottesdienst'

Der Universelle Gottesdienst heißt deswegen auch 'Kirche für alle', weil er alle verschiedenen Wege der Gottesverehrung bzw. von Kirchen umfaßt; er ist auch für jeden zugänglich.

Folgende kultische und zeremonielle Aspekte des *Gottesdienstes* sind entscheidend:

Im Kult ist der Altar mit einem gelben Tuch bedeckt und mit Blumen geschmückt. In der Mitte steht eine Kerze, die das Gotteslicht symbolisiert; zu beiden Seiten davon liegen die Schriften der Hauptreligionen, aus denen in folgender Reihung Texte gelesen werden: zu Beginn aus den Heiligen Schriften des Hinduismus, dann des Buddhismus und des Zoroastrismus; dann folgen die „westlichen" Religionen, das Judentum (Altes Testament), das Christentum (Neues Testament) und der Islam (Koran).[113] Vor den Heiligen Büchern stehen Kerzen am Altar, die ebenfalls diese verschiedenen Religionen repräsentieren. Die Kerzen zeigen nach Inayat Khan die Anhänglichkeit und den Respekt hinsichtlich der unterschiedlichen Religionen an – sie zeigen, daß *ein* Licht und viele Kerzen sind (SM IX 272). Symbolisch sind also alle Religionen repräsentiert, um sowohl die innere Einheit als auch die äußere Differenz auszudrücken. Am Altar ist dann noch eine weitere, siebente Kerze „für alle die Meister, ›der Welt bekannt und unbekannt, die das Licht der Wahrheit hochgehalten haben gegen das Dunkel menschlicher Unwissenheit‹"[114]; davor liegt das Werk ›Gayan‹ („Die Musik des Schweigens") von Hazrat Inayat Khan.

Im 'Service of the Universal Worship' leiten die Cherags als Offizianten die Zeremonien. Das Wort 'Cherag' (siraj) bedeutet 'Lampe', 'Leuchte' oder etwa: Lichtbringer. Die 'Sufi-Bewegung' hat

---

[112] Vgl. a. a. O., 176f.

[113] Es war auch an die Einführung des Taoismus gedacht, doch scheint dies wegen des frühen Todes Inayat Khans nicht mehr realisiert worden zu sein: vgl. R. F. von Scholtz, Einheit im Geiste, III, 35. 9, 272.

[114] Vgl. R. F. von Scholtz, Einheit im Geiste, I, 14.

keine Priesterschaft im gewöhnlichen Sinn. Die „Priesterschaft", die Ordinierten bzw. Cherags, sind nur dazu da, um den Gottesdienst zu leiten, eine Ansprache zu halten[115] und auf Alltagssorgen Antwort zu geben. Inayat hebt hervor: „Da ist kein Unterschied zwischen Frauen und Männern. Die würdige Seele ist ordiniert; dies gibt der Welt ein Beispiel, daß an allen Orten – in der Kirche, in der Schule, im Parlament, bei Gericht – es Frau und Mann zusammen sind, die die Evolution vollenden"; und zu gleicher Zeit ist „jeder Sufi ein Prediger, ein Betender, ein Lehrer und ein Schüler jeder Seele, die er in der Welt antrifft" (SM IX 272).[116]

Im Sinne von Inayat Khan ist auch der Gottesdienst der 'Sufi-Bewegung' *spirituell* zu deuten, nämlich als Zeichen der tieferen Einheit der Religionen. So führt der Universelle Gottesdienst zu keiner anderen Kirche, sondern die 'Church of All' ist eine solche, die die Möglichkeit gibt, alle Kirchen zusammenzuführen. Dennoch ist es nicht notwendig, daß der Sufi zur 'Kirche von Allen' gehört. Zu welcher Kirche er immer geht, er ist ein Sufi. Menschen im westlichen Kulturkreis werden demnach vor allem als Christen Sufis sein und den 'Universellen Gottesdienst' feiern. R. F. von Scholtz-Wiesner schreibt, daß Inayat Khan diesen Gottesdienst „eingesetzt (hat), in dem wir uns als Christen mit den Gläubigen der anderen Religionen in Eintracht treffen"[117]. Ein Sufi zu sein bedeutet – wie schon erwähnt wurde –, eine bestimmte Perspektive, eine gewisse Weltanschauung zu haben, und

---

[115] Die Sammlung solcher Ansprachen (Drei Jahreszyklen) sowie der überkonfessionellen Textauswahl stammt von Murshida Fazal-un-nisa Schwester Renate von Scholtz-Wiesner, Einheit im Geiste. Erfahrungen des inneren Weges. Zwölf Ansprachen von R. F. von Scholtz-Wiesner. Mit Texten aus den Heiligen Schriften der Weltreligionen und Worten des Sufi-Meisters Pir-o-Murshid Hazrat Inayat Khan, Bde. 1–3, Remagen 1975–1977. Hier werden vielfach auch neutestamentliche Texte interpretiert (vgl. z. B. Bd. 1, 72 f. und 91 f.).

[116] Auch im Hinblick auf das Gottesverständnis werden die „femininen" Aspekte beachtet, wenn auch verbunden mit einem eher traditionellen Verständnis der Rolle der Frau (vgl. SM V 35); die mystische Deutung relativiert aber entschieden ein repressives Verständnis des Geschlechterverhältnisses: vgl. bes. SM V 33 ff., über männliche und weibliche Aspekte Gottes. Beeinflußt von Hazrat Inayat Khan ist die interessante Arbeit von L. Malin, Die schönen Kräfte. Eine Arbeit über Heilen in verschiedenen Dimensionen, Frankfurt a. M. [1]1991, 24 ff. u. ö.

[117] Vgl. R. F. von Scholtz-Wiesner, I, 31.

er ist nicht von äußerlichen Aspekten, wie es auch der Kult ist, abhängig; es ist auch nicht nötig, zu einer bestimmten Kirche zu gehen (SM IX 278).

Da das Eigentliche, die Realisation Gottes, der formlos ist, im Gottesdienst durch so verschiedene Formen ausgedrückt wird, haben die Sufis eigentlich ein formloses Ideal des Gottesdienstes (SM IX 272); die Form hat bloß eine propädeutische, didaktische Aufgabe: sie ist notwendig für die Erziehung. Ohne Formen und Namen hätten wir nicht gelernt. Aber die Form ist nur suggestiv, nur das, was *dahinter ist*, zählt. Es geht um die eine Wahrheit, die hinter allen Religionen ist. Darum ist jeder Sufi frei, ob er eine Form akzeptiert oder nicht, auch beim Gottesdienst.

d) Mitgliedschaft

Die 'Sufi-Bewegung' versteht sich als eine Gruppe von Menschen aus verschiedenen Religionen. Es ist nicht nötig, die angestammte Religion zu verlassen, sondern man sollte sie vielmehr besser zu verstehen versuchen (SM IX 262). Jeder kann seiner eigenen Kirche folgen, es besteht keine Notwendigkeit, an ein spezielles Dogma zu glauben: auch in religiösen Dingen ist die Freiheit des Denkens gewährleistet (SM IX 271). Eine Kritik oder gar Bekämpfung einer bestehenden Kirche aber soll ausgeschlossen sein.[118]

Die Mitglieder der Bewegung kommen aus allen Gruppierungen, aus verschiedenen Konfessionen, auch Geistliche gehören zu ihr. Einer der bekanntesten war der Priester der Anglikanischen Kirche Cecil Gibbings (1893–1977), der in Inayat Khan seinen Lehrer gefunden hatte, aber weiterhin seine priesterliche Aufgabe in seiner Kirche erfüllte.[119] Die Idee, die hinter dieser Verbindung zwischen Christentum und Sufismus steht, ist ein „christlicher Sufismus", wie ihn R.F. von Scholtz explizit nennt.[120] Zenbuddhisten (wie Paul Reps)[121] sind ebenso Mitglieder wie islamisch Orientierte (wie Samuel Lewis, ein Nachfolger Mrs. Martins); auch dogmatische Athe-

---

[118] Vgl. a.a.O., 11.
[119] Vgl. C. Gibbings, Gott heilt! Eine autobiographische Skizze. Priester und Heiler in der Anglikanischen Kirche und in der Sufitradition, Heilbronn 1987.
[120] Vgl. R.F. von Scholtz-Wiesner, I, 10.
[121] Vgl. P. Reps, Ohne Worte – ohne Schweigen, 101 Zen-Geschichten und andere Zen-Texte aus vier Jahrtausenden, Bern 1976, bes. 207.

isten, die proklamierten, daß Gott tot ist, erfahren die Realität des Göttlichen in dieser Gemeinschaft neu; für sie war der Tod Gottes in der Bedeutung eines autoritären Gottes einer alten Religion gemeint, der nun „tot" ist.[122]

e) Leitung der 'Sufi-Bewegung' und ihre Ausbreitung

Die 'Sufi-Bewegung' versteht sich als eine hierarchische Organisation; als solche habe sie Inayat Khan geschaffen. Die Idee, die hinter diesem Konzept steht, wird mit folgendem Motiv begründet: das Sufi-Movement sei eine spirituelle Bewegung, und die Inspiration komme von oben, von jenen, die eine höhere Stufe ihrer Realisation und Offenheit für die göttliche Inspiration erreicht haben; deswegen würde sich diese hierarchische Struktur in besonders klarer Weise in der 'Inneren Schule' der Bewegung ausdrücken, in der es vor allem um geistliche Vertiefung geht.[123] An diesem Aspekt zeigt sich die Umformung der klassischen Guru-Idee in eine hierarchische Struktur, in der die Autorität in dem überlegenen Grad religiös-spiritueller Vollkommenheit begründet wird.

Die Umsetzung des hierarchischen Leitungsprinzips wurde in der Weise durchgeführt, daß die älteren männlichen Angehörigen der Großfamilie Khan die Leitung der 'Sufi-Bewegung' nach dem Tod des Gründers übernahmen. Unmittelbar folgte ihm sein jüngerer Bruder *Maheboob Pyarumir Khan* (1887–1948) mit dem Titel eines Shaikh-ul-Mashaikh nach;[124] er leitete das Sufi-Movement von 1928 bis 1948. Von 1948 bis 1958 war Pir-o-Murshid *Mohammed Ali Khan* (1881–1958), ein Cousin von Inayat, das Haupt vom Sufi-Movement. Als sein Nachfolger war dessen Neffe *Mahmood Khan Youskine* (*1927), ein Shaikh-ul-Mashaikh, von ihm ursprünglich vorgesehen gewesen. Es kam jedoch zu Schwierigkeiten in der Regelung der Nachfolge, die 1956 zur Ausbildung des 'Sufi-Ordens (im Westen)' als einer selbstän-

---

[122] Vgl. E. de Jong-Keesing, a. a. O., 271.

[123] Vgl. zur näheren Begründung dieser Idee S. van Stolk/D. Dunlop, Inayat Khan und seine Botschaft, 1972, das Kapitel ›Die geistige Hierarchie‹ (209 ff.).

[124] Shaikh (arabisch) entspricht Pir im Persischen (vgl. dazu A. Schimmel, Mystische Dimensionen des Islam, 151); Shaikh-ul-Mashaikh ist der geistliche Titel in der Familie Inayat Khans seit 1924; vorher lautete er nur Mashaikh (vgl. E. de Jong-Keesing, a. a. O., 300).

digen, vom Sufi-Movement unterschiedenen Organisation (mit dem damaligen Zentrum in London), unter Leitung von *Pir Vilayat Inayat Khan* (*1916), des ältesten Sohnes von Inayat Khan, führten; dieser hatte seit etwa 1932 das spirituelle Werk seines Vaters weitergeführt. In der Leitung der Bewegung selbst folgte von 1959 bis 1967 Pir-o-Murshid *Musharaff Moulamir Khan* (1895–1967), der jüngste Bruder von Inayat, nach. Dessen Nachfolger wiederum wurde *Fazal Inayat Khan* (1942–1990), der schon 1965 eingeladen worden war, das Sufi-Movement (mit Sitz in Genf) zu leiten. Fazal war ein Enkel des Gründers, ein Sohn von Hidayat Khan (*1917), des jüngeren Bruders von Vilayat. [125] In einem Nachruf auf den unerwartet, schon mit 48 Jahren verstorbenen Mashaikh Fazal ist zu lesen: „Er gab augenblicklich alles auf, als er gerufen wurde, die Sufi-Bewegung zu leiten. Er widmete sich mit ganzem Herzen und tiefer Hingabe dieser schwierigen Aufgabe und war willig bereit zurückzutreten, als dies einen Weg öffnete zu einer größeren Einheit in der Sufi-Arbeit." [126] Offenbar ist in diesen Zeilen auf die Annäherung von 'Sufi-Bewegung' und 'Sufi-Orden' angespielt, die seit Beginn der achtziger Jahre gegeben ist, in besonderer Weise durch die Person Pir Vilayat Inayat Khans. [127] Trotz dieser versöhnenden Entwicklung und Kooperation besteht jedoch der von ihm geleitete 'Sufi-Orden im Westen' weiterhin als eigenständige Organisation, parallel zur 'Sufi-Bewegung'.

Die 'Sufi-Bewegung' ist heute in fast allen europäischen Ländern verbreitet; seit der Öffnung der Grenzen auch im Osten Europas. [128] Darüber hinaus finden sich in allen Kontinenten Anhänger Inayat Khans.

Sufi-Tempel bilden besondere religiöse Zentren der Bewegung; es bestehen zur Zeit drei: in Katwijk (Holland), in Kapstadt (Südafrika) und in Suresnes bei Paris, dessen Grundstein Inayat Khan schon 1926 vor seiner Abreise nach Indien gelegt hat, jedoch erst am 5. Juli 1990 – der 5. Juli ist der Geburtstag Inayat Khans – von seinem Sohn Vilayat im Beisein der Vertreter der großen Weltreligionen eingeweiht werden konnte. Sein Grabmal (Dargah) in New Delhi ist ein Zentrum sowohl der 'Sufi-Bewegung' als auch des 'Sufi-Ordens'; es ist eine Pilgerstätte

---

[125] Vgl. zu den einzelnen Personen E. de Jong-Keesing, 290, 294–298.
[126] Vgl. den kurzen Nachruf in: Sifat 19 (1990), Nr. 3, 36.
[127] Vgl. O. Eggenberger, Kirchen, Sondergruppen und religiöse Vereinigungen, 210.
[128] Über die vielfachen Aktivitäten der Bewegung – aber auch des Ordens – informiert regelmäßig das Periodikum ›Sifat‹ (siehe oben Anm. 105).

für seine Schüler. Der Todestag des Gründers (5. Februar), sein Geburtstag (5. Juli) und sein Aufbruch von Bombay nach dem Westen
(13. September) bilden besondere Gedenktage seiner Schüler, sowohl
in der 'Sufi-Bewegung' als auch im 'Orden'.

6. Der 'Sufi-Orden im Westen'[129]

a) Entstehung und Organisation

Auf den offiziellen Schreiben und Ankündigungen des 'Sufi-Ordens' ist stets zu lesen: „Gegründet 1910 von Pir-o-Murshid Hazrat
Inayat Khan." Dieses Selbstverständnis will zum Ausdruck bringen,
daß die Ankunft in Amerika im Jahre 1910 der eigentliche Beginn des
Ordens ist. Diese ideelle Konzeption entspricht in der Hinsicht der historischen Entwicklung, als Inayat Khan zweifellos der Initiator jener
Tendenzen ist, die der Orden als seine eigenen betrachtet; unter
seinen Zielen wird zuerst das Anliegen genannt, „die Botschaft der
Einheit zu verbreiten und das Erwachen zu dem Bewußtsein des Göttlichen in allen Dingen und Wesen zu finden"; wenn aber zugleich hin-
zugefügt wird: „wie dies von Hazrat Inayat Khan gelehrt worden ist,
dessen Lehre von Pir Vilayat Inayat Khan weitergeführt wird"[130],
dann bringt dies die ideelle Weiterentwicklung zum Ausdruck, die in
Zusammenhang mit der Herausbildung einer neuen Organisation und
Leitungsstruktur steht. Von seiten des Ordens wird darauf hingewiesen, daß Hazrat Inayat Khan seinen Sohn Vilayat im Alter von
zehn Jahren anläßlich der Grundsteinlegung für den 'Universel' zu
seinem Nachfolger bestimmt hat;[131] nach dem Tode seines Vaters
wurde die 'Sufi-Bewegung' von älteren Mitgliedern der Familie geleitet,[132] bis es schließlich zu den erwähnten Schwierigkeiten in der
Nachfolgeregelung und 1956 zur Abzweigung des 'Sufi-Ordens' kam.

---

[129] Vgl. den aus 1977 stammenden informativen Beitrag von M. Milden-
berger, Dem Einen entgegen. Sufis im Westen; ders., Die religiöse Revolte,
Frankfurt a. M. 1981, 121 ff.; und die allgemeinen Hinweise von H. Baer, Neue
Wege zur Transzendenz?, 1987, 29 ff.

[130] Vgl. die Broschüre Sufi-Orden. Ein interreligiöser Weg zu spirituellem
Wachstum, Frankfurt a. M. o. J. [1990], 5 (im folgenden zitiert als SO).

[131] Vgl. SO 10; siehe dazu oben S. 107. Auch Pir Vilayat hat seinen ältesten
Sohn Zia im Alter von zehn Jahren zu seinem Nachfolger bestimmt (vgl. SO
5).

[132] Vgl. SO 13.

Dem Aufbau dieses Ordens und seinen Zweigen widmete Vilayat Inayat Khan seine ganze weitgespannte Tätigkeit. Er versteht sich als „Oberhaupt des von Hazrat Inayat Khan gegründeten Sufi-Ordens"[133]. Diese Entwicklung hatte zur Folge, daß heute *parallel* zwei Organisationen bestehen, die sich auf Hazrat Inayat Khans Intentionen zurückführen: die 'Sufi-Bewegung' und der 'Sufi-Orden (im Westen)'.

Der Leiter des Gesamtordens, als Oberhaupt bezeichnet, ist heute Pir Vilayat Inayat Khan; der Orden selbst nennt sich 'Sufi-Orden im Westen'. Das Sekretariat des 'Sufi Order International' ist in Suresnes bei Paris und koordiniert von dort, dem Wohnsitz von Vilayat, die Zusammenarbeit der einzelnen nationalen Zweige des 'Sufi-Ordens' miteinander. Von Vilayat Inayat Khan wird in gewissen Abständen ein Rundbrief (›Keeping in Touch‹) herausgegeben, der die Verbindung mit seinen Schülern und Interessenten aufrechterhalten soll.[134]

In vielen Ländern bestehen Gruppen des Ordens, sehr viele in Nordamerika, auch in Japan, Indien und Australien, relativ stark ist der Orden in Deutschland verbreitet;[135] auch in Österreich[136] und in der Schweiz ist er aktiv.

Der Orden ist in verschiedene Zweige – wie die 'Sufi-Bewegung' – unterteilt; bei der 'Sufi-Bewegung' wurden die wichtigsten schon genannt: Universeller Gottesdienst, Bruderschaft und der esoterische Zweig, der ebenfalls „Orden" heißt; einen solchen hatte Hazrat Inayat Khan ausdrücklich initiiert;[137] bzw. als vierter die Heiltätigkeit. Im 'Sufi-Orden' sind die genannten drei bzw. vier Tätigkeitsbereiche als eigene Zweige ausdrücklich ebenfalls gegeben, nämlich die

---

[133] Vgl. SO 13.

[134] Bis 1991 sind über 60 Nummern erschienen.

[135] In Deutschland ist der 'Sufi-Orden' eingetragener Verein mit Sitz in Frankfurt a. M., zu dessen Vorstand Vilayat Inayat Khan als Präsident gehört und einige von der Mitgliederversammlung gewählte Vorstandsmitglieder. Die Einreihung in den 'Sufi-Orden' ist nicht identisch mit der Mitgliedschaft im Verein (vgl. SO 32); ein Verzeichnis der Adressen findet sich in diesem Heft, 39 f. Es gibt ca. 20 Zentren in Deutschland; die vom 'Sufi-Orden' inspirierte – 1992 jedoch anders strukturierte – Gemeinschaft 'Sophienhof' (Greuth, im Allgäu) beschreibt F. Holterman ten Hove, In die Nähe von Gott geraten, in: Connection special (Nr. 9): Spirituelle Gemeinschaften, II, 1991, 72 ff.

[136] In Wien besteht eine Meditationsgruppe, die dem 'Sufi-Orden, Österreich' angehört, und eine Gruppe des Sufi-Heilordens; zur Heiltradition siehe oben Anm. 116 (L. Malin) und 119 (C. Gibbings).

[137] Siehe oben S. 124.

esoterische Schule, der Universelle Gottesdienst, die Bruder-/Schwe-
sterschaft und der Heilorden; als fünfter Bereich der Aktivität kommt
Ziraat hinzu, „eine Anwendung der Sufi-Prinzipien auf ein planetarisches und ökologisches Bewußtsein"[138].

Eine echte Neuerung im Verhältnis zur 'Sufi-Bewegung' ist das Hin-
zukommen eines spezifisch ökologisch orientierten Zweiges *Ziraat*[139],
der dem wachsenden Umweltbewußtsein in globaler Hinsicht antworten will. Obwohl es sich hier um eine aktuelle Problemstellung
handelt, sei die Idee dazu in den Überlegungen von Hazrat Inayat
Khan anzutreffen, der schon in den zwanziger Jahren den Begriff
'Planetarisches Bewußtsein' in Gesprächen mit seinen Schülern angewendet habe; einige Wochen vor seinem Tod habe er Ziraat gegründet; dies habe nur in den Erinnerungen einiger Murids weiterge-
lebt, so daß er in den fünfziger Jahren fast vergessen war. 1980 hat sein
Sohn Vilayat Ziraat als eine offene Organisation wiedererweckt.
Wegen des frühen Todes von Hazrat Inayat Khan hätte dieser nur das
Grundgerüst und wenige Zeremonien von Ziraat festlegen können.
Zu dem Neuen, das durch den 'Ziraat'-Zweig im westlichen Sufismus
repräsentiert wird, gehören auch naturbezogene Rituale (Feier der
Jahreszeiten, der Sonnenwenden, von Tag- und Nachtgleichen, Natur-
meditationen, der Rückgriff auf Zeremonien autochthoner Religion,
beispielsweise der Indianer).

Relativ neu im Vergleich zur 'Sufi-Bewegung' ist auch die Einschätzung des 'Heilordens' als *selbständiger Zweig*. Auch hierin wird auf aktuelle Bedürfnisse Bezug genommen, wie z. B. durch die Beachtung
alternativ-medizinischer Praktiken, der spirituellen Psychologie und
des Heilswissens esoterischer Traditionen (insbesondere natürlich
jenes der klassischen Sufi-Traditionen). Ziel ist es, durch die göttliche
Heilkraft Kranke zu unterstützen, die „selbstheilenden Kräfte der
kranken Menschen" zu ergänzen.[140]

Auch in den drei Tätigkeitsbereichen, die schon bei der 'Sufi-
Bewegung' als Hauptaktivitäten genannt wurden, bestehen gewisse
Neuakzentuierungen bzw. spezifische Ausformungen im Orden.
Der 'Universelle Gottesdienst' – der in der Grundstruktur in
der beschriebenen Weise ebenfalls im 'Sufi-Orden' gefeiert wird und
„die Einheit in der Vielfalt der Religionen" zum Ausdruck bringen

---

[138] Vgl. SO 5.
[139] Vgl. dazu SO 30; sowie die Programmankündigung zur Workshopwoche
von Pir Vilayat Inayat Khan (Oster-Camp Loreley 1987).
[140] Vgl. SO 28.

soll[141] – bildet den Rahmen für weitere spezielle Zeremonien wie Kindersegnung, Trauung, Gottesdienst für Verstorbene und die Ordination von Cherags.[142] Die *Bruder-/Schwesterschaft* unterstützt u. a. sozialkaritative Projekte wie das 'Hope Project' in Indien (Kinder werden täglich mit Milch versorgt, um sie vor Mangelernährung zu bewahren; ferner medizinische Versorgung, Schule, Sozialarbeit). Die *esoterische Schule* hat die spirituelle Ausbildung der Murids (Schüler) zur Aufgabe; einen besonderen Schwerpunkt bilden naturgemäß Meditationen, in denen klassische Sufi-Praktiken (Dhikr) in adaptierter Weise eine tragende Rolle spielen. Die spirituellen und gottesdienstlichen Zeremonien sind verbunden mit Gebeten von Hazrat Inayat Khan, unter denen im Universellen Gottesdienst die folgende 'Invokation' zentral ist:

> Dem Einen entgegen,
> der Vollkommenheit der Liebe, der Harmonie und der Schönheit,
> dem einzig Seienden,
> vereint mit all den erleuchteten Seelen,
> die den Meister, den Geist der Führung verkörpern.[143]

b) Interreligiöse Spiritualität

Die Geistigkeit des 'Sufi-Ordens (im Westen)' ist wesentlich von Vilayat Inayat Khan geprägt; er schließt dabei gewiß an Ideen seines Vaters an, aber er bringt auch neue Akzente bei. Das Grundmotiv aber bleibt dasselbe: die Erreichung einer mystischen Einheitserfahrung. Vilayat Inayat Khan versteht es, dieses Anliegen zeitgemäß und in enger Verbindung mit aktuellen religiösen und geistigen Strömungen zur Sprache zu bringen; vielfach ist er aktiv an internationalen Symposien beteiligt, die sich – oft im Sinne des 'New Age' – um eine Versöhnung zwischen modernem naturwissenschaftlichem Denken und spirituellen Traditionen bemühen.[144]

---

[141] Vgl. SO 18.
[142] Vgl. a. a. O., 26f.
[143] Zit. nach F. Holterman ten Hove (s. Anm. 135), 73.
[144] Vgl. z. B. den Bericht über eine New-Age-Konferenz von P. Andreas, Bürger einer neuen Ära, in: Esotera 34 (1983), Heft 1, 18ff.; oder den Dialog mit D. Bolin: siehe S. Ndiaye, Die Physik der Mystik, in: Esotera 41 (1990), Heft 11, 61ff.; er nahm auch an dem „Festival" 'Die Kraft der Visionen. Wege einer ganzheitlichen Heilung' (Berlin/Potsdam, 17.–20. 5. 1991) teil.

Diese Spiritualität bildet die Grundlage der in seinem Orden praktizierten universalen Religiosität: der 'Sufi-Orden' versteht sich – wie es
in der hinzugefügten Selbstbezeichnung heißt – als „ein interreligiöser
Weg zu spirituellem Wachstum"; die Vielfalt der verschiedenen religiösen Traditionen wird bewußt hereingenommen. Das Hauptinter-
esse richtet sich aber nicht auf diese religiösen Wege an sich, sondern
auf ihren Beitrag zum spirituellen Wachstum; das Schlüsselanliegen ist
also Spiritualität; eine Spiritualität, die die einzelnen religiösen Überlieferungen integriert, diese aber in eine sie überschreitende Einheit
einfügt.

7. Das Neue am Neo-Sufismus Inayat Khans

Der Sufismus im Sinne Inayat Khans ist nicht allein für Muslime zugänglich, sondern – wie aufgezeigt wurde – für Angehörige aller Religionen, ohne daß diese ihre angestammte Glaubensgemeinschaft verlassen müßten. Damit ist im *Hinblick auf den Islam eine wichtige
Zäsur* eingetreten: die ausschließliche Orientierung am Koran und
den darauf basierenden dogmatischen Lehren und Gesetzen (Scharia)
sind für diesen Sufismus *generell* nicht mehr verbindlich – nur in
persönlicher Hinsicht, insofern sich jemand als Muslim weiterhin
versteht. Doch hier tritt das gravierende Problem auf – wie übrigens
auch im Hinblick auf jede andere Religion –, ob noch die umfassende
Zugehörigkeit zum Islam gegeben ist, da zu dieser Religion (und jeder
anderen in ähnlicher Weise) auch eine Reihe „äußerer" Aspekte gehören, die es anzunehmen gilt, wenn man sich als Angehöriger der betreffenden Religion versteht, wie z. B. das Dogma, die moralischen
Vorschriften, die religiösen Leitungsinstanzen etc. Am Verhältnis zu
den zentralen Glaubensartikeln und den Rechtsvorschriften zeigt sich
also die wesentliche Differenz der neosufistischen Auffassungen, die
sich von diesen Vorgaben im Grunde losgelöst haben.
    Durch die Möglichkeit, auch ohne Anerkennung der Grund-
dogmen und -vorschriften des Islams Sufi sein zu können, hat der hier
vertretene Sufismus eine *neue Gestalt* bekommen, die sich von der innerislamischen Mystik unterscheidet. Dieses neue Selbstverständnis
drückt sich auch darin aus, daß man Sufismus als eine von Anfängen
der Menschheit und in allen Religionen vorkommende Lebensbe-
trachtung versteht, und nicht allein als eine islamische Form der Frömmigkeit; aus der ursprünglichen, am Koran orientierten Mystik ist im
Neosufismus eine prinzipiell für jeden Menschen, unabhängig von
seinem Glaubensbekenntnis, realisierbare Möglichkeit geworden.

Angesichts dieser neuen Frömmigkeitsform ist die Frage nach dem Grund aufzuwerfen, warum es zu diesen Veränderungen gegenüber innerislamischen Auffassungen gekommen sein mag. Dieser Frage ist im folgenden, dem zweiten Teil der Arbeit, nachzugehen; er führt hin zum geistigen Hintergrund der europäisch-westlichen Kulturtradition, in die dieser Sufismus zum Beginn des 20. Jahrhunderts eingetreten ist, und seine neue Gestalt muß zugleich im Zusammenhang mit den anderen, im gesamten ersten Teil erfaßten neureligiösen Tendenzen der Moderne interpretiert werden, die ebenfalls eine „innere" Vereinheitlichung der Religionen anstreben.

ZWEITER TEIL:

NEURELIGIÖSER UNIVERSALISMUS – JENSEITS DER ALTERNATIVE VON SÄKULARER MODERNE UND TRADITIONELLER RELIGIOSITÄT (RELIGIONSTHEORETISCHE GESAMTDEUTUNG)

Nach Darstellung des Phänomens universalistischer Religiosität in einem allgemeinen Überblick (Teil 1) und einer detaillierten Erfassung derselben in einer spezifischen Ausprägung (›Sufi-Bewegung‹) ist im Teil 2 die *systematische* und *historische Gesamtdeutung* dieser komplexen Erscheinung in der jüngsten Religionsgeschichte zu geben; diese Interpretation soll nach drei Dimensionen hin durchgeführt werden: Zuerst ist *das Gesamtphänomen als solches* zu erfassen, wobei die wesentlichen Merkmale und darauf aufbauend eine umfassende *Charakteristik* der behandelten universalistischen Neureligionen gegeben wird (V. Kapitel); da diese Neureligionen in einem ambivalenten Verhältnis sowohl zur neuzeitlichen Kultur als auch zu den klassischen Religionen stehen, ist in den beiden folgenden Kapiteln diese Relation herauszustellen. Die *Ambivalenz hinsichtlich der modernen Lebenswelt* (VI. Kapitel) ergibt sich daraus, daß diese Bewegungen einerseits durch neuzeitliche Intentionen geprägt sind, andererseits aber auch offensichtlich neuzeitkritische Intentionen besitzen, wie im einzelnen aufzuzeigen sein wird. Die *Zwiespältigkeit hinsichtlich der klassischen Religionen* (VII. Kapitel) beruht auf dem Faktum, daß diese Neureligionen sowohl den Anspruch stellen, das Wesen der klassischen Religionen zu realisieren (und sie in diesem Sinn esoterisch weiterführen), andererseits aber offenkundig die klassischen Religionen als überholte Formen betrachten. Während die Neureligionen im Hinblick auf die moderne Kultur unter dem Aspekt des „Neu-Seins" der Moderne entsprechen, hingegen unter dem Aspekt der Religiosität im Gegensatz zur säkularen Welt stehen, verbindet sie mit den klassischen Religionen das Faktum, daß auch sie ein religiöses Angebot darstellen, trennt sie aber zugleich von diesen, insofern sie neu sind. Um das Verhältnis Neureligionen und Neuzeit geht es also im VI. Kapitel, und um das Verhältnis zu den klassischen Religionen im VII. Kapitel. Dabei sind einige Perspektiven zu nennen, besonders aus christlicher Sicht, die sich in der Begegnung mit neureligiösen Bewegungen als relevant erweisen; es geht um ein Bedenken eventueller Konsequenzen für die klassischen Religionen, in besonderer Weise für das Selbstverständnis des Christentums. Dabei ist die Überlegung leitend, daß der universale Anspruch neureligiöser Bewegungen eine kritische Herausforderung an die herkömmlichen Religionen und ihr Selbstverständnis darstellt, der es sachgerecht zu begegnen gilt; eine angemessene Reaktion ist aber nur auf der Grundlage einer sachlich-objektiven, d. h. einer religionswissenschaftlichen Deutung des als provokativ erfahrenen Phänomens möglich; diese hat deswegen in grundlegender Weise zuerst zu erfolgen.

Im Hinblick auf die gesamten systematischen Überlegungen ist das Faktum mitzubedenken, daß es sich um ein Phänomen handelt, das in seiner religionsgeschichtlichen Erscheinungsform nur eine – im Vergleich zu den klassischen Religionen – relativ kurze Zeitspanne (seit dem 19. Jahrhundert) umfaßt und zudem nicht abgeschlossen ist; im Gegenteil: die hier besprochenen Bewegungen und ihre Frömmigkeit sind in weiterer Entwicklung begriffen, deren Resultate nicht prognostizierbar sind; der Religionswissenschaftler kann gewissermaßen Religionen im Entstehungsprozeß beobachten! Auf der anderen Seite aber erlaubt der bisherige Verlauf sowie der vorliegende Grad der theoretischen bzw. theologischen Explikation des jeweiligen Selbstverständnisses ein relativ gesichertes Urteil über die faktisch feststellbaren Merkmale dieser Bewegungen; im ganzen freilich muß aufgrund der fortwährend im Prozeß der Neuentstehung und des Wandels begriffenen Bewegungen konzediert werden, daß das Ergebnis nur eine Art Zwischendiagnose sein kann – doch dies gilt für jede Aussage über einen unabgeschlossenen Prozeß, und in gewisser Weise auch für Aussagen über die heute bestehenden Religionsgründungen aus antiker Zeit, die sich ebenfalls in einem permanenten Wandlungsprozeß befinden. Angesichts dieser großen Veränderungen im religiösen Bereich ist wohl kaum mehr als eine 'Zwischendiagnose' zu erstellen; doch auch sie mag eine Orientierung in den permanenten religiösen Wandlungsprozessen der Gegenwart geben, da sie gemeinsame Grundtendenzen und -merkmale sichtbar werden läßt.

Auch bei diesen systematischen Klärungen ist der Neosufismus Inayat Khans schwerpunktmäßig zu berücksichtigen, wenngleich dies stets im Zusammenhang mit den anderen im ersten Teil dargestellten Neureligionen und Bewegungen geschehen wird. Dieser relativ weite Horizont vermag aufgrund der religionsvergleichenden Perspektive zu einer präziseren Erfassung der charakteristischen Merkmale synkretistisch-universaler Religiosität beizutragen, als dies durch die ausschließliche Orientierung an einer einzelnen Bewegung möglich wäre, da sich auf diese Weise Querverbindungen und gemeinsame Strukturen aufzeigen lassen.

V. KAPITEL:
CHARAKTERISTIK SYNKRETISTISCH-UNIVERSALER NEURELIGIONEN UND BEWEGUNGEN

Es ist sicherlich die Frage von E. Benz berechtigt, ob „(es) ein gemeinsames Band oder gar eine innere Einheit, die die neuen Religionen miteinander verbindet, (gibt)"[1]; doch kann seine Antwort, daß die neuen Religionen „in keiner Weise einheitlich sind", weil sie sich „unter ganz verschiedenen geistigen, kulturellen und sozialen Voraussetzungen und von verschiedenen religiösen Bewußtseinsstufen aus gebildet haben"[2], nicht ganz befriedigen, da trotz dieser Divergenzen das Faktum des gleichzeitigen Entstehens in derselben historischen Epoche (seit dem 19. Jahrhundert) und auch die durchgehende Distanz zu den klassischen Religionen Gemeinsamkeiten vermuten läßt.

Dennoch aber soll auch hier nicht versucht werden, hinsichtlich der neureligiösen Bewegungen *aller* Typen Merkmale zu erstellen, sondern nur von einem *spezifischen* Typus: Die hier herauszustellenden Merkmale beziehen sich *nicht* auf Neureligionen bzw. neureligiöse Bewegungen *generell*, sondern nur auf solche, die ausdrücklich eine *universalistisch-synkretistische* bzw. *-esoterische Religiosität* in dem in dieser Arbeit herausgestellten Sinn anstreben. Trotz der Vielfältigkeit der Auslegungen, die die universale Religiosität in den verschiedenen Neureligionen und Bewegungen erfährt, zeigen sich durchgehende, gemeinsame Strukturen, die die Verschiedenheiten umgreifen. Dabei konnten schon durchgeführte Systematisierungen genereller Merkmale von neureligiösen Gemeinschaften, wie sie besonders für jene Japans vorliegen[3], als eine nützliche Orientierung für die hier ausgewählten Gruppen dienen. Trotz der Begrenzung auf universalistische Tendenzen kann angenommen werden, daß die im folgenden erfaßten

---

[1] E. Benz, Neue Religionen, 1971, 162.
[2] A. a. O., 163.
[3] Vgl. H. Dumoulin, Neue Religionen, in: Japan-Handbuch, 1410–1412; P. Gerlitz, Gott erwacht in Japan, 153–162; vgl. R. S. Ellwood/H. B. Partin, Religious and Spiritual Groups, ²1988, p. 14–16: General Characteristics, die sich ebenfalls an Kriterien japanischer Religionen orientieren (vgl. 17, Anm. 11), nämlich an H. Thoman, The New Religions of Japan, Rutland/Tokyo 1963.

Kennzeichen auch zum Verständnis jener Bewegungen einen heuristischen Beitrag leisten können, deren Wesensstruktur nicht in einer universellen Religiosität erblickt werden kann, und zwar aus zwei Gründen: einerseits haben die universalistischen Gruppierungen gewisse Merkmale, die auch für andere neureligiöse Gruppen zutreffen, und andererseits sind die meisten neureligiösen Bewegungen ihrerseits durch *Synkretismus* und *Eklektizismus*[4] gekennzeichnet, also durch eine tendenzielle, die klassischen Religionen selektiv interpretierende 'Universalität'.

Es muß wohl nicht eigens betont werden, daß es nicht um eine „Abstrahierung" von Wesensmerkmalen geht, die von den geschichtlich konkreten Ausprägungen wegführen, sondern um eine Explikation derselben, die auf den in den vier Kapiteln des ersten Teiles dargestellten religionshistorischen Fakten aufbaut. Während in den bisherigen Darlegungen gleichsam diachron und parallel die Ausprägungen universalistischer Religiosität dargestellt wurden, ist diese nun gewissermaßen synchron und synoptisch und in diesem Sinn systematisch zu erfassen. Diese Art von systematischer Hermeneutik in der Religionswissenschaft mindert nicht die historischen Erkenntnismöglichkeiten, sondern fügt ihnen eine zusätzliche Perspektive hinzu.[5]

Die folgende Charakterisierung soll vor dem Hintergrund eines Religionsbegriffs vorgenommen werden, der auch auf universalistische neureligiöse Bewegungen und Neureligionen sachlich zutrifft.[6] Grundlegendes und erstes Erfordernis dafür, daß man überhaupt von einer Religion sprechen kann, ist die Erfahrung einer transzendenten Wirklichkeit, die Begegnung mit der Wirklichkeit des Göttlichen; dieses (1.) Merkmal der *Transzendenzerfahrung* trifft für alle Aspekte des religiösen Lebens zu und unterscheidet religiöse Erscheinungen von nichtreligiösen Phänomenen. Näherhin kann eine Religion konkreter unter weiteren drei Aspekten charakterisiert werden: Eine zentrale Dimension ist die Frage nach der *lehrmäßigen Interpretation*, die die Glaubensüberzeugungen der betreffenden Religion zum Inhalt hat (2.); bei den *institutionell-gemeinschaftlichen* Aspekten geht es um Fragen der Entstehung, Gründung und Leitung der religiösen Gemeinde (3.); ebenso wichtig ist die dritte Dimension, nämlich jene der kultischen und ethischen *Handlungspraxis*, in der es um die Gestal-

---

[4] Vgl. R.S. Ellwood/H.B. Partin, 15, Punkt 6.
[5] Vgl. J. Figl, Zur Methode der Religionswissenschaft (1985) 173 ff.; ders., Phänomenologie der Religionen (1986) 409 ff.
[6] Vgl. J. Figl, Universalistische neureligiöse Bewegungen (1992) 63 ff.

tung des Lebens aufgrund der religiösen Überzeugung geht (4.). Nach diesen insgesamt vier Aspekten (dem grundlegenden Aspekt der Transzendenzerfahrung und den drei konkretisierenden Aspekten) soll im folgenden die Charakteristik neureligiöser Gemeinschaften vorgenommen werden; in einem letzten Punkt (5.) wird versucht, darauf aufbauend eine *religionsphänomenologische Gesamtcharakteristik* zu geben.

1. Transzendenzerfahrung: Besonderheit und Begrenztheit der Begegnung mit der göttlichen Wirklichkeit

Das elementare religiöse Erlebnis der Begegnung mit der Realität des Absoluten und Transzendenten ist in neu entstandenen Bewegungen vielfach von außergewöhnlichen Erfahrungsformen begleitet; jedenfalls spielen diese bei der Entstehung eine zentrale Rolle. Ein erstes, fast allen neureligiösen Bewegungen gemeinsames Merkmal ist die Ermöglichung von *außergewöhnlichen Erlebnissen*, von Erfahrungen, die nicht nur das gewöhnliche Bewußtsein, sondern auch die üblichen, reglementierten Formen religiöser Erfahrung überschreiten, sei es in der Form *mystischer* Erfahrung oder in der Gestalt von *Ekstaseerlebnissen*. Diese extraordinären Widerfahrnisse sind der eigentliche Ausgangspunkt für das Entstehen vieler neuzeitlicher Religionsgemeinschaften und des weiteren für die Relativierung der herkömmlichen Religionen sowie im Zusammenhang damit für den beschriebenen Universalismus. In Bewegungen, die nicht zu einer Neureligion führen, wie dem 'Sufi-Movement', gründet die universalreligiöse Konzeption primär in der mystischen Erfahrung, von deren alle Begrenzungen transzendierendem Ziel der (ekstatischen) Einheit mit der göttlichen Wirklichkeit her auch die Grenzen der faktischen Religionen überschritten werden; zudem spielen mediale Fähigkeiten – z. B. beim Heilen – eine wichtige Rolle.

a) Trance – Ekstase – Vision

Am offenkundigsten tritt die Bedeutung *tranceähnlicher Zustände* – verbunden mit Visionen – für die Begründung einer Religion in einer Reihe neuer japanischer Religionen zutage. Sie waren grundlegend schon für die Tenrikyō[7] als auch für die synkretistischen Neustiftungen

[7] S. o. S. 64.

der 'Ōmoto-Gruppe': der ekstatische Kontakt mit Göttern und Geistern, die Abfassung zahlreicher Orakel sowie die Neubewertung der Heiler spielen hier eine wichtige Rolle; der Gründer von Seichō no Ie beruft sich ausdrücklich auf eine Erleuchtungsvision.[8] Beim Caodaismus waren vor allem spiritistische mediale Erfahrungen der Anfang für eine die Religionen vereinheitlichende und überschreitende Neureligion. Eine okkultistische Erfahrungsdimension kennzeichnet nicht nur die fernöstlichen Bewegungen, sondern ebenso jene im Westen verbreiteten, wie z. B. die theosophisch-spiritualistischen, bei denen dies am offenkundigsten zu erkennen ist. Rāmakrishna, auf den sich eine der wichtigsten universalreligiösen Bewegungen zurückführt, gilt überhaupt als jener religiöse Meister der Neuzeit, der wohl am längsten in einem außergewöhnlichen, normalerweise nur kurze Zeit andauernden ekstatischen Zustand zu verweilen vermochte. Man kann sogar soweit gehen, in diesen außergewöhnlichen Zuständen ein „modernes Neuerstehen des Schamanismus" und in einem solchen „neuen" Schamanismus einen Grundzug aller neureligiösen Bewegungen zu erblicken.[9]

Visionäre Erlebnisse waren Ausgangspunkt für das Selbstverständnis der Gründungspersönlichkeiten des Babismus und später die Bahā'i-Religion, die sich als Mahdi (Bāb) bzw. als „der Verheißene aller Religionen" (Bahā'u'llāh) verstanden.[10] Aber auch in Inayat Khans Biographie treffen wir eine Reihe von Visionen (meist in Träumen geschaut) an.

b) Mystische Spiritualität

Es ist wichtig zu sehen, daß gerade auch in neuzeitlichen Religionen und Bewegungen die religiösen Erfahrungen tragend sind, die im modernen Kontext weithin der Kritik und Infragestellung ausgesetzt waren. Dies gilt auch für die *Mystik* allgemein, und besonders für ihre islamische Form, die im Sufismus in hohem Grade archaische Ele-

---

[8] S. o. S. 65 f. und 70.
[9] R. S. Ellwood/H. B. Partin, 12 und 14: es ist als erstes Merkmal neuer religiöser Bewegungen das Faktum genannt, daß der Gründer eine zeitlose ekstatische Erfahrung gehabt hatte. Vgl. bes. auch die Deutung von H. Zinser, Ekstase und Entfremdung. Zur Analyse neuerer ekstatischer Kultveranstaltungen, in: Religionswissenschaft, hrsg. von H. Zinser, Berlin 1988, 274 ff.
[10] S. o. S. 80.

mente – die an schamanische Praktiken erinnern und teils auch darauf zurückgeführt werden, unter denen der Tanz und rhythmische Bewegungen, die am auffälligsten an eine ursprünglichere religiöse Erlebnisform erinnernden Phänomene sind – impliziert. Hinsichtlich der charakteristischen Frömmigkeit der 'Sufi-Bewegung' muß generell gesagt werden, daß die mystische Ausrichtung an sich schon einen der Neuzeit und ihrem Rationalismus gegenüber alternativen Weg bedeutet; er besteht in dem Faktum, daß die Wirklichkeit des Göttlichen als Realität anerkannt wird und daß über- und außerrationale Wege der religiösen Erfahrung hochgeschätzt werden. Hinzu kommt, daß es sich um eine Mystik handelt, die stark in einer vom Hinduismus und dem Gedanken der Nichtzweiheit beeinflußten Tradition verwurzelt ist: Aufgabe des Menschen sei es, Gott zu realisieren, die Wirklichkeit des Göttlichen in der weltlichen Realität zu aktualisieren; eine strikte Differenz zwischen Gott und dem Menschen wird nicht beibehalten, wie es Kennzeichen des islamischen Verständnisses der absoluten Transzendenz Gottes ist. Diese panentheistisch zu nennende Tendenz ist zwar auch in klassischen mystischen Überlieferungen des Islams anzutreffen (vgl. z.B. bei al-Hallāj)[11], jedoch bekommt diese unter neuzeitlichen Bedingungen eine spezifische „Funktion", nämlich die Diastase, die die moderne Welt zwischen religiösem und weltlichem Erfahrungshorizont aufgebrochen hat, wieder zu überbrücken durch ein allumfassendes Erleben des Göttlichen *in* der Welt. In den neureligiösen Bewegungen ist meistens eine monistische und impersonale Ontologie vorherrschend, die von einer „unendlichen Intelligenz", von einem „ewigen Prinzip" und dergleichen ausgeht.[12]

Die beiden hauptsächlich genannten Aspekte, nämlich visionär-ekstatische Gründungserlebnisse und mystische Ganzheitserfahrungen, stehen in einem wesentlichen Zusammenhang mit der Ausgestaltung einer universalen Religiosität. Denn hinsichtlich der Phänomene Ekstase, Trance, Spiritismus, Vision und Mystik ist festzuhalten, daß es sich um *religions- und kulturüberschreitende anthropologische Grundmöglichkeiten* handelt, die zwar nur besonders begabten Personen zuteil werden; dennoch ist diese Fähigkeit keine auf eine bestimmte Kulturform begrenzte.

Die ekstatische Erfahrung des Gründers bzw. das mystische Erleben des Initiators einer neuen Form der Religiosität „revitalisiert"

---

[11] Vgl. A. Schimmel, Mystische Dimensionen, 100ff.
[12] Vgl. R. S. Ellwood/H. B. Partin, 15; vgl. dazu besonders das Konzept der Theosophie, s. o. S. 23.

gewissermaßen ein anthropologisches Potential, das in neuer Zeit zumindest in westlichen bzw. westlich beeinflußten Gesellschaften in den Hintergrund gedrängt wurde oder als fast ausgestorbenes Relikt einer vergangenen Zeit galt bzw. noch gilt; diese religiöse Erfahrung jedoch wird bei den hier behandelten Gemeinschaften (und vermutlich in ähnlicher Konstellation bei alternativen Religionen der Dritten Welt) in bewußter oder unbewußter Auseinandersetzung mit eben dieser neuzeitlich geprägten Kultur gemacht. Sie können insgesamt als Versuche verstanden werden, die anscheinende 'Geschlossenheit' des modernen Weltbildes zu durchbrechen, um zu einer Erfahrung der Transzendenz zu gelangen. Aufgrund der Vermittlung durch visionäre Bilder wird diese Transzendenz vielfach in einer sehr *begrenzten Weise* verstanden: Sie wird in enger Verbindung mit den visionären Erlebnissen des Gründers gesehen, wodurch es zu einer sehr stark zeitgeschichtlich geprägten Erfahrung kommt, allerdings mit dem Anspruch universaler Weite. Die religiöse „Urerfahrung" ist somit keine zeitlose; sie ist eingebunden in die jeweilige geschichtliche und kulturelle Situation und von dieser mitbestimmt; dies zeigt sich an sehr spezifischen Gottesvorstellungen und Auffassungen über den – vielfach durch 'Mittelswesen', eine Geisterhierarchie u. dgl. – ermöglichten Stufenweg zum Absoluten. Die betonte Abwehrhaltung gegenüber dem Rationalismus der Moderne hat zur Folge, daß historisch bedingte Charakteristika an sich universal intendierter Religiosität unleugbar und auf verschiedenen Ebenen gegeben sind. Es zeigt sich dadurch gewissermaßen eine ambivalente Struktur neuer Religiosität. Diese Doppelpoligkeit, die beim ersten, dem grundlegenden Kennzeichen der Neuen Religionen, nämlich an ihrem ekstatischen Ursprung bzw. mystischen Grundzug der Transzendenzerfahrung zu erkennen ist, prägt auch die im folgenden zu nennenden Einzelmerkmale.

2. Zentrale Inhalte der neuen Lehre

a) Die „Religion von Anbeginn"

Quellen der Lehrinhalte neuer Religionen sind einerseits durch neue charismatische und ekstatische Offenbarungswiderfahrnisse vermittelt, wie z. B. in fast allen wichtigen japanischen Neureligionen und im Bahā'ismus – in diesem Fall führt die Offenbarung auch meist zu einer eigenen Religionsstiftung –; andererseits wird der Anspruch erhoben, die Offenbarungen der klassischen Religionen und ihrer Stifter

im eigentlichen, ursprünglich gemeinten Sinn zu verstehen, was durch
eine esoterische Auslegung der Schriften und Glaubenssätze ermöglicht wird; auch in diesem Fall fehlt es nicht an der Legitimierung
durch der Welt unbekannte geistliche Meister und die Verbindung mit
einer geistlichen Hierarchie (z. B. in der Theosophie). In allen Fällen
aber gehen universalistische Religionsgemeinschaften von der Überzeugung aus, daß sie die *ursprüngliche*, seit Menschenbeginn bestehende Religion (neu) bringen. Die Rückführung der Lehraussagen
äußert sich im historischen Bereich so, daß gesagt wird, die eigene religiöse Auffassung sei die allen anderen ursprünglich zugrundeliegende;
sie sei eigentlich eine *ewige Religion*. Das Motiv der „ewigen Religion"
(„sanātana dharma") ist grundlegend für die neuhinduistischen und
universalreligiösen Ansätze; sie ist generell von Bedeutung für die neosufistischen Richtungen, und sie ist elementar für Inayat Khans Auffassungen, die oben aufgezeigt wurden: er will keine „neue" Religion
bringen, sondern die, die von alters her ist, jene, die am Anfang der
Menschheit schon war.[13] Diese Tendenz, einen letztlich unhistorischen
universellen Ursprung anzustreben, darf ein generelles Kennzeichen
neuer religiöser Bewegungen genannt werden.[14]

b) Einfachheit der Lehre

Die Hinwendung zu einer angeblich schon immer existierenden, allgemeinen Religion geht einher mit einer Abwendung von hochkomplexen und differenzierten Lehrsystemen, wie sie für die konkreten
klassischen Religionen charakteristisch sind. Nicht nur der Inhalt,
sondern vielmehr die Form und Darbietung der Lehre unterscheidet
sich von jener der Hochreligionen. Für diese Differenz sind mehrere
Gründe zu nennen:
1) Die kurze Zeit seit der Gründung, die ein über Jahrhunderte
sich ausbildendes Lehrsystem (noch) nicht ermöglicht hat; ein solches
Lehrgebäude, das die Spuren der Interpretation und Adaption vieler
vergangener Generationen sowie die Gelehrsamkeit und Frömmig-

---

[13] Vgl. o. S. 121.
[14] Die Überzeugung, die Weisheit von weit her geholt zu haben, sie in
einem spontanen, letztlich ungeschichtlichen Ritual erneuern zu können,
kennzeichnet viele der verwendeten Meditationstechniken und weist die enge
Verbindung der geringen lehrmäßigen Ausgestaltung mit ihrem ekstatischmystischen Ursprung auf: vgl. dazu R. S. Ellwood/H. B. Partin, 14.

keit eigens dafür ausgebildeter Theoretiker und Interpreten an sich trägt, ist von der Sache her höchst komplex und z. T. schwer verständlich unter neuzeitlichen Bedingungen, da sich in ihm *auch* die zeitbedingten Aspekte der Probleme und Lösungen früherer Generationen dokumentiert haben.

2) Neben dem historischen ist es der inhaltliche, der mit der universalistischen Religiosität verbundene Grund: universale Aussagen, Aussagen der Einheit, der Zusammengehörigkeit, des Relativierens von Unterschieden etc., sind allein von der logischen Struktur her *einfach*, z. T. vereinfachend und generalisierend. Differenzen zwischen unterschiedlichen Lehren werden zurückgeführt auf zeitbedingte Umstände; verschiedene Religionsstifter werden als Erscheinungsweisen des 'Einen Gottes' und unterschiedliche Gottesvorstellungen als Aspekte des allumfassenden, unaussprechlichen Göttlichen interpretiert. Ein Widerspruch, ein Gegensatz, ja, auch nur ein wesentlicher Unterschied kann in einer solch vereinnahmenden, harmonisierenden und „gleichmachenden" Sichtweise gar nicht auftreten. Diese „Einheit" wird aber erkauft auf Kosten der Realität der Religionen: diese sind komplex, voneinander verschieden, nicht aufeinander zurückführbar.

3) Ein dritter Grund für die Schlichtheit der Aussagen liegt in der Ursprünglichkeit der religiösen Erfahrung, die beschrieben werden soll – sie ist eine direkte, ganzheitliche, Emotion und Ratio umfassende und übersteigende. Die rationale Reflexion hat im Vergleich dazu a priori einen niedrigeren Stellenwert; ein komplexes theologisches Gebäude (als theoretische Explikation) ist von nachrangiger Bedeutung. Die Rede von der eigentlichen religiösen Erfahrung wird einfach, spontan, unmittelbar sein; eher mit Bildern als mit Theorien verbunden. Die Ansprachen Hazrat Inayat Khans sind dafür ein einprägsames Beispiel. Die genannten Gründe führen in diesen Bewegungen insgesamt zu leicht verständlichen, auf „universale" – auch im Sinne von „allgemeine" – Inhalte reduzierte Lehrauffassungen.

Freilich muß hier ergänzt werden, daß keine religiöse Gemeinschaft dauernd in der anfänglichen „charismatischen" Entstehungssituation verbleiben kann, sondern – wie aufgezeigt wurde – zu Organisation und Systematisierung weiterschreitet; dies ist auch bei den Neuen Religionen und ihnen vergleichbaren Bewegungen der Fall – eine Theologie wird nach und nach ausgebildet[15], die trotz ihrer Einfach-

---

[15] Vgl. P. Gerlitz, Gott erwacht in Japan, 156; G. Kehrer (Hrsg.), Entstehen einer neuen Religion. Am Beispiel der Vereinigungskirche, München 1981, passim.

heit bisweilen engere Grenzen zieht als es die Grundlehren der herkömmlichen Religionen in ihren großen theologischen Konzepten taten. Gleichwohl aber ist der initiale Impetus in modernen Religionen – nicht nur aus Gründen der kurzen Vergangenheit – oft noch sehr lebendig.

3. Leitung und Organisation

a) Die Frau als Religionsstifterin und die Anerkennung ihrer spirituell-kultischen Kompetenz

Für die Strukturierung einer Religionsgemeinschaft ist es von grundlegender Bedeutung, wer unter den Gläubigen mit *Leitungsfunktionen* betraut wird bzw. betraut werden kann, auf welche Weise die Auswahl für dieses Amt zustande kommt und, schließlich, wie es konkret wahrgenommen wird. Die Leitungsaufgaben erstrecken sich dabei zunächst auf *organisatorische Belange*; doch ist ebenso der davon verschiedene, doch nicht schlechthin getrennte *spirituell-kultische Bereich* zu beachten.

Es ist ein offenkundiges Faktum, daß in der Geschichte der klassischen Religionen die religiöse Leitungsaufgabe – abgesehen von seltenen Ausnahmen, und dies nur in segmentären Randbereichen – überhaupt die organisatorische, rechtliche, theologische und vielfach auch kultisch-spirituelle Kompetenz fast ausschließlich von Männern wahrgenommen worden ist; ein Tatbestand, der erst in den letzten Jahrzehnten in seiner vollen Tragweite und ganzen Problematik wahrgenommen und massiv in Frage gestellt wird, und dies nicht nur von feministischer Seite. Dieser Tatbestand muß mit dem anderen Faktum zusammengedacht werden, daß nämlich alle heute bestehenden „Groß"-Religionen auf männliche Gründergestalten zurückgehen.

Angesichts dieser alle Hochkulturen seit der Achsenzeit prägenden patriarchalen Dominanz im religiösen Bereich ist mit besonderem Interesse der Frage nachzugehen, ob sich im Vergleich dazu in den Neuen Religionen und Bewegungen die Strukturen wesentlich zugunsten der Frau, d. h. im Interesse einer legitimen Gleichberechtigung, geändert haben.

Eine Reihe von bisher vorliegenden feministischen Studien gelangt zu der Auffassung, daß in neureligiösen Bewegungen sehr wenig im Hinblick auf die Änderung der traditionellen sozialen Rolle der Frau getan wird, daß in ihnen theologisch die Merkmale femininer Inferiorität und Unterordnung bestärkt werden, der männliche Autoritarismus in heutigen Bewegungen zu erkennen sei und es bestenfalls in den mehr egalitären Gruppen zu einer Leitung durch Frauen (als Guru) nur in Vermischung mit einer patriarchalen Ideologie und entsprechenden Strukturen komme.[16] Diese im wesentlichen sehr skeptische Beurteilung hinsichtlich des Beitrags 'Neuer Religionen' zur Besserstellung der Frau dürfte tatsächlich für eine Reihe von Gruppen zutreffen, jedoch kann sie nicht pauschal auf die hier behandelten Gemeinschaften angewendet werden. Für sie gilt eher die Aussage hinsichtlich egalitärer Bewegungen, nämlich daß es sich um eine Vermischung der neuen Stellung der Frau mit traditionellen, patriarchal dominierten Mustern handelt, wobei freilich in jedem einzelnen Fall dieses Verhältnis einer spezifischen Untersuchung bedürfte. Im generellen aber können dennoch im Hinblick auf die Neureligionen und der Stellung der Frau in ihnen einige Fakten festgestellt werden, die in der Religionsgeschichte seit dem Entstehen der heutigen Weltreligionen neu sind. Vorrangig ist hier die Gründung von Religionen durch Frauen – die *Frau als Religionsstifterin* – zu nennen. In den japanischen Neureligionen treten seit ihrem Beginn in der ersten Hälfte des vorigen Jahrhunderts bis zur Mitte dieses Jahrhunderts immer wieder weibliche Gründerinnen auf. Es waren charismatische Frauenpersönlichkeiten, die in dem Kontakt mit Geistern und Göttern Botschaften erfuhren, die zu neuen Religionsgemeinschaften hinführten; und es ist eine Frau, die nach dem Zweiten Weltkrieg die sogenannte 'Tanzreligion' gründet, um nur eines der wichtigsten Beispiele zu nennen.[17] Diese Fakten treten in ihrer Neuheit vor dem Hintergrund der Gründungsgestalten der klassischen Religionen besonders deutlich hervor. Es muß jedoch hinsichtlich der ersten japanischen Neugründungen auch beachtet werden, daß die „Legitimation" der Frau als Religionsstifterin sich nicht – zumindest nicht direkt und explizit – vom neuzeitlichen Gedanken der Gleichberechtigung herleitet, sondern in dem Erfahren archaischer Ekstase ihren Grund hat. Von dem Phänomen der Ekstase her wird somit der männliche Vorrang im religiösen Bereich relativiert: es ist nicht ein geschlechtsspezifisches Faktum, das für die Dominanz bzw. Unterordnung im religiösen Bereich ausschlaggebend ist,

---

[16] Vgl. J. L. Jacobs, Gender and Power in New Religious Movements, in: Religion 21 (1991) 345 ff.

[17] S. o. S. 64 und S. 67. Zur spezifisch japanischen Entwicklung im Kontext des Shintoismus vgl. S. Ono, Shinto. The Kami Way, Rutland/Tokyo [22]1991, 40 ff.

sondern das charismatische Widerfahrnis begründet die religiöse Bedeutung der Frau, die so groß sein kann, daß sie sogar zu einer neuen
Religion führt.

Die neue Einschätzung und Selbsteinschätzung der Frau als religiöse Führungsgestalt dokumentiert sich auch bei der Entstehungsgeschichte der Theosophie (Madame Blavatsky, Annie Besant, Katherine Tingley)[18], ebenso in neureligiösen Gemeinschaften, die vom
(Zen-)Buddhismus herkommen, z. B. in der Tatsache, daß erstmals in
der 1500jährigen Geschichte des koreanischen Zen eine Frau Große
Dharma-Meisterin wird[19], oder hinduistischer Herkunft, in denen die
Frau als 'Guru' auftritt, wie z. B. Mātā Nirmalā Devī, die sich als Urkraft und als eine in den Veden verheißene Seherin versteht[20]. Ferner
sind neue religiöse Gemeinschaften Indiens zu nennen, in denen in
manchen Fällen, die freilich nicht die Regel sind, Frauen die Rolle des
Guru innehaben und als solche die Leitung von Ashrams über-
nehmen; oder sie vollziehen ausdrücklich Rituale, die normalerweise
ein ausschließliches Recht männlicher Hindus sind.[21] Die rechtliche
und soziale Besserstellung der Frau (z. B. durch schulische und beruf-
liche Ausbildung) kann generell als erklärtes Ziel neuhinduistischer
Reformbewegungen angesehen werden – von Chandra Sen bis Sai
Baba!

Bei den vom Islam herkommenden universalreligiösen Bewegungen sind zwar Männer die Empfänger von Visionen, die sie als Bestätigung ihrer Sendung als der verheißene Mahdi (Bāb) bzw. Prophet (Bahā'u'llāh) verstehen; dennoch spielt in der Geschichte des Babismus
eine intellektuelle Frau, nämlich Zarrin-Tāji, eine wichtige Rolle;
sie ragte durch ihre emanzipatorischen Auffassungen und ihren Mut
heraus und gilt als „erste Frauenrechtlerin des Mittleren Ostens"[22].
Die Weiterentwicklung der Ansätze, die die Scharia und damit eine
die Frau dem Mann unterordnende Gesetzgebung abschaffen, mün-

---

[18] In diesem Kontext wäre überhaupt auf neue synkretistische Gemeinschaften hinzuweisen, in denen Frauen die eigentliche Kerngruppe darstellen,
wie z. B. bei den 'Brahmā Kumāris' (Töchter Brahmas); vgl. dazu den Art. von
D. Bendrath, in: Lexikon der Sekten, 122 f.

[19] S. o. S. 75.

[20] Vgl. S. Kakar, Schamanen, Heilige, Ärzte. Psychotherapie und traditionelle indische Heilkunst, München 1984, 199 ff.

[21] Vgl. dazu näher H. Ralston, Religious Movements and Status of Women
in India, in: Social compass 38 (1991), bes. 47 ff., und die angegebene weiterführende Literatur!

[22] F. Vahman, Bahaismus, 116.

dete im Kontext der Ausbreitung der Lehre im Westen in der nachdrücklich formulierten Gleichberechtigung von Frau und Mann im gesellschaftlichen Leben.[23] Der Gründer der 'Sufi-Bewegung', Hazrat Inayat Khan, strebte von Anfang an die Gleichberechtigung von Frau und Mann in allen Bereichen an[24]; auch als Cherags – religiöse Kultträger – können Frauen aktiv tätig sein und sind es heute vielfach in der 'Sufi-Bewegung' und im 'Sufi-Orden'.

Im Neosufismus Inayat Khans treffen sich im Hinblick auf die Stellung der Frau in religiöser Hinsicht zwei Linien, die ihre Gleichberechtigung anzielen. Einerseits war im klassischen Sufismus schon eine – im Vergleich zur Scharia – weit fortgeschrittene Einschätzung der Frau als Partnerin gegeben: es ist hier mit Annemarie Schimmel zu Recht von einem „weibliche(n) Element im Sufismus" zu sprechen[25], das – zumindest von der Symbolik her – eine mit dem Mann auf gleicher Ebene, in korrelativer Beziehung zu ihm stehende Frau vor Augen hatte. Die faktische gesellschaftliche Unterordnung wurde aber dadurch nicht aus der Welt geschafft, ebensowenig wie die geschlechtsspezifische Rollenzuteilung als Geliebte, Frau und Mutter. Auch Inayat Khan selbst konnte sich nicht voll von diesem rollenspezifischen Frauenbild lösen, das er in seiner indischen Heimat von Jugend an kennengelernt hatte; in prinzipieller Hinsicht jedoch stand es für ihn außer Frage, daß die Frau gleichgestellt ist. In diesem Punkt kommen zu den expliziten Sufi-Einflüssen die neuzeitlichen Vorstellungen der Gleichberechtigung hinzu. Sie sind auch – so muß in logischer Konsequenz aufgrund einer sich universal verstehenden Religiosität gesagt werden – ein notwendiges Element derselben: denn die ernstgenommene Universalität schließt eine Unterordnung aus geschlechtsbedingten Gründen gerade auch im religiösen Bereich vom Ansatz her aus.

Zudem spiegelt sich diese neue Sicht der Gotteserfahrung in einigen Religionsgründungen, in denen die Dimension des Weiblichen eine große Rolle spielt, die vielfach zu einer männlich-weiblichen Strukturierung des Gottesbildes, zu einem androgynen Elterngott

---

[23] Diese Entwicklung ist festzuhalten, auch wenn kritisch anzumerken ist, daß Bahā'u'llāh die Verehelichung mit zwei Frauen erlaubt haben soll: vgl. F. Ficicchia, Der Bahā'ismus – Weltreligion der Zukunft?, Stuttgart 1981, 257.

[24] S. o. S. 126.

[25] A. Schimmel, Mystische Dimensionen, 603 ff.

oder 'Vater-Mutter-Gott' führt.[26] In Gebeten der von Inayat Khan herkommenden religiösen Gemeinschaften wird Gott als Vater und Mutter zugleich angesprochen. Es ist auch die Vermutung ausgesprochen worden, daß ein Einheitsdenken, wie es z. B. in der Theosophie anzutreffen ist, der femininen Psyche näher sei als die analytischunterscheidende Norm westlicher Tradition.[27] Zusammenfassend ist zu sagen, daß an der aufgezeigten neuen Einschätzung der Frau im religiösen Bereich im wesentlichen zwei Fakten zu beachten sind: einerseits die ekstatische Erfahrung bzw. die mystische Religiosität – und in selteneren Fällen auch die Aufgabe des Gurus –, die in der prinzipiell gleichen Weise wie Männern auch für Frauen zugänglich ist, und andererseits die dadurch gegebene Konvenienz mit der neuzeitlichen Idee der Gleichberechtigung, die der Idee nach mit dem universalistischen Motiv in Zusammenhang steht. Beide Motive in ihrem Zusammenwirken tragen neben einer Reihe von Faktoren – z. B. soziologischer Art, die hier nicht behandelt werden können – zur veränderten Stellung der Frau in neureligiösen universalen Gemeinschaften bei.[28]

Obwohl die emanzipatorische Einstellung vieler universalistischer Religionsgemeinschaften nicht zu leugnen ist, muß doch auch kritisch gesehen werden, daß innerhalb der Leitungsstruktur sich Tendenzen zeigen, die gegenläufig sind bzw. traditionellen Mustern verhaftet bleiben. So sind bei den Bahā'i Frauen in das höchste Leitungsgremium nicht wählbar.[29] Auch in der 'Sufi-Bewegung' wurde die organisatorische Leitung durch das patriarchale Nachfolgeprinzip geregelt, in dem Brüder und Söhne dominieren. Es hat den Anschein – wie zusammenfassend formuliert werden kann –, daß Frauen in spiritueller, charismatischer und kultischer Hinsicht – das Amt des bzw. der Geistlichen ist meist beiden Geschlechtern offen – den Männern gleichgestellt und bisweilen sogar (als Religionsgründerinnen) übergeordnet sind, jedoch nicht im organisatorischen Bereich der Leitungsaufgaben, die weiterhin fast ausschließlich Männern vorbehalten bleiben.[30]

---

[26] Vgl. z. B. Tong-Il (Vereinigungskirche); Caodaismus; vgl. auch Tenrikyō; vgl. C. B. Becker, Healing in 19th Century 'New Religions', in: Religion 20 (1990) 213.

[27] Vgl. R. S. Ellwood/H. B. Partin, Religious Groups, ²1988, 65.

[28] Vgl. dazu z. B. auch H.-P. Müller, Rāmakrishna-Bewegung, 157f., der als Gründe für die Emanzipation der Frau sowohl die westlichen Denker als auch das Advaita-Denken nennt!

[29] Vgl. F. Ficicchia, Bahā'i, in: Lexikon der Sekten, 103.

[30] Vgl. dazu die ähnliche Feststellung bezüglich neuer Kirchen in Afrika:

b) Korrelation zwischen Gruppenstruktur bzw. Guruprinzip
    und individualistisch-spiritueller Suchermentalität

Ein grundlegendes und alle Aspekte durchdringendes Kennzeichen
neuer religiöser Bewegungen ist die starke Gruppenidentität, die sie
ihren Anhängern, insbesondere in den als 'Sekten' kritisierten Erscheinungsformen, vermitteln. Denn die neureligiösen Bewegungen
unterscheiden sich von den klassischen Religionen insbesondere auch
in der Art, wie sie den Glauben verstehen: nicht in erster Linie als eine
tradierte, gesellschaftlich anerkannte Wahrheit, sondern als eine
Überzeugung, die das persönliche Bekenntnis (bis hin zum Religionswechsel) erfordert; es ist eine auf *individueller Entscheidung* beru-
hende Religiosität. In der neureligiösen Gruppe – dem 'cult' im Sinne
der amerikanischen Religionssoziologie – finden wir „Tendenzen in
Richtung einer Religion von streng privatem und persönlichem Charakter"³¹. Wenn dies im echten Sinn oft auch nur für die erste Generation einer Bewegung gilt, weil deren Kinder in die dann schon eta-
blierte Neureligion hineinwachsen, so prägt diese Haltung doch auch
weiterhin die Gemeinschaft. Die Gemeinschaft und deren Erleben
im Kult, Ethos und in sozialer Praxis hat überhaupt eine nicht zu un-
terschätzende Bedeutung; es ist naheliegend, von *Gemeinschafts-*
bzw. *'Gruppen'-Religion* zu sprechen, weil diese neuen Bewegungen
sich wesentlich in überschaubaren Gruppierungen entfalten; dieser
Aspekt durchdringt alle Bereiche einer Neuen Religion.
    Die Gruppenstruktur hängt zuinnerst mit einem anderen, nicht zu
übersehenden Merkmal zusammen, nämlich mit der Orientierung am
Meister, am *Guru*, an einer spirituellen Traditionsüberlieferung, die
jeweils durch einzelne „Eingeweihte" übermittelt wird; dies ist ein
„nicht-neuzeitliches" Prinzip: hier ist eine besondere Form der Autori-
tätsorientierung, die sich der kritischen Diskussion im neuzeitlichen
Sinne entzieht, die darüber hinaus auch einen Unterschied zwischen

---

S. Gundert-Hack, Frauen in unabhängigen afrikanischen Kirchen, in: Zeitschrift für Missionswissenschaft und Religionswissenschaft 76 (1992) 33 ff., bes.
44. Anders stellt sich die Leitungsproblematik in Gemeinschaften, in denen
Frauen die eigentliche Kerngruppe bilden: vgl. dazu Anm. 18; von Interesse ist
auch die Beobachtung, daß in Ashrams, in denen unverheiratete Frauen permanente Mitglieder sind, diese autonom sind, während in solchen mit verheira-
teten Mitgliedern sich die traditionellen Geschlechterrollen durchzusetzen ten-
dieren: vgl. dazu H. Ralston, Religious Movements (1991) 49.
    ³¹ G. K. Nelson, Der Drang zum Spirituellen, 1991, 73.

den „Eingeweihten" und „anderen" macht und so gegen den Aspekt
der prinzipiellen Gleichheit innerhalb einer Religion sich wendet;
zumindest vom Konzept des Stufenweges her ist diese Ansicht nahe-
gelegt.

Die Orientierung am Meister, der 'Guruismus', ist oft als eine Gefahr für die persönliche Entfaltung, als willenloses Ausliefern an eine
nichthinterfragte und nichthinterfragbare Autorität kritisiert worden.
Aus der Binnenperspektive der neureligiösen Bewegungen jedoch ergibt sich die Wichtigkeit des persönlichen Meisters und Führers aufgrund der Tatsache, daß es sich hier um ein Lebensmodell handelt;
dieses kann nur durch einen lebenden Menschen selbst vermittelt
werden, nicht durch Schriften, Bücher oder Lehren.

Das Guruprinzip kann gewiß autoritär mißverstanden werden.
Denn die überragende Bedeutung des spirituellen Meisters und seine
Autorität gehen von einer Nicht-Parität aus, von einem vorneuzeitlich
geprägten Verhältnis der Abhängigkeit zwischen erwachsenen Menschen. Dennoch aber kann in diesem Verhältnis auch neuzeitliche
Denkart sich äußern: nämlich der Gedanke der individuellen Wahl-
möglichkeit. Der Interessierte kann sich dem Meister zuwenden, der
ihm spirituell zu entsprechen scheint; freilich ist leider zu erwähnen,
daß diese Wahlfreiheit bisweilen durch gewisse sektiererische Praktiken in ihr Gegenteil verkehrt wird. Auf der anderen Seite ist aber
nicht zu leugnen, daß es sich hier um eine Entscheidung handelt, die
im Idealfall eine durchaus freiwillige sein soll; es ist der einzelne, der
sich entscheidet. Dies hängt zusammen mit einem Individualismus,
der für die Anhänger neureligiöser Gruppierungen kennzeichnend ist
und der in jüngster Zeit, besonders hinsichtlich okkulter Bewegungen, sogar „in die Nähe des Idealtyps des privatistisch-religiösen
›Suchenden‹ geraten (kann)"³², von dem es heißt: „Der typisch okkulte Suchende wird vielleicht ein Rosenkreuzer gewesen sein, der
dann Mitglied von Mankind United und darauf Theosoph wurde, bis
er schließlich zu vier, fünf kleineren Kulten wechselte."³³ Das steht in
Zusammenhang mit der erwähnten Tatsache, daß – im Unterschied
zum Bekennerkreis der Großreligionen – zu den neureligiösen
Gruppen nicht Familien als ganze, sondern im Regelfall Einzelper-

³² Vgl. H. Knoblauch, Die Verflüchtigung der Religion ins Religiöse, in:
Th. Luckmann, Die unsichtbare Religion, Frankfurt a. M. 1991, 32.
³³ T. Buckner, The Flying Saucerious: An Open Door Cult, in: M. Truzzi
(Hrsg.), Sociology of everyday Life, Englewood Cliffs 1968, zit. nach H. Knoblauch (siehe vorhergehende Anm.), 32.

sonen konvertieren. Und auch das Guruprinzip als solches muß ja
nicht schlechthin als Gegensatz zum neuzeitlichen Individualitätsver-
ständnis gesehen werden; es ist eine moderne Weiterführung in dem
Sinn möglich, daß der Guru als individueller Träger einer religiösen
Erfahrung aufgefaßt wird; in diesen Grenzen ist es dann eine streng
individuumbezogene Religiosität. Individualismus und gruppenorien-
tiertes Gemeinschaftserlebnis korrespondieren also miteinander.

c) Herausbildung zentralistischer Strukturen

Ein wichtiges Kennzeichen der Neuen Religionen sowie auch einer
Reihe von neureligiösen Bewegungen besteht in der Ausbildung einer
straffen Organisation. Die ursprünglich von einer charismatischen
Stifterpersönlichkeit initiierte Bewegung bzw. die um den Meister ge-
scharte Gemeinschaft formt sich um zu einer institutionalisierten
Gruppierung; dieser Weg ist bei vielen der neureligiösen Bewegungen
gut nachvollziehbar. Oft findet sich auch ein sakrales Zentrum, ein
Tempel, der gewissermaßen die Mitte, das „Mekka", der neuen Religion darstellt.[34] Solche Zentren sind bei den meisten japanischen Neureligionen gegeben; wir finden sie im Bahā'ismus und in analoger
Form auch in der 'Sufi-Bewegung', insofern der 'Universel' in Suresnes bei Paris eine bleibende Bedeutung hat, sowie auch die in anderen Orten der Welt errichteten Tempel und ebenso die Dargah, das
Grabmal von Hazrat Inayat Khan in New Delhi.[35]
Die straffe Organisationsstruktur tritt für den Außenstehenden, sei
es ein Sympathisant oder auch ein interessierter Beobachter, nicht
ohne weiteres in Erscheinung; sie ist aber bedeutend für die Vollmit-
glieder und naturgemäß auch für die Führungspersönlichkeiten der
Gemeinschaft.

d) Mehrfachzugehörigkeit und/oder Religionswechsel

Die neuen religiösen Bewegungen führen auch in einer weiteren
Hinsicht zu neuen organisatorischen Strukturen; diese treten in ihrer
Eigenheit besonders deutlich hervor, wenn man sie unter dem Ge-

---

[34] Vgl. H. Dumoulin, Art. Religion, in: Japan-Handbuch, 1411; ferner
R. S. Ellwood/H. B. Partin, Religious and Spiritual Groups, 16.
[35] Vgl. o. S. 129.

sichtspunkt des Verhältnisses zu den Herkunftsreligionen bzw. zu den großen religiösen Traditionen insgesamt betrachtet. Im Verhältnis zu ihnen lassen sich (vom Selbstverständnis der Gruppen her) prinzipiell *zwei Typen* unterscheiden: einerseits solche, die fordern, daß man die Herkunftsreligion auch als Institution verläßt und der 'Neuen Religion' ausdrücklich beitritt; andererseits solche, die dies nicht verlangen; zu den letzteren gehören vorwiegend universalistische Bewegungen: sie kommen zwar ursprünglich von einer Großreligion her, vom Buddhismus, Hinduismus oder Islam, aber sie haben sich weit von ihr losgelöst und eine allgemein-anthropologische Spiritualität konzipiert, die die Mitte der neuen Gemeinschaft bildet; doch soll dies nicht die Herkunftsreligion auflösen, vielmehr will sie dazu beitragen, daß ein Christ ein Christ, ein Muslim ein Muslim, ein Buddhist ein Buddhist bleiben kann, aber mit tieferer spiritueller Begründung. Dennoch haben solche Bewegungen eine relativ geschlossene theologische Konzeption, so daß die anderen Religionen darunter subsumiert werden. Als eine exemplarische Ausprägung für eine solche Gemeinschaft wurde die 'Sufi-Bewegung' dargestellt. Obwohl es nicht notwendig sei, seiner Kirche, seiner ursprünglichen Religionsgemeinschaft untreu zu werden und sie zu verlassen, da man Sufi in jeder religiösen Gemeinschaft sein kann, ergibt sich aber zumindest organisatorisch die Notwendigkeit, daß sich die als moderne Sufis verstehenden Menschen in einer Art „Bewegung" sammeln. Diese Bewegung hat supra-religiösen Charakter, denn sie gehört keiner einzelnen Religion de facto an. Ihre Mitglieder kommen aus den verschiedenen Religionen, aber diese betreffenden Religionen können keine für sich die 'Sufi-Bewegung' als zu ihnen gehörig betrachten. Das kommt auch äußerlich in der faktischen Ausbildung einer neuen organisatorischen Struktur zum Ausdruck, die sich von den herkömmlichen Religionen unterscheidet und die von den Anhängern als die „äussere Form" der Seele der Weisheit verstanden wird.[36]

Es ist jedoch festzuhalten, daß trotz des genannten Selbstverständnisses, das eine Mehrfachzugehörigkeit zuläßt, es de facto zu einer primären, fast ausschließlichen Zugehörigkeit zu der neuen Gruppe kommt, auch wenn diese sich stark spirituell versteht. Am offenkundigsten wird diese Tatsache dann, wenn innerhalb der neureligiösen Gemeinschaft Riten institutionalisiert werden, die die analogen Zeremonien der Herkunftsreligion faktisch als überflüssig erscheinen lassen, wenn z. B. eigene Namensgebungsriten, Hochzeitszeremonien oder Begräbnisrituale konzipiert werden. Die eigene organisatorische Struktur bleibt als äußere Form nicht bloß eine „äußerliche" Form, sondern wird zur Keimgestalt einer separaten religiösen Bewegung, die auch – entgegen ihrem öffentlich bekundeten Selbstverständnis – zu einer Loslösung von der Herkunftsreligion führt. Die aktive und das Leben bestimmende Zugehörigkeit zu einer neureligiösen Bewegung kann darum, auch wenn diese einen universalistischen Anspruch hat, vielfach als gleichbedeutend mit einem Religionswechsel betrachtet werden, wie das hinsichtlich der Rāmakrishna-Bewegung ausdrücklich festgestellt wurde.[37]

e) Permanente Veränderung und Spaltungen

Ein Merkmal, das anscheinend im Gegensatz zu der genannten straffen Organisation steht, ist das Kennzeichen der Unabgeschlossenheit. Die gesamte Landschaft der neuen religiösen Bewegungen ist eine in sich unabgeschlossene, aber auch die einzelnen Gruppen unter ihnen sind in dauernder Veränderung. Im Zeitraum von ein bis zwei Jahrzehnten tauchen einzelne Bewegungen neu auf, während andere wieder verschwinden oder höchstens eine Randexistenz noch besitzen.[38] Auch im Selbstverständnis einer einzelnen Bewegung ist dieser Wandel sogar innerhalb einer Generation mitzuvollziehen, worauf z. B. bei der Darstellung des Bahā'ismus hingewiesen wurde[39]; was sich aber auch an der Herausbildung des 'Sufi-Ordens im Westen' und seiner Zweige (besonders von Ziraat) als auch in seinem gewandelten Verhältnis zur 'Sufi-Bewegung' zeigt.[40] Das Faktum der bewußten Änderung trifft auch für andere Bewegungen zu. Es ist das Phänomen als solches hervorzuheben, nämlich daß es sich hier um religiöse Konzepte handelt, die ausdrücklich das Selbstverständnis der alten Religionen zurückweisen: dieses wird als ein in sich geschlossenes, dogmatisches, durch endgültige und definitive Aussagen charakterisiertes bezeichnet.

Dieses Faktum darf jedoch nicht darüber hinwegtäuschen, daß die

---

[37] H.-P. Müller, Rāmakrishna-Bewegung, 231, 23 ff., bes. 31 und 35 f.
[38] Vgl. R. S. Ellwood/H. B. Partin, VI.
[39] Siehe o. S. 87.
[40] Siehe o. S. 132.

feststellbare pluralistische Konzeption vielfach auch in Spaltungen mündet. Praktisch sind bei allen, auch bei den universalistischen Tendenzen, Untergruppierungen, neue Gruppen und sich vom ursprünglichen Gründer loslösende Subbewegungen zu konstatieren.

4. Religiös inspirierte Lebensgestaltung und Ethos

a) Verbindung von Religion und Alltag

Hinsichtlich der japanischen Neureligionen wurde festgestellt, daß aus der Tatsache, daß diese von Menschen gegründet wurden, die voll im weltlichen Leben standen und mit dessen Sorgen und Problemen konfrontiert waren, sich auch die enge Verbindung von Religion und Leben ergibt. Diese war bisweilen in den Hochreligionen durch die Herauslösung des Vollkommenheitsideals aus dem Zusammenhang der alltäglichen Bedürfnisse gefährdet gewesen.

Neue Religiosität in ihrer universalistischen Gestalt sieht an sich keine Notwendigkeit mehr, eine besondere Lebensform, die sich von den alltäglichen praktischen Verpflichtungen zurückzieht, zu wählen, um die Vollkommenheit zu erlangen; zugleich aber sind auch Bewegungen in ihr anzutreffen, die das monastische und zölibatäre Ideal unter neuzeitlichen Bedingungen zu realisieren versuchen; im besonderen ist hier auf neuhinduistische Gruppen hinzuweisen, wie z. B. auf den Rāmakrishna-Orden. In den vom Islam herkommenden Bewegungen, die hier schwerpunktmäßig behandelt wurden, sind hingegen die beruflichen und familiären Aufgaben zugleich eine religiöse Aufgabe. Im Neosufismus tritt dieser „laikale" Aspekt mit besonderer Deutlichkeit hervor, was nicht zuletzt auf islamische Grundlehren hinsichtlich der Ablehnung eines besonderen geistlichen Standes sowie auf die reservierte Einstellung gegenüber der zölibatären Lebensform zurückgeht. Analoges ist zur Bahā'i-Religion zu sagen: Bahā'u'llāh fordert die Mönche auf, in die Welt zurückzukehren; der Ehestand ist eindringlich empfohlen[41]; er hat auch keinen geistlichen Stand im Sinne eines Priestertums. Darin folgt er dem Vorbild des Islams, der bekanntlich kein Priestertum kennt; de facto ist freilich das Amt des Vorbeters und Predigers bzw. auf anderer Ebene die Stellung des Gelehrten und Theologen eine von den Aufgaben her strukturell

---

[41] Vgl. F. Ficicchia, Der Bahā'ismus, 257; J. E. Esslemont, Bahā'u'lláh und das Neue Zeitalter, 1939, 265f.

ähnliche, aber nicht im Sinne einer gravierenden Verschiedenheit. Von diesem religionsgeschichtlichen Hintergrund her war die Herausbildung eines besonderen Standes, der in seiner Lebensweise getrennt ist von den übrigen Anhängern, in der 'Sufi-Bewegung' bzw. im 'Sufi-Orden im Westen' ohnehin unwahrscheinlich. Die Cherags – Frauen und Männer – haben besondere gottesdienstliche und seelsorgerlich-beratende Aufgaben, ansonsten gehen sie ihrem gewöhnlichen Beruf nach. Und auch der Gründer, Hazrat Inayat Khan, hatte zunächst den weltlichen Beruf eines Musikers (wenn auch verbunden mit spirituellem Interesse) ausgeübt, bevor er sich ausschließlich seiner 'Mission' widmete.

b) Heil im Diesseits und spirituelle Heilung

Die neuzeitlichen religiösen Gemeinschaften haben zwar ihren Ursprung in spirituellen Erfahrungen, die transzendenzbezogen sind; durch die aufgezeigte ekstatische bzw. die mystische Komponente sind sie auf nicht spezifisch neuzeitliche Erfahrungen begründet; dennoch ist dieser „vormoderne" Transzendenzbezug nicht jenseitsorientiert im Sinne der Vernachlässigung oder gar Verachtung irdischer Gegebenheiten. Die enge Zusammengehörigkeit von religiöser Erfahrung und weltlichem Wohl dokumentiert sehr deutlich das Faktum der alternativen Suche nach Heilung und Gesundung; die Überwindung von Krankheit ist mit ein Ziel spiritueller Praxis: Sowohl bei der Entstehung als auch für die Ausbreitung war religiöses Heilen in Neuen Religionen von großer Bedeutung.[42] Dies ist ein Grundzug, der sich quer durch die neureligiösen Bewegungen feststellen läßt. Im Hinblick auf die japanischen Neureligionen ist dies vielfach hervorgehoben worden. Die konkrete Diesseitigkeit ist auffallend bei Neureligionen; es geht *nicht nur* um ein „ewiges Heil", um die Erlangung des „Reinen Landes" *nach* dem Tode, sondern um konkrete irdische Bedürfnisse. Die Neureligionen sind in diesem Sinn wesentlich diesseitig, weltlich ausgerichtet. Das glückliche und erfüllte Leben hier auf Erden steht im Mittelpunkt. Darum bildet die Frage der Gesundheit und der Vermeidung des Leidens ein wichtiges Anliegen.[43] Der Aspekt des Heilens spielt auch in der 'Sufi-Bewegung', besonders in neuerer Zeit, eine immer größere Rolle – es besteht ein eigener

---

[42] Vgl. C. B. Becker, Religious Healing in 19th Century ›New Religions‹: The Cases of Tenrikyo and Christian Science, in: Religion 20 (1990) 199 ff.
[43] Vgl. U. Tworuschka, 235; vgl. Th. Immoos, 176.

'Heilorden'; dies hängt sicherlich einerseits mit dem neuerwachten Interesse am esoterischen Heilswissen mystischer Traditionen zusammen, und dies ist ja auch im klassischen Sufismus in hohem Ausmaß gegeben.[44] Andererseits aber steht die „Diesseits"-Orientiertheit in innerer Übereinstimmung mit der sufischen Frömmigkeit im ganzen: denn im Leben des mystischen Menschen dieser Tradition ist es abzulehnen, religiöse Erfahrung und alltägliches Tun zu trennen – beide gehören so wesentlich zusammen, daß es sich eigentlich nur um Grade der meditativen Erfahrung handelt, aber nicht um zwei wesentlich unterschiedene Daseinsbereiche. Im Hintergrund dieser Überzeugung steht letztlich das Motiv der Alleinheit bzw. der „Realisation Gottes" im irdischen Leben. Von diesem Gedanken her ist die „Diesseitigkeit" nicht primär aufgrund des neuzeitlichen Gegensatzes zwischen religiös-sakraler und profaner Welt zu verstehen – denn dieser Gegensatz ist für das spirituelle Erleben in einer letzten Tiefe nicht gegeben. Gerade aber die Basiserfahrung der Bezogenheit *aller* menschlichen Aktivität auf das Göttliche vermag das im modernen Sinn verstandene Alltagsleben spirituell neu zu werten und in seiner Bedeutung hochzuschätzen.

5. Religionsphänomenologische Gesamtcharakteristik: ein neuer Typ von Universalreligion

a) Synkretistische 'Universalreligion'

In der traditionellen Religionsphänomenologie hat sich eine Klassifizierung durchgesetzt, die trotz aller Kritik an der phänomenologischen Methode als solcher allgemeine Geltung gewonnen hat, nämlich die Unterscheidung von Volks- und Universalreligion. Dabei wurde der Begriff *Universalreligion* von wichtigen Vertretern der Religionsphänomenologie auf die großen Weltreligionen bezogen; die in diesem Sinn aufgefaßte Universalreligion steht im Gegensatz zur partikularen *Volksreligion*; in ihr „vollzieht sich eine Entnationalisierung des religiösen Anliegens"[45]; eine Religion wird dadurch allen Völkern

---

[44] Vgl. oben S. 93, Anm. 23.

[45] G. Mensching, Art. Universalismus und Partikularismus. Religionsgeschichtlich, in: RGG³, Bd. VI, 1160; ders., Die Religion, 58 ff.; vgl. auch M. Pye, Nationale und Internationale Identität in einer japanischen Religion (1988) 246.

zugänglich. Sie kann so zur Weltreligion werden, insofern sie sich an alle Menschen mit ihrer Botschaft richtet.[46] In den meisten neuen religiösen Bewegungen wird zwar auch eine Botschaft mit dem Anspruch, daß sie sich an alle Menschen richtet, verkündet, jedoch in ausdrücklicher Abhebung von den herkömmlichen Religionen, denen gegenüber kritisch gesagt wird, daß sie ihre ursprünglich intendierte Universalität durch Anpassung an eine spezifische Kultur verloren hätten! Aus diesem Grund ist es religionswissenschaftlich sachlich nicht angemessen, die neuen universalistischen Bewegungen in eine Linie mit den großen Universalreligionen zu stellen, auch wenn dies von manchen Neureligionen angestrebt ist, wie z. B. dem Bahā'ismus, der sich explizit als eine Weltreligion versteht; hinzu kommt auch noch die vollkommen unterschiedliche Entstehungszeit und -situation der Neuen Religionen im Vergleich zu den klassischen Religionen und die dadurch bedingten Differenzen in der Glaubenslehre, in der Art der Leitung und Gemeinschaftsstruktur sowie in der Tradierung der Lehrinhalte.

Von den genannten Differenzen her ist es nötig, die Gesamtcharakteristik neureligiöser Bewegungen so durchzuführen, daß das Eigentümliche ihres 'Universalismus' im Unterschied zu jenem der Weltreligionen deutlich wird. Ein Ansatz dazu ist bei G. Lanczkowski gegeben, der den Ausdruck 'Universalreligion' in dieser Richtung definiert: er versteht unter diesem Begriff das Programm, „durch eine Synthese der bestehenden Religionen zu nur einer, universalen, die gesamte Menschheit umfassenden Religion zu gelangen"[47]. Zugleich aber stellt er fest, daß „eine Universalreligion jedenfalls bislang nicht realisiert worden ist"[48]. Demnach sind unter diesem Begriff Bemühungen und Ansätze etwa in dem Sinn zu verstehen, in dem F. Heiler von „Versuche(n) einer Synthese der Religionen und einer neuen Menschheitsreligion" spricht.[49]

Mit der Hervorhebung des experimentellen Charakters bzw. des Ziels einer menschheitsumfassenden Religion als Zukunftsutopie

---

[46] Vgl. H.-J. Schoeps, Religionen. Wesen und Geschichte, Gütersloh 1963, 66.

[47] G. Lanczkowski, Begegnung und Wandel der Religionen, Köln 1971, 109; vgl. Meiers Kleines Lexikon, Religionen, bearb. und eingel. von G. Lanczkowski, Art. Universalreligion, Mannheim 1987, 431.

[48] G. Lanczkowski, Begegnung und Wandel, 110.

[49] Vgl. F. Heiler, Die Religionen der Menschheit, [4]1982, 549–555; es wird hier auch die Sufi-Society genannt, vgl. 550; s. auch die 1. Auflage des Werkes von 1959.

wird aber nur *ein* Aspekt dieser Intentionen erfaßt; in Idee und Praxis solcher Bewegungen ist jedoch der Anspruch entscheidender, eine 'universale' Religiosität schon heute konkret zu leben. Dabei ist nicht eine Universalreligion im Sinne einer die verschiedenen Religionen als solche integrierenden Menschheitsreligion gemeint – die es de facto nicht gibt –, sondern der Anspruch, im religiösen (meist esoterischen) Selbstverständnis und in religiöser Praxis (Meditation und kultische Vollzüge) diese faktisch bestehenden Unterschiede relativiert zu haben; es ist nicht primär von einem in der Ferne erwarteten Ziel die Rede, sondern von einer *aktuellen* inneren Erfahrung und Überzeugung, die freilich meist mit der Überzeugung verbunden ist, daß die äußeren Unterschiede zwischen den Religionen einst auch hinfällig werden; jedenfalls werden sie nicht als wesentlich betrachtet. Eine synkretistische Spiritualität solcher Art gibt es de facto im Unterschied zu einer 'Menschheitsreligion' (im Sinne einer die verschiedenen Traditionen tatsächlich einschließenden Gemeinschaft) als Religion, die sich als Erfüllung und Vollendung aller vorliegenden Religionen versteht bzw. als Bewegung, die spirituell das Wesen aller Religionen, den gemeinsamen Kern derselben mystisch zu erfassen meint.

Die gegebene Charakterisierung weist die hier behandelten Gemeinschaften als einen *neuen Typ von Synkretismus* aus. Es ist eine Vereinheitlichung von verschiedenen Religionen in einer *Synthese*, die sich einer *esoterischen Interpretation* verdankt, d. h., daß sie nicht als jene Religionen, die sie faktisch – exoterisch – sind und wie sie sich selbst verstehen, eine Einheit bilden, sondern nur auf jener Ebene, die sich der neureligiösen Perspektive verdankt: diese beansprucht den *inneren* Sinn, die eigentliche *Basis und Mitte der Religionen* (entgegen dem Selbstverständnis der Muslime, Christen usw.) zu verstehen und von dieser Mitte her die *Einheit* der Religionen zu erkennen (worin ein „gnostischer" Aspekt gegeben ist). Dieser Synkretismus unterscheidet sich von den Synkretismen im herkömmlichen Sinn. Religionswissenschaftlich wird unter Synkretismus in einem engeren Sinn zunächst einmal jene Religionsvermischung verstanden, die die hellenistische Kultur seit dem Indienfeldzug Alexanders des Großen geprägt hat; doch im weiteren Sinn sind zahlreiche Prozesse in der Religionsgeschichte als synkretistisch zu bezeichnen.[50] In systematischer Hinsicht kann im Anschluß an U. Berner ein Synkretismus auf Ele-

---

[50] Vgl. z. B. C. Colpe, Syncretism, in: The Encyclopedia of Religion, vol. 14, 218 ff.

ment-Ebene (d. h. hinsichtlich der Verbindung von Elementen aus verschiedenen Religionen) von einem solchen auf System-Ebene (Verbindung von verschiedenen Religionssystemen) unterschieden werden.[51] Doch der Synkretismus universalistischer Bewegungen ist weder bloß eine Synthese von einigen Elementen (Glaubensartikel, Kultformen etc.), noch auch ist er ein Synkretismus auf System-Ebene, da keine Einheitsreligion konstruiert wird;[52] am ehesten noch könnte er im Rahmen dieser Terminologie als ein Synkretismus auf Meta-System-Ebene bezeichnet werden, der zu einer Entstehung eines neuen Systems jenseits der vorhandenen Systeme (= Religionen), also zu einer *neuen* (synkretistischen) Religion führt.[53] Doch selbst diese Kennzeichnung würde noch zu sehr die neue Religion auf die alten beziehen und sie in ihrer Neuheit relativieren; denn es ist zu beachten, daß der universalistisch-synkretistische Charakter gerade *nicht* aus den vorhergehenden Religionen abzuleiten ist, so daß zugleich von einer neuen Art von Synkretismus und neuen Form von Religionen zu sprechen ist. Denn diese universalistischen Religionen unterscheiden sich in ihrem Selbstverständnis, aber auch phänomenologischen Erscheinungsbild, wesentlich von den Universalreligionen im üblichen Sinn des Wortes, also von den klassischen „Großreligionen". Sie bilden eine eigene Form von Religionen mit spezifischen, nur für sie zutreffenden Merkmalen (wenn man diese nicht einzeln für sich betrachtet, sondern in ihrer Gesamtheit). Dieser Typ ist erst im Verlaufe der Neuzeit, vor allem seit dem 19. Jahrhundert aufgetreten.

b) Eine neue Form von 'Gnosis'?

Immer wenn sich in der Kulturgeschichte Bewegungen zeigen, die auf die Neuheit und Originalität ihrer Ideen hinweisen, kann gefragt werden, ob dies tatsächlich der Fall ist oder ob es sich nur um die Wiederbelebung bzw. Neuakzentuierung längst bekannter Vorstellungen handelt. Dieses Bedürfnis, nach Analogien und Vorläufern des Neuen

---

[51] Vgl. U. Berner, Untersuchungen zur Verwendung des Synkretismus-Begriffs, Wiesbaden 1982.
[52] Vgl. U. Berner, Die Frage nach der Einheit der Religionen und das Synkretismus-Problem, in: J. Lott (Hrsg.), Sachkunde Religion II, Stuttgart 1985, 244 ff., bes. 250.
[53] Vgl. dazu U. Berner, Untersuchungen, a. a. O., 97.

zu suchen, ist auch beim wissenschaftlichen Forschungsinteresse anzutreffen, nicht zuletzt um eines besseren Verstehens dieser Phänomene willen: von einem Vergleich mit ähnlichen, relativ gut bekannten und überschaubaren Bewegungen in der vergangenen Religionsgeschichte soll ein Aufschluß über Art und Charakter von anscheinend völlig neuen Erscheinungen gewonnen werden. Auch im Hinblick auf die neureligiösen Bewegungen ist dieser Versuch gemacht worden: man hat sie vom Begriff der Gnosis her interpretiert und als *Neugnosis*[54] umschrieben. Sehr zutreffend charakterisiert *R. Bergeron* diesen Aspekt, wenn er schreibt: „Die neuen gnostischen Gruppen selbst beanspruchen ein Sonderstatut in der Geschichte der Religionen an der Seite der etablierten Religionen. Oft lehnen sie die Bezeichnung Religion ab; sie betrachten sich vielmehr als das Innerste der Religion, besser noch als *die* ursprüngliche und zeitlose, *universale* Religion, von der die etablierten Religionen nur die mehr oder weniger verfallenen äußeren Erscheinungen sind. Die neuen gnostischen Gruppen verbreiten unter dem Deckmantel der Offenheit und der Toleranz einen universalistischen Anspruch."[55] Solche Gemeinschaften führen zu einem Verstehen hin, in dem eine bestimmte Religion „in Wirklichkeit nur ein Zweig einer einzigen universalen Religion ist", wie es z. B. das Selbstverständnis der 'Sufi-Bewegung' zum Ausdruck bringt.[56]

Selbstverständnis und wissenschaftliches Verständnis dieser Gruppen laufen also darauf hinaus, daß eine Parallele zur historischen Gnosis[57] sich nahelegt bzw. – in einer noch umfassenderen Perspektive – der Gnostizismus und die neuen religiösen Bewegungen in die gleiche geistesgeschichtliche Überlieferungslinie eingeordnet werden: dabei wird gesagt, daß es in der Geistesgeschichte des Abendlandes zwei Realitätsauffassungen von Anfang an gegeben hätte, nämlich jene der Mehrheit, die im klassischen Christentum vorgeherrscht habe, und eine *alternative* Perspektive, die – beginnend bei Platon und

---

[54] Vgl. O. Eggenberger, a. a. O., 23; siehe auch: Neugnosis. Gemeinschaften und Weltanschauung, zusammengestellt von H.-J. Ruppert (= Dokumentation 1/84, Werkmappe ›Sekten und religiöse Sondergemeinschaften in Österreich‹, Wien 1984).

[55] R. Bergeron, Zu einer theologischen Interpretation (1983) 78.

[56] Vgl. S. van Stolk in der Interpretation des 'vierten Sufi-Gedankens' Inayat Khans („es gibt nur EINE RELIGION"), in: Sifat 3, 1972/73, Nr. 4, 24.

[57] Vgl. dazu die grundlegenden Arbeiten von H. Jonas, Die mythologische Gnosis, Göttingen 1964; K. Rudolph, Die Gnosis. Wesen und Geschichte einer spätantiken Religion, Göttingen ²1980.

dem Neuplatonismus – über den Gnostizismus und die hermetisch-mystischen Traditionen bis zu alternativ-religiösen Bewegungen der Moderne führt.[58] Die These vom typologischen und geistesgeschichtlichen Zusammenhang zwischen gnostischen und neureligiösen Bewegungen könnte erst durch detaillierte historische Untersuchungen einzelner Merkmale sowie der Phänomene im ganzen zufriedenstellend geklärt werden. Generell aber kann zu Recht – zumindest im Hinblick auf die hier behandelten esoterisch-universalistischen Gruppen – die Vermutung ausgesprochen werden, daß sie der Gnosis *vergleichbare* Intentionen verfolgen und teilweise auch ähnliche Kennzeichen aufweisen. Insbesondere kann man als gnostisch in einem allgemeinen Sinn „die Grundlage aller jener Versuche charakterisieren, welche die Einheit aller Religionen [...] proklamieren"[59]. Hier ist generell eine Einheitskonzeption hinsichtlich der Religionen und Philosophien leitend, auch wenn diese bisweilen in dualistischer Weise durch Ausgrenzung eines materiellen, äußerlichen, „bösen" Prinzips erreicht werden soll, wie z. B. in der Kritik an der dogmatisch-rechtlich „verfestigten" Form der traditionellen Religionen; das Motiv, die vorhergehenden Religionen inklusivistisch zu interpretieren, ist die wohl auffälligste Parallele zu einer gnostisch geprägten Religion, nämlich zum Manichäismus, der sich „als Erfüllung der großen Religionen des Christentums, Zoroastrismus und Buddhismus, ja als Überhöhung aller bisherigen Glaubensformen (versteht)"[60]. Vergleichbar ist auch die anthropologische Annahme, daß es einen Wesenskern, ein „Selbst", im Menschen gebe, das als „Licht", „inneres Leben", mystischer Kern usw. von dem psychophysischen, gewöhnlichen Dasein sich unterscheide und das es freizusetzen gelte. Auch der für die Gnosis charakteristische Stufenaufbau des Kosmos und des Weges zu Gott ist in

---

[58] Vgl. R. S. Ellwood/H. B. Partin, Religious Groups, ²1988, 30ff. Vgl. in diesem Sinn auch P. Koslowski (Hrsg.), Gnosis und Mystik in der Geschichte der Philosophie, Zürich 1988; er betont, „daß der Begriff ›Theosophie‹ hier im spezifischen Sinn der Weisheitstradition verwendet wird und von dem allgemeinen Religionssynkretismus der ›Theosophischen Gesellschaft‹ des 19. Jahrhunderts streng unterschieden werden muß" (ders., Die Postmodernität der Weisheitstradition, in: W. Oelmüller, Philosophie und Weisheit, Paderborn 1989, 97 Anm. 1). Doch muß diese legitime Differenz m. E. nicht bedeuten, daß es sich nicht um zusammengehörige Traditionsströme handelt.

[59] C. Colpe, Art. Gnosis. I. Religionsgeschichtlich, in: RGG³, Bd. II, 1649.

[60] H.-J. Klimkeit, Art. Manichäismus, in: Lexikon der Religionen, 386; vgl. dazu M. Hutter, Manis Umgang mit anderen Religionen (1991) 289ff.

einer Reihe der hier dargestellten Bewegungen (v. a. theosophischer und sufistischer Art) grundlegend. Es ist jedoch auch auf *Differenzen* gegenüber den gnostischen Mythen hinzuweisen. Die antikosmische, Welt und Materie verurteilende Haltung ist nicht in einer die Materie verachtenden Weise ausgeprägt, insbesondere nicht bei den vom Islam herkommenden Gruppen. Nicht zuletzt an diesem Moment einer Zuwendung zur irdischen Realität wird einerseits der neuzeitliche Entstehungshintergrund der modernen Alternativreligionen erkennbar, andererseits aber auch (bei den vom Islam herkommenden Gruppen) die von der abendländischen, stark asketisch geprägten, verschiedene religiöse Tradition. Es muß darum festgehalten werden, daß – auch wenn phänomenologisch ähnliche Motive in Gnosis und Neureligion festzustellen sind – bei letzteren der spezifisch neuzeitliche Horizont des Verständnisses solcher Motive zu beachten ist. Es sind jedenfalls Motive anzutreffen, die in der Religionsgeschichte nicht völlig neu sind, aber unter modernen Bedingungen thematisiert werden. Ob man von dieser Beobachtung im Hinblick auf einzelne Merkmale die Folgerung ziehen darf, daß die universalistischen neureligiösen Bewegungen im ganzen die Wiederbelebung einer Religiosität darstellen, die in Gnosis und Manichäismus praktiziert wurde, jedoch im späteren Verlauf der Religionsgeschichte durch das Vorherrschen geschlossener Religionssysteme und Kulturen unterdrückt worden ist, daß also in der heutigen 'Neognosis' eine Weise religiösen Selbstverständnisses sich Geltung verschafft, die über Jahrhunderte verdrängt war – diese Frage muß allerdings, solange sie Spekulation ist, unbeantwortet bleiben. Festzuhalten ist aber, daß die sozial- und geistesgeschichtlichen Entwicklungen der Moderne u. a. auch zu religiösen Konzeptionen geführt haben, die es in dieser offenen Form in den Jahrhunderten vorher nicht gegeben hat und die wohl auch aufgrund religiös relativ geschlossener Kulturen keine Möglichkeit zur Selbstartikulation gehabt hätten; unter neuen Bedingungen, insbesondere in kritischen Übergangsphasen, können jedoch Phänomene virulent werden und akut in Erscheinung treten, die in ähnlicher Weise auch in früheren Umbruchszeiten auftraten.

c) Die strukturelle Ambivalenz: 'vorneuzeitlich-archaische' und (nachchristlich-)moderne Aspekte

Ein grundlegendes Merkmal des Entstehungsvorganges neuer Religiosität ist, wie aufgezeigt wurde, im Durchbruch ekstatischer Erfahrungen zu erblicken. Dieses Faktum als solches vermag die traditionell festgelegten Ausdrucksgestalten und schriftlich fixierten Glaubensaussagen der klassischen Religionen gewissermaßen anthropologisch zu „unterlaufen", insofern auf eine vorgängige, vor Entstehen der Hochreligionen vorkommende archaische religiöse Erlebnisweise „zurückgegangen" wird. Diese Basis ist in gewissem Sinn allgemeiner und umfassender, jedenfalls weniger kodifiziert und definiert, als es die Glaubensgrundlagen der großen Religionen sind.

Zugleich konnte an eine Reihe von Einzelmerkmalen die neuzeitbedingte Struktur und Ermöglichung abgelesen werden. Auf diese Weise tritt zu der „archaischen" anthropologischen Fundierung der religiösen Universalität die spezifisch neuzeitliche hinzu. Während die erstere in einer Erfahrungsebene gründet, die *vor* dem Entstehen der Hochreligion schon anzutreffen ist, ist die letztere in einem Menschenbild grundgelegt, das *nach* der gesellschaftlichen Vorherrschaft der größeren Weltreligionen sich herausgebildet hat; es ist ein kulturelles Selbstverständnis, das sich ursprünglich weithin im Gegensatz zu den christlichen Kirchen im Säkularisierungsprozeß herausgebildet hat und sich in analoger Weise kritisch zu vorneuzeitlichen Auffassungen (besonders im gesellschaftlichen, sozialen und sittlichen Bereich) der außereuropäischen Religion versteht. Die universalistische Ausrichtung neuer Religionen wird gewissermaßen durch eine zweifache „Umgehung" der klassischen Religionen begründet: gleichzeitig durch archaischen Rückgriff und modernistische Angleichung; von der letzteren Intention her ist es zu erklären, wieso eine Reihe von Merkmalen z. T. signifikant von jenen der klassischen Religionen abweicht.

Zusammenfassend kann gesagt werden, daß die „archaische" Struktur zugleich „neuzeitlicher" Interessenslage entspricht; „vorneuzeitlicher" und „neuzeitlicher" Aspekt sind nicht ohne weiteres voneinander zu trennen, sondern *zwei Seiten* ein- und desselben Phänomens.

VI. KAPITEL:
DIE AMBIVALENZ NEUER RELIGIOSITÄT
GEGENÜBER DER MODERNE

Die Realisierung der beschriebenen Religiosität mit universalistisch-synkretistischem Anspruch ist ein Phänomen der Neuzeit, insbesondere seit der Mitte des vorigen Jahrhunderts. Es stellt sich die Frage, ob und inwiefern die Entstehungszeit und deren kulturelle Vorgaben für die entstandenen religiösen Bewegungen von Bedeutung sind. Diese Frage ist nicht einlinig zu beantworten: denn einerseits sind in der „neuen" Religiosität wesentliche Tendenzen anzutreffen, die unzweifelhaft einen „vorneuzeitlichen" Charakter haben, wie insbesondere an den Phänomenen Trance, Ekstase und Mystik zu erkennen ist; andererseits aber ist die Art der Frömmigkeit offenkundig von der Signatur der Moderne in vielen Aspekten geprägt; im besonderen gilt dies für die hier behandelten universalistischen Gemeinschaften.

Die dargelegten Charakteristika neuer Religiosität, wie sie in verschiedenen Bewegungen der Moderne realisiert wird, haben somit durchgehend einen doppelten Aspekt: einerseits ist ein Rückgriff auf vormoderne Erfahrungen gegeben, andererseits findet diese nicht nur im neuzeitlichen Kontext statt, sondern ist zum Teil mit Postulaten modernen Selbstbewußtseins (z. B. Individualismus) verbunden. Allein diese generelle Charakteristik zeigt phänomenologisch eine auffallende Struktur der neureligiösen Bewegungen. Es ist darum zu überlegen, welche Grundintention diese Bewegungen verfolgen bzw. welche geistesgeschichtlichen Hintergründe eine solche ambivalente „archaisch-moderne" Strukturierung ermöglichen oder sogar provozieren. Eine Beantwortung dieser Frage wird sowohl den Aspekt der Moderne als auch jenen des „Vorneuzeitlichen" berücksichtigen müssen.

In Entsprechung zu der genannten Gegensätzlichkeit im Verhältnis zur Moderne sollen zuerst (1.) jene Tendenzen der Neuzeit genannt werden, die das geistige Milieu vorbereitet haben, in dem eine neue, insbesondere universalistische Religiosität sich entfalten konnte, und in denen in gewissem Sinn historische Parallelen zu ihr erblickt werden können, und hernach (2.) die explizit neuzeitkritischen Tendenzen der Neuen Religionen herausgestellt werden. Daran anschließend ist (3.) der Frage nachzugehen, in welchem Verhältnis sich diese in sich heterogenen Tendenzen zur Grundsignatur der Neuzeit, der Säkularisierung, verhalten.

1. Geistesgeschichtliche Vorbereitung universalistischer Religiosität seit Beginn der Neuzeit

a) Religiöser Universalismus seit der Zeit der Renaissance und Aufklärung

In der europäischen Geistesgeschichte ist ein *religiöser Universalismus* in ausgeprägter Form schon seit Beginn der Neuzeit anzutreffen (seit dem 15. Jahrhundert), wie Wilhelm Dilthey in seinem Werk ›Weltanschauung und Analyse des Menschen seit der Renaissance und Reformation‹ ausführt.[1] Er spricht darin von einem „*religiös-universalistischen Theismus"* und versteht darunter „die Überzeugung, daß die Gottheit in den verschiedenen Religionen und Philosophien gleicherweise wirksam gewesen sei und noch heute wirke. In dem moralisch-religiösen Bewußtsein jedes edleren Menschen spreche sie sich aus. Ein Satz, der die Idee eines völlig universellen Wirkens der Gottheit durch die ganze Natur hindurch und in dem Bewußtsein aller Menschen zu seiner Voraussetzung hat."[2] Meist ist diese Position mit einer pantheistischen oder panentheistischen Auffassung verbunden, oft angelehnt an den Platonismus, an die Stoa und an die christliche Mystik. In der neuplatonischen Form war dieser religiös-universalistische Theismus bei Pico und Marcilio Ficino anzutreffen, die die deutschen Humanisten, wie den Kreis der Erfurter Humanisten, insbesondere Konrad Mudt, beeinflußten. Er vertritt die Lehre von der allgemeinen Offenbarung und ist der Überzeugung, daß „der wahre Christus unsichtbar und zu allen Zeiten und an allen Orten gegenwärtig ist"; die Weisheit Gottes „sei überall und zu allen Zeiten, bei Griechen, Römern und Germanen wirksam gewesen"[3]. Er kommt zu der gewagten, nur vertraulich mitgeteilten Aussage: „Es ist ein Gott und eine Göttin, aber wie viele Gestalten, so sind auch

---

[1] W. Dilthey, Weltanschauung und Analyse des Menschen seit der Renaissance und Reformation, ⁹1970, 45 ff.
[2] A. a. O., 45.
[3] Brief an Spalatin, vgl. a. a. O., 47.

viele Namen: Jupiter, Sol, Apollo, Moses, Christus, Luna, Ceres, Proserpina, Tellus, Maria. [...]"⁴ Bei einigen der italienischen Humanisten ist es nach Dilthey sogar zur Begründung „eines religiös-universalistischen Theismus als einer neuen, vom Christentum unterschiedenen Religion" gekommen;⁵ einer Religion, die die Inhalte und die Bezeichnungen der altgriechischen Mythologie unter Ausklammerung der christlichen Terminologie gewann. Dilthey meint, daß dieser religiös-universale Theismus „am Beginn des 16. Jahrhunderts in ganz Europa siegreich hervordrang" und schließlich in nachweisbarem historischem Zusammenhang in den Sekten vor allem der reformierten Kirche im 17. Jahrhundert weitergewirkt habe.⁶

Ein bedeutendes Dokument dieser neuen Geistesrichtung ist im ›Heptaplomeres‹ von Jean Bodin zu erblicken, das 1593 erschienen war. Darin wird von den Repräsentanten der verschiedenen Konfessionen bzw. Religionen (ein Katholik, Lutheraner, reformierter Jude, Vertreter natürlicher Religionen und Repräsentant des Indifferentismus) über den Wert der Religionen diskutiert. Zwei Positionen sind von besonderem Interesse, nämlich der Repräsentant, der eine ursprüngliche Religion verkündet, und der Repräsentant der höchsten Stufe der heidnischen Entwicklung. Der Kerngedanke der ersten Gestalt liegt in der Verkündigung einer ursprünglichen Religion, einer natürlichen Religion, die in den positiven Religionen enthalten ist; und diese Naturreligion sei zur Glückseligkeit ausreichend, während sie durch theologische Korruption verdorben worden sei.⁷ Sowohl Heidentum als auch Judentum weisen auf eine Urweisheit und Uroffenbarung zurück. Die ursprüngliche Religion wird also in einem gewissen Gegensatz zu den positiven Religionen verstanden und auch als deren kritischer Maßstab betrachtet.

Den religionsrelativierenden Charakter bringt aber noch deutlicher der Repräsentant der heidnischen Entwicklung zum Ausdruck, der seinen irreligiösen Standpunkt auf folgende Weise ausdrückt: „Ich aber betrete die Tempel der Christen, der Ismaeliten und Juden, wo immer es angeht, und auch die der Lutheraner und Zwinglianer, um bei keinem als Atheist Anstoß zu erregen oder den Schein zu haben, als wollte ich die öffentliche Ruhe stören."⁸

---

⁴ Zit. a. a. O., 47.
⁵ A. a. O., 45.
⁶ A. a. O., 42.
⁷ Vgl. a. a. O., 149.
⁸ Heptaplomeres, Guhrauer 40 f., zit. nach Dilthey, a. a. O., 148.

Nach dem Urteil Diltheys verbirgt sich hinter dem Gespräch der Personen in dem Werk von Bodin das Gefühl der Friedenssehnsucht, die Überzeugung, daß die Eintracht aller Religionen untereinander zu fordern ist. Die Eintracht und Toleranz ist „tiefgegründet auf das Gefühl der Verwandtschaft aller Religionen. Sie sind allesamt Töchter derselben Mutter, der natürlichen Religion."[9] Diese Überlegungen weisen hin auf die Ansätze Herbert von Cherburys und insbesondere auch auf die berühmte Ringparabel in Lessings ›Nathan dem Weisen‹. *Herbert von Cherbury* (1581–1648) geht von der Überzeugung aus, daß die Vernunft auch das Vermögen zu den religiös-moralischen Wahrheiten in sich berge; die Offenbarung tritt im Verhältnis dazu an die zweite Stelle.[10] Von dieser erkenntnistheoretischen Position aus gelangt er zur Überzeugung „eines allgemeinen Religionsglaubens im Sinne der Stoa, unabhängig von jeder einzelnen positiven Religion"; wir treffen bei ihm „eine Lehre von der universalen Vernunftreligion an".[11]

Es zeigt sich hier eine Linie, die hinführt zur Naturreligion, zu einer Vernunftreligion, die als die ursprünglichere und erste betrachtet wird, *vor* den positiven Religionen. Dieser Zug zum Ursprung hin ist parallel zu sehen mit dem Anspruch neuer universalreligiöser Gruppen, die sich ebenfalls auf eine menschliche Urreligion berufen. Auch der religionsversöhnende Gedanke kann in diesem Sinn verstanden werden. Schließlich ist auch noch darauf hinzuweisen, daß es nicht notwendig ist, einer historischen Religion anzugehören: Die Seligkeit wird schon allein durch die natürliche Religiosität vermittelt. Ein weiterer interessanter Gedanke, der in Parallele steht zur universalreligiösen Position, ist die Überzeugung, daß zwischen den einzelnen Religionen keine Entscheidung mehr möglich ist, wie auch Bodin meinte.[12] Es wird eine allgemeine Religion neben und über den christlichen Kirchen gesucht.

Wenn man nach den Gründen der beschriebenen Entwicklung fragt, so läßt sich im Anschluß an Wilhelm Dilthey sagen, daß die Herausbildung einer 'natürlichen Religion' in einer kritischen Auseinandersetzung mit den konfessionellen Streitigkeiten stand. Er meint nachgewiesen zu haben, daß „das zunehmende Gefühl der Unerträglichkeit des Streites der Konfessionen zu der Anschauung eines Ge-

---

[9] Dilthey, 150.
[10] Vgl. a. a. O., 248.
[11] Vgl. a. a. O., 254 und 256 f.
[12] Vgl. a. a. O., 152 f.

meinsamen, in welchem der Friede gefunden werden könne, (führte). Mit unwiderstehlicher Macht erhob sich der Gedanke einer den Kern aller Religionen enthaltenden Wahrheit. So entstand der Begriff der natürlichen Religon."[13] Diese Kritik am Kampf der Religionen und am Streit der Konfessionen zeigte sich schon als Motivationsgrund für das Werk ›De pace fidei‹ von Nikolaus von Cusa, und auch Herbert von Cherbury wollte mit seinen fünf Grundprinzipien sittlich-religiösen Handelns die Basis einer wahren katholischen oder universalen Kirche schaffen.[14] Bei Herbert von Cherbury geht es um eine Vernunftreligion, aufgrund deren die geschichtlichen Religionen beurteilt werden.[15] Sein Ansatz wurde darum zu einem Vorläufer des neuzeitlichen, offenbarungskritischen Philosophierens. In einem solchen Denken konnten Anregungen für ein neues Verständnis der Religion und für eine neue kultische Praxis erblickt werden. Eine solche „Religion der Zukunft und eine Liturgie für deren Bekenner" entwirft John Toland (1670–1722) in seinem 1720 erschienenen ›Pantheisticon‹; hier wurden sokratische Mysterienfeiern angestrebt.[16]

In den erwähnten Tendenzen zeigen sich Ansätze für eine Religiosität neben und parallel zu den Kirchen; es liegt in der Logik dieser neuzeitlichen Bewegung, daß sich diese freie Religiosität auch in einer freikirchlichen Gemeindebildung artikulieren konnte.[17] Geistesgeschichtlich ist dadurch der Raum geschaffen, daß sich religiöse Gemeinschaften, die sich unabhängig von den Großkonfessionen verstehen, bilden und zugleich den Anspruch vertreten konnten, dem sich gegenüber kirchlicher Bevormundung emanzipierenden Geist der Moderne zu entsprechen. In dieser Denkfigur scheint einer der möglichen geistesgeschichtlichen Hintergründe für die Rezeption neureligiöser Bewegungen zu liegen, die im 20. Jahrhundert ungeahnte Ausmaße im westlichen – europäischen und amerikanischen – Kulturraum erreicht hat.

---

[13] Vgl. a. a. O., 247.
[14] De veritate 283, zit. nach Dilthey, a. a. O., 253.
[15] Vgl. K. Vorländer, Geschichte der Philosophie, Bd. 5, Hamburg 1974, 18.
[16] Vgl. K. Vorländer, a. a. O., Bd. 5, 19.
[17] Vgl. dazu z. B. den Hinweis im Artikel ›Freidenker‹, in: Philosophisches Wörterbuch, neu bearb. von G. Schischkoff, Stuttgart [20]1978, 196.

b) Von der a-religiösen zur alternativ-religiösen Religions- und Christentumskritik

Eine weitere Etappe in der Entwicklung der europäischen Geistesgeschichte im Verhältnis zur Religion ist der Übergang von der philosophischen Religionstheorie zu einer tendenziell religionskritischen bzw. atheistischen Religionsphilosophie. Ein erster, noch nicht antichristlich formulierter und auch gar nicht als solcher intendierter Schritt in Richtung einer Loslösung vom Christentum war schon mit der Aufklärungsidee einer Religion des Menschen als Menschen ("natürliche Religion") getan, wenn sie der historisch-konkreten Offenbarungsreligion als eigene Größe gegenübergestellt wird. Damit nämlich sind christliche Religion und natürliche Religiosität als zwei verschiedene, als getrennte Ebenen verstanden, wodurch die Möglichkeit gegeben war, daß die letztere sich gegenüber der ersteren als selbständig, ja als unabhängig von ihr versteht, die als Vernunftreligiosität sich vorwiegend kritisch gegenüber einer Offenbarungsreligion thematisiert.

In diesem Prozeß der kritischen und emanzipativ verstandenen Auseinandersetzung mit der christlichen Herkunft war eine weitere Möglichkeit angelegt und vorbereitet, die zur Negation der religiösen Dimension des Menschseins überhaupt führen konnte; zu einem atheistischen Konzept der Religionsphilosophie, in dem Religion als illusionäres Selbstverständnis des Menschen ausgelegt wird, wie es im Prozeß von den Anfängen innerhalb der Französischen Aufklärung (z. B. Enzyklopädisten; Materialismus) bis zu den atheistischen Entwürfen im Verlauf des 19. und dem Beginn des 20. Jahrhunderts geschah.[18] Auch diese für die abendländische Entwicklung charakteristische Wendung zu einer dezidierten Kritik an der Religion hin ist zu beachten, wenn man die Rezeption ursprünglich nichteuropäischer religiöser Strömungen in diesem Kulturraum interpretieren will. Dieses Kulturgefüge eines problematischen Verhältnisses zur eigenen, der christlichen Religion ist eine geeignete *Disposition für die Aufnahme nichtchristlicher Religiosität*. Beide Positionen nämlich sind gekennzeichnet durch eine Abwendung vom Verbindlichkeitsanspruch der christlichen Überlieferung. In beiden geht es um eine Abwendung von der Herkunftsreligion, d. h. von der in der persönlichen Biographie und Lebenswelt kennengelernten Frömmigkeit. Eine Gemeinsamkeit

18 Vgl. J. Figl, Art. Atheismus, in: Staatslexikon, hrsg. von der Görres-Gesellschaft, Bd. 1, Freiburg i. Br. ⁷1985, 380ff.

zwischen atheistischer Infragestellung und neureligiöser Einstellung ist darin zu sehen, daß die Lebenskraft, die Verbindlichkeit der großen religiösen Traditionen – im Abendland der christlichen – nicht mehr anerkannt bzw. erfahren wird.

Über diesen allgemeinen Vergleichspunkt hinaus ist aber auf einen spezifischen Aspekt Wert zu legen, nämlich auf die Tatsache, daß sich die neuzeitliche Religionskritik zwar formell gegen Religion *an sich* gewandt hat, jedoch de facto und konkret das Christentum und seine monotheistische Gottesvorstellung sowie dessen religiöse Praxis getroffen hat. Im Horizont des Christentums wurden dann auch andere außereuropäische Religionen interpretiert und kritisiert, d. h. aber vielfach auch mißverstanden und fehlinterpretiert.[19] Von einigen bedeutenden Religionskritikern wurde die vom Christentum unterschiedene Art der östlichen Religionen, insbesondere des Buddhismus, beachtet,[20] bzw. es wurden die maternalen Aspekte außereuropäischer religiöser Überlieferungen im Unterschied zu dem patriarchalischen Gottesbild der jüdisch-christlichen Tradition zwar gesehen, aber nicht gewürdigt.[21] Jedenfalls aber kann festgehalten werden, daß sich die atheistische Religionskritik mit Vehemenz gegen den *monotheistischen Gottesbegriff* des Christentums gewandt hat, daß dieser der größten Infragestellung ausgesetzt wurde und daß es der Gott des Christentums war, der für tot erklärt worden ist.

Diese gravierende Polemik konnte nicht ohne gesamtkulturelle Rückwirkung bleiben: das religionskritische Potential war dadurch zuinnerst mit einer Ablehnung des Christentums gekoppelt. Gerade das christliche Selbstverständnis kam unter diesen Bedingungen in eine Situation, in der es äußerst erschwert ist, die eigene Tradition überzeugend zur Sprache zu bringen. Eine solche *problematische Konstellation war jedoch nicht im Hinblick auf die religiösen Traditionen Asiens gegeben*; hinzu kommt, daß sie überwiegend keinen monotheistischen Gottesbegriff haben, sondern ein eher monistisches Verständnis des Göttlichen in dem Sinn, daß persönliche Gottheiten auf einen impersonalen Urgrund hin relativiert werden. Eine in diesem Sinn „nicht-theistische" Position war darum naturgemäß vom europäischen Athe-

---

[19] Vgl. R. Leuze, Die außerchristlichen Religionen bei Hegel, Göttingen 1975; vgl. auch A. Schopenhauers Verständnis des Buddhismus als Pessimismus.
[20] Vgl. z. B. F. Nietzsche, Der Antichrist, bes. Nrn. 20–24.
[21] Vgl. zu S. Freud: J. Figl, Biographie und Atheismus, in: J. Figl et al., Ateismo e società, a cura di A. Babolin, Perugia 1992, 201–249.

ismus nicht in der frontalen Weise betroffen wie die eigene Tradition.

Von hierher ist es auch verständlich, daß nichtchristliche Religionen auch bei hohem religionskritischen Potential eher rezipiert werden können und eher als kompatibel mit einem religionskritischen Bewußtsein erscheinen als die christliche Gottesvorstellung. Und es ist auch der eher impersonale Charakter des Göttlichen, der oft in neureligiösen universalistischen Bewegungen anzutreffen ist und den viele westliche Anhänger als vereinbar mit ihrem Selbstverständnis betrachten; auch im Hinblick auf den Islam und dessen Rezeption ist zu sagen, daß in neureligiösen Bewegungen vor allem dessen mystische Komponente übernommen wird, die eine impersonale Rede von Gott nicht ausschließt; die neuere Entwicklung innerhalb der hier dargestellten 'Sufi-Bewegung' und des 'Sufi-Ordens' zeigt auch, daß in der religiösen Praxis der patriarchalische Gottesgedanke zurückgedrängt wird und von Gott im Sinne von Vater *und* Mutter gesprochen wird, also ein Anliegen übernommen wird, daß sich vor allem aus der Auseinandersetzung mit einem patriarchalischen Gottesverständnis gebildet hat.

Zusammenfassend läßt sich also sagen, daß in neureligiösen Bewegungen eine Gottesvorstellung verbreitet ist, die noch am ehesten kompatibel ist für ein Bewußtsein, in dem der persönliche, monotheistisch verstandene Gott keine oder nur mehr eine geringe Bedeutung hat. Die Neureligiosität fügt sich so gewissermaßen in ein von der europäischen Religionskritik vorgeformtes Grundschema ein.

2. Neuzeitkritische Intentionen

a) Religiös trotz einer religionsfernen Umwelt

Freilich muß zugleich auch gesagt werden, daß das erwähnte Schema sich nur auf spezifische *Aspekte* des Gottesverständnisses bezieht, jedoch *in keiner Weise auf die religiöse Dimension schlechthin.* Hier ist ein diametraler Gegensatz zur Religionskritik zu erblicken, insofern diese in der Religion selbst eine Minderung oder gar Verfehlung menschlicher Identität erblickt; die neureligiösen Bewegungen haben im Gegensatz dazu in einer spezifischen religiösen Erfahrung die Mitte für die Identität des Menschen gefunden. Innerhalb des formal ähnlichen Schemas kommt es gewissermaßen zu einem Umschwung, zu einer Gegenposition, die jenes überwindet, durch das sie selbst indirekt *mit*vorbereitet worden ist: nämlich die Kritik an der Religion. Neureligiöse Bewegungen haben zwar in den beschriebenen Grenzen die vorgängige Religionskritik als einen Ermöglichungsgrund ihrer Entfaltung zu verstehen, jedoch sind sie zugleich auch als Überwindung derselben zu betrachten; als Angebote, die sich im Gegensatz zu der Religionsferne der modernen Zeit verstehen.

Es kann dann hinsichtlich der neuen, aus dem Osten kommenden Religionskünder, wie im Hinblick auf Bahā'u'llāh formuliert worden ist, gesagt werden, daß in einer Zeit, wo sogar Theologen vom 'Tod Gottes' sprechen, diese neuen Religionen die Transzendenz Gottes und dessen Leben verkünden.[22] An die Stelle einer *a*-religiösen Position ist der Protest einer alternativ-*religiösen* Position getreten. Auch in biographischer Hinsicht zeigt sich die Hinwendung zu einer neuen Religiosität gelegentlich im Anschluß an eine atheistische Position, die dann als Durchgangsstadium erscheint.[23]

b) Die Suche nach einer Erlebnis-Religiosität

Es wurde aufgezeigt, daß die neureligiöse Auffassung von der Einheit des Wesens der Religionen eine gewisse Parallele zum Wesensverständnis der Religion in der Aufklärungsphilosophie hat. Die aufgezeigten Parallelen jedoch dürfen nicht die gravierende Differenz zwischen Aufklärungsphilosophie und neureligiösen Strömungen übersehen lassen: diese liegt in der religiösen Praxis, im konkreten Erleben des Absoluten, des Göttlichen. Es sind gewissermaßen zwei Arten einer Religion „jenseits" der konkreten Religionen: einerseits eine deistisch-aufklärerische, religionsneutrale, und andererseits eine institutionalisierte und mit einem persönlichen religiösen Anspruch verbundene Einstellung. Während der geistesgeschichtliche Weg der Neuzeit durch den *abstrakten* Begriff Gottes letztlich zu einer Distanzierung vom religiösen Erlebnis führte, handelt es sich in den neureligiösen Bewegungen um die Propagierung eines faktischen Gottesbezuges. Ein Kritikpunkt an der Konzeption neuzeitlicher Religionsphilosophien im Kontext der Aufklärung war das Faktum, daß hier eine Abstraktion von Religion und ihrem Gottesverständnis gegeben wird; daß sie zu einem Gottesbegriff führt, der kein Gott der Verehrung und der persönlichen Frömmigkeit mehr sein konnte. Der „Gott der

---

22 Vgl. W. Schilling, Einheit und Friede: Die Baha'i, in: Handbuch Weltreligionen, 269.
23 Vgl. z. B. die Biographie der Theosophin A. Besant (s. o. S. 29 f.).

Philosophen" wurde gleichsam im Gegensatz zum religiös erfahrenen Gott, dem „Gott Abrahams, Isaaks und Jakobs" erlebt, wie dies in dem bekannten ›Mémorial‹ von Blaise Pascal seinen Niederschlag gefunden hat. Es bildeten sich gewissermaßen zwei Wege innerhalb der modernen Kultur heraus, von Gott zu sprechen: einerseits ein philosophischer, der dem neuzeitlichen Selbstverständnis, wie Toleranz, Universalität, allgemein menschliche Verbindlichkeit, Ethik usw. gerecht wird, andererseits jener der Konfessionen, in denen Gott in Gebet und Kult verehrt wurde. Dies mußte langfristig zu einer Dichotomie in dem Sinn führen, daß einerseits die kulturellen und geistigen Bewegungen der Moderne nur noch ein verblaßtes Gottesverständnis hatten, und andererseits in den konfessionellen Theologien die Gefahr bestand, von der Wirklichkeit Gottes ohne Vermittlung in das neuzeitliche Bewußtsein hinein zu sprechen. Diese kulturgeschichtliche Entwicklung spiegelt sich ihrerseits in der individualgeschichtlichen, der biographischen Entwicklung, wenn die Menschen im Prozeß des Erwachsenwerdens von der die Kindheit und Jugend prägenden Religion sich entfremden und in eine tendenziell religionslose Kultur hineinwachsen. Die dadurch entstehende Situation eines „unglücklichen" religiösen und existenziellen Bewußtseins kann dann zum Ansatzpunkt für die Propagierung neureligiöser Inhalte werden; darin liegt wohl einer der wichtigsten Gründe, warum gerade Menschen im Übergang zur Erwachsenenwelt bzw. Suchende und in Krisen sich Befindende für das alternative Angebot besonders ansprechbar sind.

c) Kritik am Dualismus 'sakral – profan'

Die neuen religiösen Bewegungen verstehen sich als eine gravierende Anfrage an das herkömmliche Selbstverständnis einer Kultur im Sinne der strikten Trennung zwischen sakraler und profaner Sphäre sowie deren Zuordnung zum privaten bzw. öffentlichen Bereich; denn die hier heraufkommende Religiosität ist, wie bei der Merkmalserfassung schon gesagt wurde, eine bewußt den weltlichen Raum durchdringende und die sogenannten „profanen" Bereiche spirituell umfassende. Diese Religiosität läßt sich nicht mehr auf einen spezifisch sakralen Raum beschränken. Auch die Deutung, daß es sich bei ihr wesentlich um eine dem gesellschaftlich-unverbindlichen, privaten Raum zuzuordnende Frömmigkeit handelt, ja, daß es sogar eine narzißtische religionstherapeutische Mystik ist, widerspricht diese Kennzeichnung nicht, da diese Selbstverwirklichungsreligiosität alle Lebensvollzüge zu erfassen bestrebt ist. [24] Es werden also säkularistische Tendenzen zumindest in der Realisierung der persönlichen Frömmigkeit „rückgängig" gemacht.

Von der Bestimmung des Verhältnisses der neuen Religiosität zur Moderne her kann zusammenfassend gesagt werden, daß diese Bewegungen in sich zwei Tendenzen zu versöhnen versuchen, nämlich einerseits religiöse Erfahrungen (bis zu ekstatisch-mystischen Formen) im Gegenzug zur säkularisierten Moderne zu vermitteln, und andererseits die sogenannten profanen Lebensvollzüge und -bereiche religiös zu integrieren.

3. Neue Religionen –
Fortsetzung und/oder Überwindung der Säkularisierung?

Bekanntlich wurde die Entwicklung, für die die Religionskritik und schließlich auch der Atheismus ein charakteristisches Symptom darstellen, in gesamtkultureller Hinsicht als Säkularisierungsprozeß interpretiert. Angesichts des Auftretens zahlreicher neureligiöser Phänomene seit dem vorigen Jahrhundert ist diese globale Diagnose problematisch geworden. Es wurde auf die Tatsache hingewiesen, daß das Entstehen neuer Religionen mit dem generellen Säkularisierungskonzept nicht in Einklang zu bringen ist, daß es zu einer Entwicklung gekommen ist, die den globalen Prognosen der europäischen Religionskritik widerspricht, und es hat den Anschein, daß diese „religionsschöpferischen Kräfte im Gegensatz zur Behauptung einer allgemeinen Säkularisierung" stehen. [25]

Vom Phänomen, dem Erscheinungsbild der neureligiösen, insbesondere der universalistischen Bewegungen her jedoch ist zu sagen, daß hier ein Entweder-Oder im Verhältnis zur Säkularisierung eine unzutreffende Alternative wäre. Vielmehr können in diesen Bestrebungen sowohl antisäkularistische als auch säkularisierende Tendenzen erkannt werden; auf jeden Fall ist aber das herkömmliche Schema der Säkularisierung sowohl in entstehungsgeschichtlicher als auch in Hinsicht auf die gegenwärtige Gesellschaft (im Sinne der Seg-

---

[24] Vgl. zu dem Narzißmusvorwurf kritisch A. R. Schwarz, Zeitgenössische religiöse Bewegungen angesichts der herrschenden Säkularisierung, in: Concilium 19 (1983) 7 f.

[25] G. Lanczkowski, Neue Religionen, 7.

mentierung der Gesellschaft und der Trennung des sakralen Bereiches vom nichtsakralen) in Frage zu stellen.

Der bisherige Verlauf der Säkularisierung hat im wesentlichen zu einer Autonomie der weltlichen Bereiche und ihrer Herauslösung aus der religiösen Vorherrschaft geführt, z. B. im Bereich der Erziehung, der Ethik etc. Als Resultate eines so verstandenen Säkularisierungsprozesses erscheint die Religion als ein Sonderbereich, als ein nichtsäkularisierter Bereich, auf den, wenn überhaupt, die profanen Maßstäbe nur in sehr eingeschränktem Sinn Anwendung finden können; ein wesentliches Ergebnis kann in der Dualität von 'sakral' und 'profan' erblickt werden. Die Institutionalisierung und die Konfessionalisierung der Religion wurden als weitere Auswirkungen dieses Prozesses betrachtet. Daneben gab es und gibt es eine nicht institutionell gebundene Religiosität, die insbesondere als „unsichtbare Religion" (Th. Luckmann), in anderer Weise als „Zivilreligion" Thema religionssoziologischer Überlegungen wurde.[26]

Die neureligiösen universalistischen Strömungen lassen sich jedoch weder in das genannte duale Schema einfügen noch auch bloß als eine freischwebende, keiner konkreten Tradition verpflichtete Frömmigkeit auffassen. 'Religion' wird vielmehr als eine Praxis entdeckt, die dem Menschen als Menschen zukommt und die sich vielfach in ihrer konkreten geschichtlichen Ausdrucksweise als von nichtchristlichen Traditionen abhängig versteht. Dadurch treten sie in eine Konkurrenzsituation zu den herkömmlichen Kirchen. Die Dimension des Religiösen, die die neuzeitliche Entwicklung gleichsam segmentarisch den Konfessionen zur Interpretation zugewiesen hatte, wird nun von neureligiösen Bewegungen den christlichen Überlieferungen streitig gemacht. Dadurch ist in einem gewissen Sinn durch die neureligiöse Herausforderung den tradierten, den etablierten Kirchen eine größere Infragestellung begegnet als durch die Säkularisierung an sich. Diese hatte einen ausgegrenzten Raum der religiösen Thematisierung den Kirchen vorbehalten; gerade dieser Bereich aber kann nun anders „besetzt" werden, so daß die Kirchen in ihrem ureigensten Bereich – nämlich dem religiösen – in Frage gestellt werden. Die Religionskritik und erst recht der Atheismus bedeuten freilich auch eine entschiedene Infragestellung; während jedoch im Verhältnis zu letzteren es sich um Positionen handelt, die einander zum Teil diametral entgegengesetzt waren und dadurch die Auseinandersetzung in globaler

---

[26] Vgl. H. Lübbe, Religion nach der Aufklärung, Graz 1986, 306 ff.; E. K. Scheuch, Die heimatlose Religiosität, 227 ff.

Gestalt im Sinne des Entweder-Oder, religiös oder nichtreligiös verlief, geht es nun um einen *alternativen religiösen* Anspruch, der sich gegen das Selbstverständnis der christlichen Konfessionen wendet. Aus der Perspektive eines spezifisch traditionellen religiösen Selbstverständnisses können diese neuen Religionen dann als Rückkehr des Sakralen, als 'Ersatzreligionen' oder auch als 'Neuheidentum' erscheinen, denen man eine echte religiöse Erfahrung abspricht; sie werden dann als ein stärkerer Feind empfunden als es die Säkularisierung und Entsakralisierung war;[27] aus der Perspektive der Kirchen erscheinen die neureligiösen Bewegungen als eine Weiterführung der „Säkularisierung": selbst die Religion wird zu einem vom Menschen souverän gestalteten Bereich.

Wenn man die heterogenen Tendenzen insgesamt in Betracht zieht, so ist – zusammenfassend – hinsichtlich der religiösen Dimension gewiß von einer Ambivalenz der Neuzeit auszugehen, insofern sie sowohl religionskritische als auch religionsaffirmative Kräfte wesentlich prägen, wobei die Komplexität der hier festzustellenden Dialektik noch dadurch vergrößert wird, daß weder die religionskritischen[28] noch die religionsschöpferischen Kräfte in sich eindeutig sind. Gerade was die neureligiösen Bewegungen betrifft, gibt es neben den in der vorliegenden Arbeit dargestellten universalistischen Strömungen auch fundamentalistische Bewegungen, die eine andere Struktur – zumindest in ihrer Intention – aufweisen. Die Gesamtsituation kann mit C. Colpe dahingehend gekennzeichnet werden, daß die Verhältnisse „zwischen Ideologie und Religion, Religion und Religionskritik, Religionsentstehung und Säkularisierung immer präziser dialektisch werden"[29]. Diese Situation legt es nahe, ja erfordert es, sich auf die Basisstrukturen religiösen Glaubens, auf dessen 'menschliche Universalität'[30] zu besinnen.

---

[27] Vgl. F.-W. Haack, Europas neue Religion, 1991; vgl. P. Beyerhaus/von Padberg (Hrsg.), Eine Welt – eine Religion? Die synkretistische Bedrohung unseres Glaubens im Zeichen von New Age, Asslar ²1989, passim.

[28] Vgl. die grundlegenden Analysen von A. K. Wucherer-Huldenfeld, Der Atheismus (1985), 95ff., 105f.

[29] C. Colpe, in: Handbuch der Religionsgeschichte, Bd. 3, 504.

[30] Vgl. insbes. K. R. Wernhart, 'Religious Beliefs per se' – a Human Universality (1986), 648ff.

VII. KAPITEL:
HERAUSFORDERUNG
DER TRADITIONELLEN UNIVERSALRELIGIONEN
DURCH UNIVERSALISTISCHE NEURELIGIONEN

1. Neureligiöse Bewegungen
als Alternative zu den klassischen Religionen

Die universalistischen neureligiösen Bewegungen stellen eine gravierende Anfrage an die herkömmlichen Religionen dar, denn das Faktum des Entstehens 'Neuer Religionen' als solches zeigt, daß die traditionellen Religionen nicht in der Lage waren und sind, diese spirituell-religiösen Aufbrüche zu integrieren, bzw. daß die Menschen, die solche Erfahrungen machten, der Meinung sind, ihre Identität nicht mehr in dem Angebot und Selbstverständnis der Großreligionen finden zu können. Das Ungenügen wird vor allem an *zwei* Themenbereichen erfahren: zuerst und grundlegend erscheint die tradierte Religiosität in *spirituell-mystischer* Hinsicht als unzureichend. Verbunden mit der Erfahrung spiritueller Defizienz ist zweitens die Überzeugung, daß die klassischen Religionen in ihren *anthropologisch-individuellen* sowie *gesellschaftlichen Vorstellungen* nicht dem heutigen Menschenbild gerecht werden, sondern vorneuzeitlichen Prämissen verhaftet sind, was sich z. B. an den Themenkreisen der Gleichberechtigung von Mann und Frau zeige; insgesamt wird konkret-geschichtlichen Ausgestaltungen der klassischen religiösen Überlieferungen vorgeworfen, daß sie von einer legalistisch begrenzten Tradition, die vorwiegend auf eine einzelne Kultur bezogen ist, anstatt von der ursprünglich intendierten Universalität geprägt sind.

Die einfach festzustellende historische Tatsache, daß die neuen Religionen unter neuzeitlichen Bedingungen entstanden sind, verschafft ihnen im Vergleich zu den klassischen Religionen in gewisser Hinsicht einen „Vorteil": Sie haben in den Augen des modernen Menschen eine Reihe von Belastungen nicht, die die vormodernen Religionen kennzeichnen. Denn allein die Tatsache, daß eine Religion in einem eineinhalb bis zweieinhalb Jahrtausende zurückliegenden Kulturraum entstanden ist, der in fast allen Bereichen des Selbst- und Weltverständnisses sich vom neuzeitlichen Kontext unterscheidet, schafft einen nicht zu übergehenden „Verfremdungseffekt", der sich in kulturellen und sprachlichen Differenzen bei der Explikation der betreffenden Religion zeigt. Denn es kann nicht übersehen werden, daß jene Geschichtsepochen und Kulturvölker, von denen die betreffende Religion ihre auch gesellschaftlich wirksamste Ausgestaltung erfahren hat, sie weithin stärker geprägt haben als Phasen, in denen eine solche bedeutende, eine Gesamtkultur tragende Relevanz der betreffenden Religion noch nicht bzw. nicht mehr gegeben war. Hinzu kommt – nicht zuletzt durch die enge Verbindung mit staatstragenden Gewalten – die Tatsache, daß die Religionen durch Kämpfe, durch Eliminierung von Häretikern und den damit verbundenen Grausamkeiten eine große historische Hypothek auf sich geladen haben; im besonderen trifft dies auch für das Verhältnis Christentum – Islam sowie für die inneren religiös motivierten Kämpfe des Christentums und Islams und die Verfolgung und Eliminierung von Minderheiten zu; in Indien waren es vor allem inhumane Praktiken hinduistischer Traditionen, gegen die neureligiöse Bewegungen auftraten.

Aufgrund der skizzierten Problemstellung unterscheiden sich die klassischen Religionen in vielen Aspekten von jenen unter den Bedingungen der Neuzeit entstandenen Neureligionen. Die an den universalistischen neureligiösen Bewegungen aufgezeigten Strukturmerkmale erweisen sich unter diesem Gesichtspunkt als eine Herausforderung an die klassischen Religionen und deren Selbstverständnis. Dazu gehören u. a. Prinzipien der – wenigstens intendierten – Gleichberechtigung zwischen Mann und Frau in der Religion, der behaupteten gleichen Geltung aller Religionen, Toleranz, die Bejahung innerweltlicher Werte, die autonome Gestaltung der Verfassung einer Religion, des Kultes und ihrer Lehre, eigenständige Erfahrung des Heils und die nicht mehr ausschließliche Orientierung am Stifter bzw. an den Vorschriften und Lehraussagen nur einer einzigen Weltreligion.

Eine weitere wesentliche Differenz gegenüber den „Großreligionen" besteht – wenigstens nach dem Anspruch vieler neuer Gemeinschaften – im Hinblick auf die Erfahrung des Absoluten, insofern dessen Erfahrung mit keiner der klassischen Religionen ausschließlich verknüpft gesehen wird, sondern gleichzeitig mit allen, wodurch jede einzelne Religion relativiert wird: jede erscheint in ihrer historischen Ausgestaltung als eine kulturell oder zeitbedingte und daher begrenzte Form der Offenbarung des Göttlichen bzw. Gottes. Im Verhältnis dazu sei die universalreligiöse Erfahrung die eigentlich zutreffende, die „wahre"; sie hat im Vergleich zu den klassischen Religionen eine *neue*, eine *andere*, eigene Gestalt. Das eigentlich Neue hier behandelter neuer Religionen ist die religiöse Erfahrung einer die 'Einheit der Religionen' anzielenden Mystik oder Lehre. Das wird jedoch nicht als eine abstrakte Theorie verstanden, sondern als Weise unmittelbarer Betroffenheit; in den klassischen Religionen hingegen sei durch Tradition, Gesetz und Dogmatisierung der Strom lebendiger religiöser Erfahrung zum Versiegen gekommen. Dies ist – nach der ersten, der neuzeitlich bedingten Struktur – die zweite, die eigentlich *religiöse* und letztlich entscheidende Ebene, auf der die herkömmlichen Religionen eine Antwort formulieren müßten, um dieser Herausforderung zu begegnen. Es ist zu betonen, daß es notwendig zu sein scheint, *beiden* Aspekten gerecht zu werden, und nicht den einen auf Kosten des anderen zu vernachlässigen; beiden Dimensionen ist in den folgenden zwei Punkten (2. und 3.) nachzugehen.

2. Erneuerung aus dem Ursprung – unter neuzeitlichen Bedingungen

a) Überwindung der Entfremdung zwischen Religion und Kultur

Die neue Situation, wie sie insbesondere durch das Entstehen von Neuen Religionen charakterisiert ist, verlangt auch von den herkömmlichen Religionen bestimmte Umstrukturierungen in der Gegenwart. Eine Vorbedingung dafür dürfte die explizite Abwendung von inakzeptablen Praktiken und Geschehnissen der Vergangenheit sein: Die betroffenen Religionsgemeinschaften müssen sich vom Unrecht der Vergangenheit distanzieren. Sie sind zu einer inneren Umkehr aufgerufen, zu einer Änderung im Verhältnis zu Intoleranz, Ketzerverfolgung, Religionskämpfen etc. Mit dieser Änderung allein kann der äußere Anlaß der Kritik beseitigt werden: das äußere Ärgernis für das weithin akzeptierte ethische Selbstverständnis heute fällt weg. Die klassischen Religionsgemeinschaften müssen sich unter pluralistischen Bedingungen mit bescheideneren Ansprüchen hinsichtlich der Gesamtgesellschaft begnügen, als dies in vorneuzeitlichen Kulturen der Fall war. Die Welt des Politischen ist letztlich als eine von der Welt des Religiösen verschiedene zu betrachten, obwohl viele Überschneidungen gegeben sind, da es sich in beiden Bereichen um die Realisierung ethischer und humanistischer Perspektiven bzw. um deren Verfehlung handelt. Die institutionelle Ausübung von Macht, das Auftreten einer Religionsgesellschaft als eines repressiven Machtfaktors steht dem Selbstverständnis des modernen Menschen frontal entgegen. Die Rückkehr zu einer kulturell geschlossenen, monopolisti-

schen Religionsgestalt, die meint, auf die Prämissen neuzeitlicher
Toleranz und Pluralität verzichten zu können, ist kaum vorstellbar.
Das Problem der Konvergenz zwischen gesamtkultureller Identität
und einer gesellschaftlich vorherrschenden Religion ist zwar nach wie
vor aufgegeben, aber unter neuen Bedingungen zu beantworten.

In der christlichen Tradition geht es vordringlich um jene Fragestellungen, die durch das Heraufkommen des neuzeitlichen Menschen-,
Geschichts- und Gesellschaftsverständnisses gegeben waren. Diese
führten – wie erwähnt – zu einer nachhaltigen Entfremdung weiter
Bevölkerungskreise gegenüber den Kirchen. Es wäre einseitig, den
Säkularisierungsprozeß nur auf religionskritische Interessen zurück-
zuführen, während allein die Kirchen das „Opfer" eines solchen Prozesses seien; denn es muß auch gesehen werden, daß die Religion sich
in einer äußeren Gestalt präsentierte (insbesondere verbunden mit
bestimmten autoritären Vorstellungen), die für den Menschen, der
die Postulate der Aufklärung nicht nur als theoretische Inhalte, sondern als Lebensorientierung verstanden hat, nicht akzeptabel erschien, so daß er sich seinerseits zu einem „Verzicht" auf die vorgege-
bene Gestalt der Religion gedrängt fühlte. Es gibt daher eigentlich
zwei Verlierer in dieser Konfrontation mit der europäischen Neuzeit:
nämlich sowohl die weithin religionsferne Kultur als auch die vielfach
vom gesellschaftlich-kulturellen Leben abgetrennten Konfessionen.
Diese spezifisch europäische Situation ist eine Aufgabe, die weder
durch Anpassung noch durch Restauration befriedigend gelöst
werden kann, sondern durch Aufarbeitung der in einem langen Ent-
fremdungsprozeß entstandenen Schwierigkeiten. Gesellschaftlich re-
levante Religionen könnten eine Sinnintegration anbieten, die auch in
gesamtkultureller Hinsicht manifest wird. Freilich bestünde die Bereitschaft zur Akzeptanz eines solchen Angebotes in erster Linie
dann, wenn die betreffende Religion selbst die Probleme gelöst hat,
die für die Kritik an der Religion ausschlaggebend waren und die indirekt auch einen Ansatzpunkt für das Entstehen neureligiöser Bewegungen bildeten.

Die generelle Erwartung an die klassischen Religionen, die in ihrer
Dringlichkeit angesichts der neureligiösen Bewegungen verstärkt
wird, ist es, die einer vergangenen Zeit und ihrer Kultur sich verdan-
kenden Ausgestaltungen in Praxis und Selbstverständnis einer kritischen Analyse zu unterziehen. Die Klärung der damit aufgeworfenen
Fragen hat jede religiöse Tradition vorneuzeitlichen Ursprungs selbst
zu geben – doch kann generell gesagt werden, daß sie sich als lebendige auch für den Menschen der Gegenwart dann, und wohl *nur* dann

erweist, wenn sie die innere Kraft hat, die Vorbedingungen des heutigen Menschen- und Weltbildes zu integrieren, was nicht einer undifferenzierten Bestätigung gleichkommt, wohl aber einer Bewältigung der Herausforderungen der Neuzeit. Die klassischen Religionen sind aufgerufen, ihre Antwortkompetenz angesichts neu aufgetretener Fragestellungen, die nicht in ihrem Ursprungshorizont gegeben waren, unter Beweis zu stellen. Die Themenbereiche, wie z. B. Gleichberechtigung der Frau, demokratisches Bewußtsein, Wert der irdischen Gegebenheiten, individualistische Ausrichtung, sind in dem Lichte der großen religiösen Traditionen zu klären. Wenn sich eine Religion dieser Aufgabe entzieht, verliert sie an Relevanz für die Lebenserfahrung des gegenwärtigen Menschen; wenn sie an spezifischen historischen Ausformungen in einer Weise orientiert bleibt, daß eine Integration des modernen Selbstverständnisses in gewissen Bereichen (z. B. Gleichstellung von Frau und Mann) ausgeschlossen ist, begibt sie sich in die Gefahr, selbst als Anwalt vorneuzeitlicher Formen der Ungleichheit aufzutreten, die für den modernen Menschen gleichbedeutend mit Repression und Diskriminierung sind.

b) Erneuerung aus dem Ursprung

Norm der Erneuerung kann aber in letzter Instanz nicht das neuzeitliche Bewußtsein selbst sein, sondern die den Anfang gestaltende Grundinspiration. Jede Religion ist aufgefordert, diese ihre 'Leitidee' zu akzentuieren und in ihrem Horizont kritisch ihre geschichtlichen und gegenwärtigen Ausformungen zu betrachten. Es seien hier nur einige Bemerkungen hinsichtlich der Verwirklichung einer religiösen Grundinspiration unter neuzeitlichen Bedingungen genannt: die Orientierung an der ursprünglichen Inspiration ist keineswegs gleichbedeutend mit einem (fundamentalistischen) Rückfall in vergangene Verhaltensweisen, die eine Zurücknahme der Ideale der Aufklärung bedeuten würde, sondern sie vermag vielmehr die Irrwege der Geschichte wie auch die Einseitigkeiten der Gegenwart in der Ausgestaltung einer Religion aufzudecken. Zudem wirft sie nicht nur ein erhellendes Licht auf deformierte Strukturen religiöser Praxis, sondern auch auf die Verkürzungen profaner, moderner Selbstverständnisses; die Aporie bzw. die 'Dialektik der Aufklärung' tritt deutlich zutage. Die Relativierung einseitiger neuzeitlicher Leitideen, wie z. B. die Betonung einer isolierten Rationalität, die gewaltsame Naturbeherrschung, weltweite inhumane Zustände, darf jedoch nicht zu der Annahme verleiten, es würden die humanistischen Postulate der Neuzeit als solche geschmälert; im Gegenteil: Die religiös vermittelte Einsicht in ihre innere Struktur ermöglicht eine realistischere Einschätzung derselben, und andererseits vermag die religiöse Motivation ihre Realisierung voranzutreiben und zu unterstützen. Von dieser Perspektive her werden die am Ideal der Gleichheit orientierten Forderungen der Aufklärung durch den Glauben nicht zurückgenommen, sondern durch eine zusätzliche und letztlich transzendente Begründung verstärkt. Dies erstreckt sich nicht allein auf die Allgemeinheit von Postulaten, sondern erweist seine Kraft in der Praxis ihrer konkreten Realisierung. An dem Punkt des Übergangs von der Theorie zur Praxis wird die Orientierung an der Anfangsperiode einer Religion virulent, denn sie bildet – wie erwähnt – die bleibende und die letztlich maßgebende Orientierung für den Weg einer Religion in der Geschichte, nicht aber die Leitidee einer bestimmten Kultur oder Zeitepoche, auch nicht die der Moderne. Solche Anpassung würde der Religion nicht entsprechen, weil sie wesentlich aus anderen Quellen als jenen der Profanität lebt, und es würde auch für das neuzeitliche Bewußtsein keinen Gewinn darstellen, weil die Säkularität dann nur einer in ihr gespiegelten verarmten Religiosität begegnen könnte. Die klassischen Religionen haben insgesamt vorneuzeitliche Wurzeln, und so vermögen sie Erfahrungsdimensionen zu vermitteln, die eben durch die neuere Entwicklung zur Profanität hin vielfach verlorengegangen sind. Gerade angesichts dieser neuzeitbedingten Schwierigkeiten sind die Religionen aufgerufen – wenn sie dem explizit modernen Menschen etwas geben wollen, das er nicht ohnehin schon besitzt –, sich ihrer Ursprungssituation zu erinnern. In dieser aus der Kraft der eigenen, am Ursprung orientierten Inspiration und Motivation – und gerade nicht als äußere Nachahmung im Sinne einer fundamentalistischen Repristination vergangener Zustände aufgefaßt – mag dann jene Erneuerung möglich werden, die die überzeugende Antwort nicht nur auf die Neuzeit, sondern zugleich auf die in ihr entstandenen 'Neuen Religionen' ist. Die Verlebendigung der Neuheit des Beginns der klassischen Religionen bildet dann ihrerseits eine Alternative zur Lebendigkeit der neuen Religiosität.

3. Wiederbelebung ekstatischer und mystischer Religiosität

Eine Schlüsselbedeutung in den weltweit aufgetretenen neureligiösen Bewegungen seit der Mitte des 19. Jahrhunderts nahmen ekstatische und visionäre Erlebnisse der Gründergestalten ein. Und in gleicher Weise ist die Mystik für fast alle neureligiösen Aufbrüche und Gruppierungen, insbesondere auch für die östlich bzw. vom islamischen Sufismus beeinflußten Bewegungen, von grundlegender Bedeutung. In ihnen wird die Wirklichkeit des Göttlichen in besonders intensiver Weise erlebt; sie vermögen die Grenzen herkömmlicher institutionalisierter Religionen zu durchbrechen und können – wie aufgezeigt – zu 'Neuen Religionen' bzw. zu einer mystischen Einheitssicht der „alten" Religionen führen. Angesichts dieses wesentlichen Merkmals neureligiöser Bewegungen stellt sich die Frage, ob die klassischen Religionen ihrerseits diese anthropologischen Erlebnismöglichkeiten der transzendenten Wirklichkeit unter neuzeitlichen Bedingungen zu realisieren vermögen.

a) Möglichkeit charismatischer Erfahrungen im neuzeitlichen Kontext

Ekstase und Mystik sind, religionspsychologisch betrachtet, außergewöhnliche Bewußtseinszustände; sie haben eine verschiedene Struktur, die sich nicht nur im äußeren Erscheinungsbild dokumentiert, sondern auch in empirisch-psychologischen Messungen nachweisen läßt.[1] Das grundlegendere und ursprünglichere Phänomen ist zweifelsohne die Trance, das ekstatische Erlebnis. Das ekstatische Erlebnis als solches kann mit M. Eliade als ein „Urphänomen" betrachtet werden; es ist „als ein Konstitutivum der menschlichen Verfassung zu betrachten und damit als der gesamten archaischen Menschheit bekannt"[2]. Von dieser Grundkonzeption her ist es nicht nur verständlich, daß die Ekstase in verschiedenen Religionen, je-

---

[1] Vgl. bes. G. Guttmann, F. Goodman, Ch. Korunka, DC-Potential Recordings during Altered States of Consciousness, 1990; G. Guttmann, Zur Psychophysiologie der Bewußtseinssteuerung. Meditation – Trance – Hypnose, 1990, 345 ff.; ferner N. G. Holm (Ed.), Religious Ecstasy, Stockholm 1982; A. Sharma, Ecstasy, in: The Encyclopedia of Religion, Bd. V, 11 ff.

[2] M. Eliade, Schamanismus und archaische Ekstasetechnik, Frankfurt a. M. 1975, 464, vgl. 4.

weils in ein unterschiedliches religionsgeschichtliches Milieu eingebettet, vorkommt und sie eine geänderte Interpretation und Wertung
entsprechend dem religiösen Kontext erfährt[3], sondern zugleich wird
ersichtlich, daß sie ein Phänomen ist, das nicht einer einzelnen Religion angehört, und als solches religionsüberschreitend bzw. -verbin-
dend ist, aber selbst keine eigene Religion darstellt.[4]
Es ist also festzuhalten, daß es sich hier um Phänomene handelt, die
von ihrer Struktur her religionstranszendierend sind.

Darum ist es
nicht verwunderlich, daß sie dort auftreten, wo die Erfahrung gemacht wird, daß eine herkömmliche Religion überschritten wird. Die
ekstatischen Erfahrungen stehen am Beginn vieler moderner Religionen Japans, wie oben aufgezeigt wurde, und sie sind auch im Mittelpunkt neuerer psychoreligiöser Bewegungen.[5]
Es ist zu vermuten, daß visionäre und ekstatische Erfahrungen, da
sie sogar zu neuen Religionen führen können, auch eine wichtige
Rolle in der Erneuerung einer Religion spielen könnten. Möglicher-
weise ist in der ekstatischen Vision ein Ursprung und Grund der Religion zu sehen,[6] der in ihrem Neuauftreten gewissermaßen wiederbe-
lebt wird. Aus diesem Grund wäre es angesichts der Herausforderung
durch die 'Neuen Religionen' nützlich, wenn man diesen, die Norm
überschreitenden Neuaufbrüchen in den tradierten Religionen eine
neue Bewertung zukommen ließe. Im Hinblick auf das Christentum
ist in diesem Zusammenhang auf die zahlreichen charismatischen Bewegungen hinzuweisen, die seit den fünfziger und sechziger Jahren in
allen Kirchen und vielen Konfessionen in intensivierter Weise anzutreffen sind.[7] In der katholischen Kirche sind sie vor allem im Zusammenhang mit dem Zweiten Vatikanischen Konzil besonders intensiv
aufgetreten.[8] Diese Bewegungen können in gewissem Sinn als das in-
nerkirchliche Gegenbild zu den von nichtchristlichen Religionen herkommenden neureligiösen Bewegungen im Westen seit den sechziger
Jahren betrachtet werden. Eine detailliertere Untersuchung der Paral-

---

[3] Vgl. a. a. O., 466; vgl. 17.
[4] Vgl. a. a. O., 17.
[5] Vgl. dazu H. Zinser, Ekstase und Entfremdung. Zur Analyse neuerer
ekstatischer Kultveranstaltungen, in: Religionswissenschaft, hrsg. von H. Zinser, Berlin 1988, 274 ff.; ders., Ekstase, in: Handbuch religionswissenschaftlicher Grundbegriffe, Bd. 2, 253 ff.
[6] Vgl. R. S. Ellwood/H. B. Partin, 13.
[7] Vgl. C. H. O'Donnell, Die neupfingstlerische Bewegung in Nordamerika
und in Europa, in: Concilium 19 (1983) 38 ff.
[8] Vgl. F. Lenoir, Les Communautés nouvelles, Le Sarment 1988.

lelen und Differenzen in religionsphänomenologischer Hinsicht
dieser inner- bzw. außerchristlichen Erneuerungsbewegungen wäre
von großem Interesse,[9] besonders auch hinsichtlich der speziellen
Merkmale: Unter diesen fällt die Einfachheit und Schlichtheit der
Aussagen auf, das laikale Element, die Aufhebung von Profan und Sakral, an deren Stelle eine eher dualistische Unterscheidung zwischen
einer guten und einer bösen Welt tritt.[10]

Die aufgezeigten Phänomene bestätigen, daß ekstatische Erfahrungen innerhalb der klassischen Religionen auch unter neuzeitlichen
Bedingungen möglich sind. Diese höchstintensivierte Form der Religiosität ist auch in historisch „alten" und stark institutionalisierten Religionsgemeinschaften anzutreffen und zu verwirklichen. Dies zeigt,
daß die klassischen Religionen durchaus die Bedingungen bieten
könnten, ekstatische Erfahrungen zu ermöglichen und sie zugleich
auch zu integrieren; sie sind also nicht nur auf Neureligionen beschränkt und müssen auch nicht zu solchen führen; insbesondere ist
der letzte Gesichtspunkt von Bedeutung, denn er zeigt die Integrationskraft der großen religiösen Traditionen. Diese Integrationskraft
ist auch mit institutionellen Aspekten verbunden, die neben den ein-
schränkenden Auswirkungen zugleich eine kontrollierende und tragende und in diesem Sinn positive Funktion gewinnen können: Exzes-
sive, die Gemeinschaft gefährdende und potentiell auflösende Entfaltungen solcher religiöser Erlebnisse werden durch sie abgefangen.
Der einer institutionalisierten Religionsgemeinschaft korrespondie-
rende theologische und rationale Diskurs ermöglicht zudem ein Gespräch über die Inhalte, die mit charismatischen Erfahrungen vermittelt werden; in besonderer Hinsicht ist dies bezüglich des Anspruches
wichtig, die Urerfahrung der betreffenden Religionen zu beleben und
zu realisieren. Gerade der beanspruchte Rückgang zum Anfang kann,
wenn er in unreflektierter Weise geschieht, zu fundamentalistischen
Verkürzungen führen, wie dies auch hinsichtlich christlicher charismatischer Bewegungen festgestellt wurde.[11] Die Wiederbelebung der Er-

[9] Vgl. dazu H. Schulze-Berndt u. a., Neue religiöse Bewegungen innerhalb
und außerhalb der Kirchen, München 1986.

[10] Vgl. Chr. L. d'Epinay, Politisches Regime und Chiliasmus in einer De-
pendenzgesellschaft, in: Concilium 19 (1983) 51.

[11] Vgl. C. H. O'Donnell, a. a. O., bes. 41 und 45, wo die Unterordnung der
Frau unter den Mann als das Haupt in wortwörtlicher Auslegung von Eph.
5,22–23 gefordert wird und überhaupt Feindbilder – wie z. B. historisch-kritische Exegese, die Vertreter rein humanitärer Ideale, Vorkämpferinnen des

lebnisse und Ideale des Anfangs kann nicht ohne Berücksichtigung der Erfahrungen und des reflexiven und strukturellen Potentials geschehen, das in der geschichtlichen Vermittlung von Beginn bis zum gegenwärtigen Zeitpunkt vorgegeben ist. Auch erspart die emphatische Erfahrung nicht den notwendigen rationalen Diskurs über Inhalte und Konsequenzen derselben. Hier erweisen sich die Möglichkeiten differenzierter und strukturierter Formen, wie sie in den klassischen Religionen anzutreffen sind, als ein Gewinn, um zu vereinfachende Lösungen, die auch eine Art Rückfall darstellen, zu verhindern und solche Neuaufbrüche in den Kontext einer pluralen Gemeinschaft einzufügen.

b) Mystik unter den Bedingungen der Moderne

Die *mystische* Erfahrungsdimension wird von vielen Menschen der Gegenwart, besonders von den religiös Suchenden, angestrebt. In diesem Bereich bilden die neureligiösen Bewegungen eine gravierende Herausforderung für die klassischen Religionen insgesamt, insbesondere für das Christentum, und zwar einerseits deswegen, weil in der neuzeitlichen Geschichte der Frömmigkeit diese Form der Religiosität stark zurückgedrängt wurde, und andererseits aufgrund der Tatsache, daß die gegenwärtigen mystischen Angebote überwiegend von den nichtchristlichen Religionen des Ostens inspiriert sind; unabhängig davon, ob diese Bewegungen vom Buddhismus, Hinduismus oder Islam (Sufismus) herkommen – ihnen gemeinsam ist die Betonung der meditativen Erfahrungsmöglichkeiten im religiösen Selbstverständnis.

Der Ruf nach einer Verlebendigung der mystischen Tradition ist in vielen theologischen Beiträgen der Gegenwart zu hören, aber auch zugleich die Verlegenheit, ja bisweilen sogar Aporie, diesem Bedürfnis theoretisch und praktisch gerecht zu werden. Angesichts der neureligiösen, spirituell geprägten Situation ist es ein grundsätzlich richtiges Anliegen, die Erneuerung der Religion aus der mystischen Erfahrung zu gewinnen; es wäre eine Erneuerung durch Besinnung auf die Angewiesenheit des Schweigens in der Begegnung mit der Wirklichkeit Gottes, das auch innerhalb einer Religion des Wortes seinen blei-

heutigen Feminismus usw. – eine wichtige Funktion zu haben scheinen; auch die manchmal gegebene Bereitschaft, reaktionäre und totalitäre Ideologien zu unterstützen, ist bedenklich und gefährlich: vgl. Chr. L. d'Epinay, 46ff.

benden Platz beanspruchen kann. Auf die Wichtigkeit der Mystik für die Zukunft des Christentums ist im Anschluß an K. Rahners berühmtes Diktum, daß der „Fromme von morgen ein ›Mystiker‹ sein (wird), einer, der etwas ›erfahren‹ hat, oder er wird nicht mehr sein", vielfach hingewiesen worden, und K. Rahner selbst hat schon Jahrzehnte vorher die Bedeutsamkeit dieses Weges in seinen Meditationen ›Worte ins Schweigen‹ beeindruckend vor Augen gestellt[12]. Für das Christentum bleibt also die Frage, wie es die mystische Dimension (wieder)gewinnen kann.[13] Allgemein betrachtet kann man auf zwei Wege einer Realisierung dieses Ziels verweisen: einerseits durch die Rückbesinnung auf die eigene reiche mystische Überlieferung; andererseits durch die Rezeption von meditativen Erfahrungspraktiken, die in nichtchristlichen Religionen ihren Ursprung hatten.[14] Beide Wege sollten beschritten werden, um dem Bedürfnis, das sich nicht zuletzt in der Zuwendung vieler Menschen dieses Kulturkreises zu Neureligionen östlicher Herkunft dokumentiert, gerecht zu werden und so zugleich auf diese Bewegungen selbst zu antworten.

Im Hinblick auf den ersten, den sich nahelegenden Weg, nämlich der Hinwendung zur eigenen Tradition, wäre es aufgegeben, die Denkformen und Erlebnisweisen der mittelalterlichen und frühneuzeitlichen Mystiker unter den Bedingungen und im Problemkontext der späten Neuzeit zur Sprache zu bringen. Doch dies ist nicht nur aufgrund der kulturellen Veränderungen und der dadurch eingetretenen großen Kluft zwischen dem Entstehen dieser Texte und dem heutigen Selbstverständnis sehr schwierig, sondern auch aufgrund der Tatsache, daß die religiös-theologische Explikation des Christentums in der Neuzeit selbst weithin eine nichtmystische, stark lehrhafte Gestalt angenommen hat. Die Rezeption wird daher nur dann angemessen möglich sein, wenn einerseits die spirituelle Dimension des christlichen Lebens in allen seinen Komponenten stärker betont wird und

---

[12] Vgl. K. Rahner, Frömmigkeit früher und heute (1966), in: ders., Schriften zur Theologie, Bd. VII, Einsiedeln/Zürich/Köln 1971, 22 f.; vgl. dazu z. B. J. Sudbrack, Mystik. Selbsterfahrung – Kosmische Erfahrung – Gotteserfahrung, Mainz/Stuttgart 1988, 19 u. ö; siehe generell: B. Jaspert, Mystik – eine unentbehrliche Bestimmung des christlichen Glaubens, in: ders., (Hrsg.), Leiden und Weisheit in der Mystik, Paderborn 1992, 75 ff. Die 2. Auflage des Werkes ›Worte ins Schweigen‹ erschien in Innsbruck 1940.

[13] Vgl. dazu grundsätzlich das wegweisende Werk von E. Biser, Glaubensprognose. Orientierung in postsäkularer Zeit, Graz/Wien/Köln 1991, passim.

[14] Vgl. dazu J. Figl, Mystik und Dialog der Weltreligionen (1989) 14 ff.

wenn andererseits zugleich die neuzeitlichen Bedingungen in ihrer
veränderten Struktur beachtet und theologisch reflektiert werden.
Die Situation nach einer inzwischen Jahrhunderte während Neu-
zeitgeschichte scheint einen Standort zu erfordern, der in offener
Weise die positiv erfahrenen Entwicklungen im Bereich der Huma-
nität und Rationalität zu würdigen versteht, ohne zugleich an die Eng-
führungen dieser Kulturepoche, die sich insbesondere im religiösen
Bereich ausgewirkt haben, anzuschließen; es ist die wohl schwierige
Aufgabe zu leisten, im Kontext eines säkularen Umfeldes den Weg
spiritueller Erfahrungen zu ermöglichen.

Der zweite Weg, spirituelle Erfahrungen im westlichen Kulturraum zu suchen, ist die Zuwendung zu den nichtchristlichen Medi-
tationsüberlieferungen. Hier lautet die Basisfrage, ob überhaupt
Meditationspraktiken aus ihrem ursprünglichen religiösen Kontext
losgelöst werden und in dieser reduzierten Form in einer fremden
Religion Platz finden können. De facto werden hier ursprünglich zu
einer anderen Religion und ihrem dogmatischen Grundgerüst gehö-
rende Praktiken herausgelöst, um sie in einem davon sehr verschiedenen Kontext einzufügen. Handelt es sich hier um einen Synkretismus, der das Wesentliche der eigenen Religion gefährdet? Diese
Gefahr muß nicht gegeben sein, wenn man den universalreligiösen
Aspekt mystischer Erfahrung in Betracht zieht, wie dies insbesondere im Hinblick auf die Zen-Meditation geschehen ist, deren allgemein anthropologische Relevanz besonders D. T. Suzuki[15] in
vielen seiner Publikationen herausgestellt hat und die nicht zuletzt
aufgrund dieser über den Buddhismus hinausweisenden, ja, ihn
überschreitenden Struktur von vielen Christen praktiziert werden
kann.[16]

In ähnlicher Weise wie Zen im Christentum rezipiert wurde, ist es
prinzipiell vorstellbar, daß auch die universale Dimension des

---

[15] Einer, der am Anfang dieses Prozesses stand und ihn wesentlich mitgeprägt hat, war D. T. Suzuki, jener Gelehrte, der als Begleiter seines Zen-Meisters beim Weltparlament der Religonen in Chicago (1893) anwesend war; er
wurde einer der bedeutenden Interpreten dieser Meditationsform für den
westlichen Menschen im 20. Jahrhundert: Zen war als eine universelle Möglichkeit des Menschen schlechthin, jedes Menschen gedacht, also prinzipiell
auch für Nichtbuddhisten praktizierbar; vgl. generell dazu: H. Dumoulin, Zen
im 20. Jahrhundert, München 1990, bes. 135–154.
[16] Vgl. näher dazu J. Figl, Theorie und Therapie der Kulturen, in: Zen
Buddhism Today. Annual Report of the Kyoto Zen Symposion Nr. 9, Kyoto
1992.

Sufismus in eine andere Religion übernommen wird. Eine Rezeption innerhalb des Christentums müßte in gewissem Sinn noch leichter möglich sein als jene des Zen; handelt es sich doch bei dem Islam und dem Christentum um zwei viel näher verwandte Religionen als es hinsichtlich der östlichen Religionen der Fall ist, insofern beide der abrahamitischen Ökumene zugehören. Besonders die monotheistische Komponente einer Mystik könnte hier zum Tragen kommen, wenngleich freilich innerhalb des Sufismus stets pantheisierende Tendenzen und monistische Konzepte anzutreffen waren, die die Begegnung erschweren. Elemente des Sufismus wurden bisher innerhalb des Christentums nur in sehr bescheidenen Ansätzen rezipiert.[17]

Trotz der Bedeutung der Rezeption von Meditationstechniken anderer religiöser Traditionen für den westlichen Menschen muß auch gesehen werden, daß die wesentliche Erneuerung wohl primär aus der Verlebendigung der eigenen Überlieferung zu erreichen ist. Dafür sprechen religionstheoretische Gründe, insofern es sich bei einer Intensivierung solcher Art zugleich ja um eine Verlebendigung der Ursprungstradition der eigenen Religion und ihrer Symbolik handeln soll, aber auch um allgemeine religionspsychologische[18] und kulturgeschichtliche Überlegungen, die es angemessen erscheinen lassen, die Rückgewinnung der religiösen Symbolwelt für den westlichen Menschen nicht vorwiegend durch den Anschluß an außerchristliche Überlieferungen gewinnen zu wollen, sondern zuerst durch die Aufarbeitung der eigenen religiösen Überlieferung, also jener des Christentums; diese zu leisten ist zweifelsohne eine Aufgabe der Gegenwart. Doch die Begegnung mit den anderen Religionen muß diese nicht hindern, sondern kann für sie förderlich sein, wenn sie in einer offenen Weise geschieht, die das Wahre und Heilige der anderen religiösen Traditionen anerkennt;[19] in diese Begegnung sind auch die neureligiösen

---

[17] Vgl. die Hinweise von H. Gstrein, Islamische Sufi-Meditation für Christen, Wien 1977, auf die Bemühungen des Priesters und Orientalisten Ernst Bannerth in Kairo in den sechziger und siebziger Jahren, vgl. 9f.; in Erinnerung zu rufen ist das Werk von L. Massignon; ein Grund für die fast fehlende Rezeption sufischer Mystik mag in dem Tatbestand liegen, daß es theologisch schwieriger ist, eine nachchristliche Religion zu würdigen – da die Offenbarung mit Christus abgeschlossen ist – als eine vorchristliche, die im Sinne eines vorbereitenden Weges für das Evangelium verstanden werden kann.

[18] Vgl. C. G. Jung, Gesammelte Werke XI: Zur Psychologie westlicher und östlicher Religion, Olten [5]1988, z. B. 538f., 555f.; dessen Urteil über die östlichen Religionen aber als zu verallgemeinernd erscheint.

[19] Vgl. Erklärung des II. Vatikanischen Konzils über das Verhältnis zu den

Bewegungen einzuschließen, die nicht als Gegner, sondern – auch wenn hier Schwierigkeiten besonderer Art auftreten[20] – als Partner des Dialogs[21] betrachtet werden sollten: besonders in ihrer universalistischen Ausgestaltung vermögen sie eine Provokation zu sein, durch die das Christentum auf eine Dimension verwiesen wird, deren Wichtigkeit gerade in einer einheitlicher werdenden Welt immer bedeutsamer wird und die in allen Zeiten ein Charakteristikum des christlichen Glaubens war, nämlich die Universalität seiner Botschaft.

nichtchristlichen Religionen, Art. 2 (in: Lexikon für Theologie und Kirche, 2. Aufl., Ergänzungs-Bd. 1, 491).

[20] Vgl. den Zwischenbericht der Bischofskonferenzen ›Sekten und neue religiöse Bewegungen – Eine Herausforderung für die Seelsorge‹, in: Der Apostolische Stuhl 1986, 1955 ff.; siehe auch R. Hummel, Dialog mit neuen religiösen Bewegungen aus Asien? (1992) 225 ff.; vgl. generell H. M. Baumgartner (Hrsg.), Geister, Gurus und Geschäfte. Von der Verführungskunst der Sekten und esoterischen Bewegungen, Düsseldorf 1993.

[21] Vgl. F. König, Art. Dialog, in: Lexikon der Sekten, 172 ff.

LITERATURVERZEICHNIS

1. Lexika, Sammelwerke und religionsgeschichtliche Handbücher

Dictionary of Religions, ed. by J.R. Hinnells, London 1984.

Eggenberger, O. (Hrsg.), Die Kirchen, Sondergruppen und religiösen Vereinigungen, Zürich ⁵1990.

Eliade, M., Geschichte der religiösen Ideen, 4 Bde., Freiburg i. Br./Basel/Wien 1978–1991.

The Encyclopedia of Religions, hrsg. von M. Eliade, New York 1987.

A Handbook of Living Religions, ed. by J.R. Hinnells, London 1988.

Handbuch der Religionsgeschichte, Bd. 1–3, hrsg. von J.P. Asmussen und Jorgen Laessoe, Göttingen 1971–1975.

Handbuch Religiöse Gemeinschaften, hrsg. von H. Reller und M. Kiessig, Gütersloh ³1985.

Handbuch religionswissenschaftlicher Grundbegriffe, hrsg. von H. Cancik u.a., Stuttgart 1988ff.

Handbuch Weltreligionen, hrsg. von W. Metz, Wuppertal 1983.

Heiler, F., Die Religionen der Menschheit (¹1959), neu hrsg. von H. Goldammer, Stuttgart ⁴1982.

Japan-Handbuch, hrsg. von H. Hammitzsch, Stuttgart ³1990.

Japanese Religion. A Survey by the Agency for Cultural Affairs, Tokyo/New York ⁸1990.

Lexikon der östlichen Weisheitslehren, Bern/München/Wien 1986.

Lexikon der Religionen, hrsg. von H. Waldenfels, Freiburg i. Br./Basel/Wien 1987.

Lexikon der Sekten, Sondergruppen und Weltanschauungen, hrsg. von H. Gaspar, J. Müller und F. Valentin, Freiburg i. Br./Basel/Wien ³1991.

Die Religion in Geschichte und Gegenwart (= RGG³), 6 Bde., Tübingen ³1957–65.

Zinser, H. (Hrsg.), Religionswissenschaft. Eine Einführung, Berlin 1988.

2. Monographien und Artikel

Aagaard, J., Art. Synkretismus, in: Ökumene-Lexikon, hrsg. von H. Krüger, Frankfurt a. M. 1983, 1152.

Baer, H., Neue Wege zur Transzendenz?, Hamm o. J. [um 1987].

Bahá'u'lláh, Das Buch der Gewißheit. Kitáb-i-iqán, Hofheim-Langenhain ³1978.

Bahá'u'lláh, Die verborgenen Worte, Hofheim-Langenhain 1982.

–, Die sieben Täler und die vier Täler, Hofheim-Langenhain 1983 (unveränd. Nachdr. der 3. Aufl. 1971).

Die Bahá'i-Religion – eine Einführung, Bahá'i-Verlag: Hofheim-Langenhain 1986.

–, Die Verheißung des Weltfriedens: eine Botschaft des Universalen Hauses der Gerechtigkeit an die Völker der Welt, Hofheim-Langenhain ⁴1988.

Benz, E., Neue Religionen, Stuttgart 1971.

Bergeron, R., Zu einer theologischen Interpretation der neuen Religionen, in: Concilium 19 (1983) 75–81.

Besant, A., Die uralte Weisheit, Leipzig o.J. [um 1898].

Biser, E., Glaubensprognose. Orientierung in postsäkularer Zeit, Graz/Wien/ Köln 1991.

Blavatsky, H.P., Die Geheimlehre, übers. von J. Froebe, 3 Bde., Leipzig o.J. [um 1899]; Übersetzung der 1888 erschienenen englischen Originalausgabe.

–, Die Geheimlehre, hrsg. von E. Preston und Chr. Humphreys, Graz 1975.

–, Der Schlüssel zur Theosophie, übers. von N. Lauppert, Graz 1969.

–, Isis entschleiert, 2 Bde., Leipzig 1909.

Dilthey, W., Weltanschauung und Analyse des Menschen seit Renaissance und Reformation, Göttingen ³1970.

Eliade, M., Das Okkulte und die moderne Welt. Zeitströmungen in der Sicht der Religionsgeschichte, Salzburg 1978.

Ellwood, R.S./H.B. Partin, Religious and Spiritual Groups in Modern America, New Jersey ²1988.

Esslemont, J.E., Bahá'u'lláh und das Neue Zeitalter, Genf 1939.

Feild, R., Das Siegel des Derwisch, Köln 1982.

Ficicchia, F., Der Bahā'ismus – Weltreligion der Zukunft?, Stuttgart 1981, 257.

Figl, J., Zur Methode der Religionswissenschaft, in: Kairos. Zeitschrift für Religionswissenschaft und Theologie 27 (1985) 173–191.

–, Mystik und der Dialog der Weltreligionen, in: Zeitschrift für Missionswissenschaft und Religionswissenschaft 73 (1989) 14–27.

–, Phänomenologie der Religionen, in: Zeitschrift für Katholische Theologie 108 (1986) 409–421.

–, Religion und ganzheitliches Denken in der Neuzeit, in: Von der Einheit der Wirklichkeit – die neue Konvergenz von Religion und Wissenschaft (Tagungsband der 6. Jahreskonferenz der Gesellschaft für Bahá'i-Studien; als Manuskript gedruckt), Mils/Hall 1990, 137–146.

–, Universalistische neureligiöse Bewegungen. Prolegomena zu einem angemessenen Religionsbegriff, in: Fides quaerens intellectum, hrsg. von M. Kessler, W. Pannenberg, H.J. Pottmeyer (FS M. Seckler), Tübingen 1992, 63–74.

Frick, C.R.H., Die Erleuchteten, Bd. I, Graz 1973; Bde. II/1 u. 2, Graz 1975 u. 1978.

Gascard, J.R., Neue Jugendreligionen, Freiburg i. Br./Basel/Wien 1984.

Gerlitz, P., Gott erwacht in Japan, Freiburg i. Br./Basel/Wien 1977.

Gibbings, C., Gott heilt! Eine autobiographische Skizze. Priester und Heiler in der Anglikanischen Kirche und in der Sufitradition, Heilbronn 1987.

Glasenapp, H. v., Die Philosophie der Inder, Stuttgart ⁴1985.

Goodman, F., Ekstase, Besessenheit, Dämonen, Gütersloh 1991.

Greive, W./Niemann, R., Neu glauben? Religionsvielfalt und neue religiöse Strömungen als Herausforderung an das Christentum, Gütersloh 1990.

Gstrein, H., Islamische Sufi-Meditation für Christen, Wien 1977.

Guttmann, G., Zur Psychophysiologie der Bewußtseinssteuerung. Meditation – Trance – Hypnose: Wurzel und biologische Korrelate, in: Einheit der Vielfalt (FS J. Bandion), Wien 1990, 303–322.

Haack, F.-W., Europas neue Religion, Zürich/Wiesbaden 1991.

Hartmann, F., Die Symbole der Bibel und der Kirche, Calw/Württemberg o. J. [um 1980].

Heiler, F., Die Religionen der Menschheit (¹1959), neu hrsg. von H. Goldammer, Stuttgart ⁴1982.

Hummel, R., Gurus in Ost und West, Stuttgart 1984.

–, Indische Mission und neue Frömmigkeit im Westen, Stuttgart 1980.

Hutter, M., Vom Umgang mit anderen Religionen im Spannungsfeld zwischen Absolutheitsanspruch, Inklusivismus und Synkretismus, in: Zeitschrift für Religions- und Geistesgeschichte 43 (1991) 289–304.

Immoos, Th., Ein bunter Teppich. Die Religionen Japans, Graz 1990.

Inayat Khan, Pir Vilayat, Hazrat Inayat Khan. Biographische Skizze von seinem Sohne, Zürich 1961.

–, Der Ruf des Derwisch, Essen 1982.

Jacobs, J. L., Gender and Power in New Religious Movements, in: Religion 21 (1991) 345–356.

Jong-Keesing, E. de, Inayat Khan. A biography, The Hague/London 1974.

Karow, Y., Bhagwan-Bewegung und Vereinigungskirche, Stuttgart 1990.

Kehrer, G. (Hrsg.), Entstehen einer neuen Religion. Am Beispiel der Vereinigungskirche, München 1991.

Khan, Hazrat Inayat, Die Schale des Schenken[s], Zürich ²1948.

–, The Sufi Message of Hazrat Inayat Khan, 13 Bde., London 1960–1967.

–, Vom Gleichnis der Harmonie, ausgew. von K. Sen Gupta, Freiburg i. Br. 1979.

–, Das Erwachen des menschlichen Geistes, Essen 1982.

–, Notes from the Unstruck Music from The Gayan, Tucson/New Lebanon o. J. [1985].

–, Sufi-Weisheiten – Aphorismen, eingel. und hrsg. von R. F. von Scholtz-Wiesner, Heilbronn ²1986.

–, Wanderer auf dem inneren Pfad, ausgew. von K. Sen Gupta, Freiburg i. Br. 1986.

–, Perlen aus dem unsichtbaren Ozean. Auf dem Sufi-Pfad I, Heilbronn 1990.

Khan, Musharaff Moulamir, Pages in the Life of a Sufi, London/Den Haag ³1982.

Kolencherry, A., Universality of Modern Hinduism, Bangalore 1984.

Küng, H./Ess, J. von/Stietencron, H. von/Becker, H., Christentum und Weltreligionen, München 1984.

Lanczkowski, G., Begegnung und Wandel der Religionen, Köln 1971.

–, Die neuen Religionen, Frankfurt a. M. 1974.

Lings, M., Was ist Sufitum?, Freiburg i. Br. 1990.

Maharishi Mahesh Yogi, Die Wissenschaft vom Sein und die Kunst des Lebens, Stuttgart 1969.

Martin, B. (Hrsg.), Der Sufi-Weg heute, Südergellersen 1983.

–, Handbuch der spirituellen Wege. Überarb. Neuausgabe, Reinbek 1985.

Mensching, G., Die Weltreligionen, Wiesbaden 1981.

Mildenberger, M., Die religiöse Revolte, Frankfurt a. M. 1981.

Moinuddin Abu Abdullah Gulam, Die Heilkunst der Sufis, Freiburg i. Br. 1984.

Müller, H.-P., Die Rāmakrishna-Bewegung. Studien zu ihrer Entstehung, Verbreitung und Gestalt, Gütersloh 1986.

Nelson, G. K., Der Drang zum Spirituellen. Über die Entstehung religiöser Bewegungen, Olten 1991.

Obst, H., Außerkirchliche religiöse Protestbewegungen der Neuzeit, Berlin 1990, bes. 83 ff.

Puthiadam, I., Hinduistische Religionsphilosophie, in: Zeitschrift für Missionswissenschaft und Religionswissenschaft 70 (1986) 1–14.

Pye, M., Nationale Religion (Byakkō Shinkōkai), in: Religionswissenschaft. Eine Einführung, hrsg. von H. Zinser, Berlin 1988, 239–251.

Ralston, H., Religious Movements and the Status of Women in India, in: Social Compass 38 (1991) 43–53.

Rāmakrishna, Das Vermächtnis, Bern 1981.

Schaefer, U., Der Bahá'i in der modernen Welt. Strukturen eines neuen Glaubens, Hofheim-Langenhain ²1981.

Schimmel, A., Mystische Dimensionen des Islam, Köln 1985.

Schleßmann, L., Sufismus in Deutschland, in: Beiträge zur Religion/Umwelt-Forschung II, hrsg. von G. Rinschede und K. Rudolph, Berlin 1989, 143–152.

Schmid, G., Im Dschungel der neuen Religiosität, Stuttgart 1992.

Schmidt, K. O., Universale Religion nach Vivekananda. Werden, Wesen und Verwirklichung, Ergolding ²1990.

Scholtz-Wiesner, R. F. von, Einheit im Geiste, 3 Bde., Remagen 1975–1977.

Schuon, F., Von der inneren Einheit der Religionen, Interlaken 1981.

Shah, I., Die Sufis, Köln 1983.

Shogi Effendi, Gott geht vorüber, Oxford 1954, 291.

Smith, P., The Babi and Baha'i Religions. From Messianic Shi'ism to a World Religion, Cambridge 1987.

Stoddart, W., Das Sufitum, Freiburg i. Br. 1979.

Stolk, S. van/Dunlop, D., Inayat Khan und seine Botschaft von Liebe, Harmonie und Schönheit, Rotterdam/Bougy-Villars (Schweiz) 1972.

Taniguchi, M., Book of Meditative Practices (= Truth of Life, vol. 8), 1962, engl. 1989.

–, Erziehung zum Göttlichen durch geistige Belehrung der Menschen, Hopferau ²1983.

–, Leben aus dem Geiste, Pfullingen/Württ. 1964.

–, The Spiritual Essence of Life, Gardena/California 1979.

–, The Taniguchi Commentary on the Gospel according to St. John, Gardena/California 1988.

Tenrikyo. Das Leben von Oyasama, der Stifterin der Tenrikyo (Manuskript-Ausgabe), Tenri/Japan 1986.

[Tenrikyo.] Ofudesaki. (Eine vorläufige Übersetzung der hl. Schrift Ofudesaki v. Miki Nakayama), Tenri/Japan 1982.

Tingley, K., Der Pfad des Mystikers, Hannover ²1986.

Tworuschka, U., Die vielen Namen Gottes. Weltreligionen heute, Gütersloh 1985.

Ueda, Sh., Sein – Nichts – Weltverantwortung im Zen-Buddhismus, in: Die Verantwortung des Menschen für eine bewohnbare Welt im Christentum, Hinduismus und Buddhismus, hrsg. von R. Panikkar und W. Strolz, Freiburg i. Br. 1985, 37–58.

Vahman, F., Art. Baha'ismus, in: Theologische Realenzyklopädie, Bd. V, hrsg. von G. Krause und G. Müller, Berlin/New York 1980, 115–132.

Wernhart, K. R., 'Religious Beliefs per se' – a Human Universality, in: Anthropos 81 (1986) 648–652.

Wucherer-Huldenfeld, A. K., Gotteserfahrung als ursprüngliche Erfahrung, in: Diakonia 7 (1976) 365–381.

–, Der Atheismus, in: Handbuch der Fundamentaltheologie, Bd. 1, hrsg. von W. Kern u. a., Freiburg i. Br. 1985, 95–108.

Zinser, H., Ekstase und Entfremdung. Zur Analyse neuerer ekstatischer Kultveranstaltungen, in: Religionswissenschaft. Eine Einführung, hrsg. von H. Zinser, Berlin 1988, 274–286.

REGISTER

1. Namen

204 Register

2. Sachen